EDIÇÕES VIVA LIVROS

Seus pontos fracos

Doutor em psicologia, Wayne W. Dyer é especialista em desenvolvimento pessoal. Reconhecido internacionalmente por suas inúmeras palestras, participações em programas de televisão e dezenas de livros publicados, é também presença constante na lista de best-sellers de todo o mundo. Publicou, entre outros, *Não se deixe manipular pelos outros*, *A verdadeira magia* e *A força da intenção.*

Wayne W.

DYER

Seus pontos fracos

Tradução de
MARY DEIRÓ CARDOSO

6ª edição

viva livros

RIO DE JANEIRO – 2021

CIP-BRASIL. CATALOGAÇÃO NA FONTE
SINDICATO NACIONAL DOS EDITORES DE LIVROS, RJ

Dyer, Wayne W., 1940-2015
D994s Seus pontos fracos: livre-se das emoções inúteis e assuma o
6ª ed. comando da sua vida/ Wayne W. Dyer; tradução de Mary Deiró Cardoso. – 6ª ed. – Rio de Janeiro: Viva Livros, 2021.
12 × 18cm

Tradução de: Your Erroneous Zones
ISBN 978-85-8103-008-1

1. Autorrealização (Psicologia) 2. Medo. 3. Culpa. I. Título.

CDD: 158.1
11-4277 CDU: 159.947

Seus pontos fracos, de autoria de Wayne W. Dyer.
Título número 003 da Coleção Viva Livros.
Texto revisado conforme o Acordo Ortográfico da Língua Portuguesa.

Título original norte-americano:
YOUR ERRONEOUS ZONES

www.vivalivros.com.br

Design de capa: Marianne Lépine.

Impresso no Brasil

ISBN 978-85-8103-008-1

A TRACY LYNN DYER

Amo você
do jeito especial sobre o qual
escrevi nestas páginas

Toda a teoria do universo visa, exclusivamente,
a um único indivíduo – ou seja, você.

Walt Whitman

Sumário

Introdução
Uma declaração pessoal

O orador, diante de um grupo de alcoólatras, estava decidido a demonstrar, de uma vez por todas, que o álcool era o maior dos males. Sobre a plataforma havia o que parecia ser um par de recipientes idênticos, cheios de fluido transparente. Ele indicou que um dos recipientes continha água pura e o outro, álcool não diluído. Em seguida, colocou um pequeno verme em um dos frascos e a audiência observou enquanto o animalzinho, após nadar de um lado para outro, aproximou-se da parede do recipiente e arrastou-se tranquilamente até a borda. O orador pegou então o mesmo verme e o colocou no recipiente cheio de álcool: o animal se desintegrou à vista de todos os presentes.

– Eis aí – disse ele. – Qual é a moral da história?

Lá no fundo da sala, uma voz falou, com bastante clareza:

– Deduzo que se bebermos álcool nunca teremos vermes.

Este livro tem muitos ensinamentos desse tipo – que você lerá e compreenderá exatamente como quiser compreender, em função de seus valores, convicções, preconceitos e história pessoal. O comportamento de autodestruição e as maneiras de superá-lo são assuntos difíceis de abordar. Você pode dizer que está interessado em se autoavaliar, profundamente, com o objetivo de transformar-se – mas muitas vezes seu comportamento vai contradizê-lo. É difícil mudar. Se você for como a maioria das pessoas, cada fibra do seu ser reagirá contra a dura tarefa de eliminar os pensamentos que servem de base a seus sentimentos e comportamentos autoenganadores. Apesar disso, acho que você vai gostar deste livro. Eu o adoro! E adorei escrevê-lo.

Embora eu não acredite que saúde mental seja um assunto que deva ser abordado superficialmente, também não concordo com a ideia de que deva constituir uma tarefa sombria, envolvida em jargão arcaico. Procurei evitar explicações complicadas, sobretudo porque não acredito que "ser feliz" constitua assunto complexo.

A saúde é um estado natural e as maneiras de atingi-la estão ao alcance de cada um de nós. Acredito que uma combinação sensata de esforço, raciocínio claro, humor e autoconfiança é o necessário para uma vida produtiva. Não creio em fórmulas extravagantes, nem em excursões históricas pelo passado para descobrir que você foi severamente treinado quanto aos hábitos de higiene e que outra pessoa é responsável pela sua infelicidade.

Este livro sugere um método agradável para alcançar felicidade – uma abordagem que tem por base a responsabilidade e o compromisso consigo mesmo, além da vontade de viver e do desejo de ser tudo o que você quiser ser no momento presente. Trata-se de uma abordagem simples, fundada no bom-senso. Se você é um ser humano saudável e feliz, talvez chegue a pensar: "Eu poderia ter escrito este livro." É verdade. Para compreender os princípios de uma vida produtiva, ninguém precisa de formação profissional em aconselhamento, nem de diploma das profissões assistenciais; isso não se aprende na sala de aula, nem nos livros. Aprende-se pelo compromisso com a própria felicidade e fazendo algo a respeito. Exercito-me nisso todos os dias, ao mesmo tempo que ajudo outras pessoas a fazerem opções semelhantes.

Cada capítulo deste livro foi escrito nos moldes de uma sessão de aconselhamento: o objetivo é proporcionar a máxima oportunidade possível de autoajuda. Investiga-se um determinado ponto fraco ou um tipo de comportamento autodestrutivo e faz-se o exame dos antecedentes históricos desse comportamento em nossa cultura (e, portanto, em você). A ênfase está em ajudá-lo a compreender *por que* você está aprisionado nessa zona autodestrutiva. Em seguida, são especificados os comportamentos que se enquadram nesse ponto fraco. Os tipos de comportamento aos quais nos referimos são atos rotineiros, que podem parecer perfeitamente aceitáveis mas, na realidade, prejudicam a sua felicidade. Os exemplos não são tirados de casos clínicos com graves perturbações emocionais, mas sim das mensagens neuróticas cotidianas, enviadas por todos nós. Após considerar os comportamentos correspondentes a cada ponto fraco, dedicamo-nos ao exame das *razões* que o levam a conservar atitudes que não contribuem para a sua felicidade. Para isso, é preciso estudar a fundo o sistema de apoio psicológico que você elaborou para conservar – em vez de abandonar – o comportamento de autodestruição. É nessa seção que tentamos responder às perguntas: "O que eu ganho com esse comportamento?" e "Por que ele persiste, se me prejudica?" À medida que você examinar cada ponto fraco, vai, sem dúvida, perceber que o tema de cada uma das seções contém mensagens semelhantes; você descobrirá que as razões da manutenção do comportamento neurótico são bastante parecidas, em todos os pontos fracos. Em essência, o fato é que se apegar a uma resposta aprendida, embora autodestrutiva, é muito mais seguro e – o que é mais importante –, mantendo intactos os pontos fracos, evita-se a necessidade de mudar e assumir responsabilidades. Essas compensações, em termos de segurança, se mostrarão evidentes ao longo do livro. Você começará a perceber que o seu sistema psicológico de manutenção funciona com o propósito de mantê-lo livre de culpa e de conservar afastada a oportunidade de mudar. O fato de você manter muitos comportamentos autodestrutivos pela mesma razão serve apenas para tornar o crescimento total ainda mais possível: elimine as razões e você erradicará seus pontos fracos.

Todos os capítulos terminam com a apresentação das mesmas estratégias objetivas para a eliminação do comportamento autoanulador. Essa é, exatamente, a estrutura da sessão de aconselhamento, ou seja: exame da dificuldade e dos pontos onde se manifesta, consideração do comportamento autodestruidor, insight a respeito do por quê desse comportamento e estratégias concretas para eliminação da área perturbadora.

É possível que, a certa altura, a abordagem lhe pareça repetitiva. Isso é bom sinal – significa raciocínio produtivo. Sou terapeuta há muitos anos e sei que o raciocínio produtivo – aquele capaz de alterar o comportamento de autodestruição – não ocorre simplesmente porque algo é dito; o insight deve ser repetido inúmeras vezes. Somente quando for plenamente aceito e compreendido é que se começa a alterar o comportamento. É por essa razão que se insiste tanto sobre certos temas, nas páginas deste livro, tal como os levantamos vez após outra nas sessões de aconselhamento.

Há dois temas centrais que percorrem as páginas deste livro. O primeiro refere-se à nossa capacidade de fazer escolhas sobre nossas emoções. Comece a examinar sua vida à luz das escolhas que você fez ou deixou de fazer: isso lançará sobre você toda a responsabilidade por aquilo que você é e a maneira como se sente. Tornar-se mais feliz e mais produtivo significa tornar-se mais consciente das escolhas que estão à sua disposição. Você constitui o total da soma de todas as suas escolhas, e eu sou suficientemente "avançado" para crer que, com a necessária dose de motivação e esforço, você pode ser o que quiser.

O segundo tema enfatizado nestas páginas é o de assumir o comando de sua vida. Esta frase será repetida muitas vezes: constitui parte essencial do processo de eliminação dos pontos fracos e de determinação da própria felicidade. Existe um único momento no qual você pode vivenciar algo, e ele acontece agora – entretanto, desperdiça-se muito tempo ruminando experiências passadas ou futuras. Transformar o seu agora em realização total é o ponto-chave de um viver produtivo, e praticamente todos os comportamentos de autodestruição representam esforços no sentido de viver em um momento outro que não o presente.

Os tópicos "escolha" e "viver o momento presente" serão enfatizados quase que a cada página deste livro. Mediante leitura cuidadosa, logo você começará a se fazer perguntas que jamais lhe haviam ocorrido antes. "Por que escolhi sentir-me perturbado exatamente agora?", "Como posso utilizar mais plenamente meus momentos presentes?" – são as dúvidas experimentadas por quem está se afastando dos pontos fracos, a caminho da autoconfiança e da felicidade.

O livro termina com o breve retrato de uma pessoa que eliminou todos os pontos fracos e está vivendo num mundo emocional internamente – e não externamente – controlado. As 25 perguntas seguintes destinam-se a medir sua capacidade de escolher a felicidade e a realização; responda-as da maneira mais objetiva que puder, avaliando a si próprio e o modo como vive seus momentos presentes. As respostas afirmativas indicam domínio de si mesmo e opções enérgicas.

1. Você acha que sua mente lhe pertence? (capítulo 1)
2. Você consegue controlar seus sentimentos? (capítulo 1)
3. Suas motivações são mais internas do que externas? (capítulo 7)
4. Você está livre da necessidade de aprovação? (capítulo 3)
5. É você quem estabelece suas normas de conduta? (capítulo 7)
6. Você está livre do desejo de justiça e imparcialidade? (capítulo 8)
7. Você é capaz de aceitar a si mesmo e não se queixar? (capítulo 2)

8. Você está livre da necessidade de adorar imagens idealizadas? (capítulo 8)
9. Você é mais realizador do que crítico? (capítulo 9)
10. Você aprecia o misterioso e o desconhecido? (capítulo 6)
11. Você é capaz de não se descrever em termos absolutos? (capítulo 4)
12. Você consegue gostar de si próprio em todas as circunstâncias? (capítulo 2)
13. Você é capaz de criar raízes? (capítulo 10)
14. Você eliminou toda e qualquer relação de dependência? (capítulo 10)
15. Você eliminou toda a culpa e deixou de encontrar falhas em sua vida? (capítulo 7)
16. Você está totalmente livre do sentimento de culpa? (capítulo 5)
17. Você é capaz de não se preocupar com o futuro? (capítulo 5)
18. Você é capaz de dar e receber amor? (capítulo 2)
19. Você é capaz de evitar a ira paralisante em sua vida? (capítulo 11)
20. Você abandonou o adiamento como estilo de vida? (capítulo 9)
21. Você aprendeu a errar produtivamente? (capítulo 6)
22. Você é capaz de apreciar as coisas espontaneamente, sem planejar? (capítulo 6)
23. Você é capaz de apreciar e fazer humor? (capítulo 11)
24. Os outros o tratam como você quer ser tratado? (capítulo 10)
25. Você é motivado por seu próprio potencial de crescimento e não pela necessidade de sanar suas deficiências? (capítulo 1)

A cada momento de sua vida, você dispõe da opção de responder "sim" a todas essas perguntas – se estiver disposto a eliminar grande parte dos "condicionais" que aprendeu no decorrer de sua vida. A verdadeira opção consiste em decidir ser livre, em termos pessoais, ou permanecer acorrentado às expectativas alheias.

Uma amiga minha, Doris Warshay, após assistir a uma de minhas conferências, escreveu um poema ao qual deu o título de *Novos rumos*:

> Quero viajar até onde puder alcançar,
> Quero atingir a alegria que reside em minha alma
> E transformar os limites que me cercam
> E sentir crescerem minha mente e meu espírito;
>
> Quero viver, existir, "ser",
> E ouvir as verdades que existem dentro de mim.

Acredito que este livro poderá ajudar você a eliminar tudo o que o estiver privando de maravilhosas experiências novas, e a descobrir e escolher seus novos rumos.

1
Assumindo o controle de si mesmo

A essência da grandeza está na capacidade de escolher a realização pessoal em circunstâncias nas quais outros escolhem a loucura.

Olhe por cima do ombro. Você notará a presença de um companheiro constante. Na falta de nome mais adequado, chame-o de *Sua-Própria-Morte*. Você pode ter medo desse visitante ou fazer uso dele para proveito próprio – a escolha é sua.

Sendo a morte uma tese de dimensões tão infinitas e a vida tão excitantemente breve, pergunte a si mesmo: "Será que devo evitar fazer o que realmente quero fazer?", "Será que deveria viver minha vida como os outros querem que eu a viva?", "É importante acumular *coisas*?", "Adiar sempre é uma maneira de viver?" O mais provável é que as respostas se resumam em poucas palavras: Viva... Seja você mesmo... Aproveite... Ame.

Você pode temer improdutivamente a morte ou usá-la para aprender a viver de maneira produtiva. Preste atenção às palavras de Ivan Ilych, personagem de Tolstoi, enquanto espera a chegada da grande niveladora, contemplando um passado totalmente dominado pelos outros, uma vida durante a qual ele desistira de exercer o controle de si mesmo para se adaptar a um sistema:

"E se toda a minha vida tiver sido um erro?" Ocorrera-lhe a ideia de que o que antes lhe parecera absolutamente impossível, ou seja, o fato de não ter vivido a vida como deveria, talvez fosse mesmo verdade. Ocorrera-lhe que seus impulsos, que eram sempre reprimidos, talvez representassem o que havia de real, enquanto todo o resto era ilusório. E todas as suas obrigações profissionais, toda a estrutura de sua vida e de sua família e todos os seus interesses sociais e oficiais talvez tivessem sido falsos. Ele tentou defender tudo isso perante si mesmo, e de súbito percebeu a fragilidade daquilo que estava defendendo. Não havia nada a defender...

Da próxima vez que você estiver diante de uma decisão que envolva escolher entre assumir ou não o controle de si mesmo, fazer sua própria opção, formule esta importante pergunta: "Por quanto tempo permanecerei morto?" A partir dessa perspectiva eterna, tome então sua decisão e deixe as preocupações, os medos, a questão de poder ou não assumir isso e a culpa para aqueles que viverão eternamente.

Se você não começar a dar esses passos, esteja certo de que viverá toda a vida do jeito que os outros dizem que você deve viver. É evidente que, dada a brevidade de sua permanência na Terra, convém que ela seja, pelo menos, agradável. Em suma, trata-se da sua vida; faça com ela o que *você* quiser.

Felicidade e Q.I.

Assumir o controle de si mesmo envolve o abandono de alguns mitos bastante difundidos. Encabeça a lista a ideia de que a inteligência se mede pela capacidade de resolver problemas complexos; ter certo nível de desempenho ao ler, escrever e contar; e resolver rapidamente equações abstratas. Essa noção de inteligência estabelece a instrução formal e o preparo cultural como as medidas da autorrealização. Estimula um certo tipo de esnobismo intelectual que acarreta resultados bastante prejudiciais. Passamos a acreditar que a pessoa com a maior coleção de prêmios escolares, bem-dotada sob algum aspecto acadêmico (matemática, ciências, vocabulário gigantesco, boa memória para fatos sem importância, leitura a jato) é "inteligente". Contudo, os sanatórios para doentes mentais estão abarrotados de pacientes dotados de todas as devidas credenciais – bem como de muitos que não as possuem. O verdadeiro barômetro da inteligência é uma vida produtiva, feliz, vivida a cada dia e a cada momento presente de todo dia.

Se você é feliz, se vive cada momento pelo que ele vale, então é uma pessoa inteligente. Saber solucionar problemas constitui útil complemento à sua felicidade, mas se você está ciente de que, apesar de sua incapacidade para resolver certa questão, ainda é possível escolher a felicidade – ou pelo menos recusar-se a escolher a infelicidade –, então você é inteligente. É inteligente porque possui a arma suprema contra o grande fantasma do colapso nervoso.

Talvez você fique surpreso ao saber que colapso nervoso é algo que não existe. Os nervos não entram em colapso, não se rompem; faça um corte em alguém e procure os nervos rompidos: não vai encontrá-los. Pessoas inteligentes não sofrem colapsos nervosos porque assumiram o comando de si mesmas; sabem como preferir felicidade à depressão, sabem enfrentar os problemas de *suas* vidas. Observe que eu não disse *resolver* os problemas; em vez de avaliar sua inteligência segundo a capacidade de *resolver* os problemas, essas pessoas a avaliam segundo sua capacidade para se manterem felizes e meritórias, quer resolvam ou não seus problemas.

Você pode começar a se considerar uma pessoa inteligente com base na maneira pela qual escolhe sua reação em circunstâncias difíceis. As batalhas da vida são mais ou menos as mesmas para todos nós; todo aquele que tem contato com outros seres humanos, em qualquer contexto social, enfrenta dificuldades semelhantes. Desavenças, conflitos e compromissos são parte da condição humana. Da mesma forma, dinheiro, envelhecimento, enfermidades, mortes, catástrofes naturais e acidentes são eventos que criam problemas a praticamente todos os seres humanos. Mas alguns se saem bem, evitam infelicidade e rejeição paralisante, a despeito de tais ocorrências – enquanto outros fracassam, tornam-se inertes ou sofrem um colapso nervoso. Aqueles que reconhecem os problemas como parte da condição humana e não medem a felicidade pela ausência de problemas são os seres humanos mais inteligentes e também os mais raros.

Aprender como assumir pleno comando de si mesmo envolverá um processo de raciocínio totalmente novo, que pode apresentar dificuldades, pois há muitas forças em nossa sociedade que conspiram contra a responsabilidade individual. Você deve confiar em sua própria capacidade para sentir, em termos emocionais, seja o que for que quiser sentir, em qualquer momento de sua vida. Essa é uma ideia radical. Você, provavelmente, cresceu com a certeza de que não pode controlar suas emoções; de que raiva, medo e ódio – bem como amor, êxtase e alegria – são sentimentos que o acometem, mas ninguém os controla, simplesmente os aceita. Quando acontecem coisas tristes, você naturalmente sente tristeza e espera que algo de bom esteja por vir, para que logo você possa sentir-se bem.

Escolha como você vai se sentir

Os sentimentos não são apenas emoções que acontecem: são reações que você escolhe ter. Se você comanda suas emoções, nada o obriga a escolher reações autodestrutivas; desde que aprenda que pode sentir o que quiser, você se verá a caminho da "inteligência" – caminho esse que não leva a colapsos nervosos. Trata-se de uma nova estrada, pois você verá cada emoção como uma escolha e não como uma condição de vida – nisso está a essência da liberdade individual.

Pela lógica, você pode atacar o mito do não controle das próprias emoções. Usando um silogismo simples (silogismo é uma fórmula de lógica na qual temos uma premissa maior, uma premissa menor e uma conclusão baseada na concordância entre as duas premissas), você pode dar início ao processo de assumir o controle de si mesmo, tanto em termos racionais quanto emocionais.

Lógica – Silogismo

PREMISSA MAIOR: Aristóteles é um homem.
PREMISSA MENOR: Todos os homens têm pelos no rosto.
CONCLUSÃO: ARISTÓTELES TEM PELOS NO ROSTO.

Ilógica – Silogismo

PREMISSA MAIOR: Aristóteles tem pelos no rosto.
PREMISSA MENOR: Todos os homens têm pelos no rosto.
CONCLUSÃO: ARISTÓTELES É UM HOMEM.

É claro que é preciso muito cuidado ao empregar a lógica, de modo que haja concordância entre a premissa maior e a premissa menor. No segundo exemplo, Aristóteles poderia perfeitamente ser um macaco ou uma toupeira. Segue-se um exercício de lógica capaz de derrubar para sempre a ideia de que você não tem condições de assumir o controle de sua vida emocional.

PREMISSA MAIOR: Posso controlar meus pensamentos.
PREMISSA MENOR: Meus sentimentos se originam de meus pensamentos.
CONCLUSÃO: POSSO CONTROLAR MEUS SENTIMENTOS.

A premissa maior é clara: você tem o poder de pensar qualquer coisa que permitir entrar em sua mente. Se algo simplesmente "surge" em sua mente (você escolheu ter esse pensamento, embora talvez não saiba por quê), mesmo assim você tem poder para expulsá-lo e, portanto, é capaz de controlar sua vida mental. Posso lhe dizer: "Imagine um antílope cor-de-rosa" – e você pode transformá-lo num antílope verde, num porco-da-terra ou simplesmente pensar em outra coisa, se preferir. Só você controla o que entra em sua mente sob forma de pensamento. Se não acredita, então responda à seguinte pergunta: "Se não é você que controla seus pensamentos, quem os controla?" Será seu cônjuge, seu patrão ou sua mãe? Se *eles* controlam o que você pensa, então mande-os fazer terapia e fique certo de que *você*, imediatamente, começará a se sentir melhor. Mas, para falar a verdade, você sabe que não é assim: só você, e mais ninguém, detém o controle do seu mecanismo de pensar (a não ser sob condições extremas de lavagem cerebral ou situações de experiências sob condicionamento, o que não faz parte da sua vida). Seus pensamentos lhe pertencem, são somente seus, e você tem o direito de guardá-los, modificá-los, partilhá-los ou meditar sobre eles. Ninguém pode penetrar em sua mente e conhecer seus pensamentos tal como você os vivencia. Você realmente controla seus pensamentos, seu cérebro lhe pertence, e você deve usá-lo da maneira que escolher.

Não há condição de contestar a premissa menor – basta examinar o material de pesquisa existente, bem como seu próprio bom senso. Você não pode ter nenhum sentimento (emoção) sem antes ter experimentado um pensamento. Sem o cérebro, perderia por completo a capacidade de "sentir". O sentimento é a reação física a um pensamento; se você chora, enrubesce, acelera o ritmo de seus batimentos cardíacos ou tem uma reação emocional qualquer de uma lista interminável de reações em potencial, isso acontece porque você recebeu um sinal proveniente da central de pensamentos, que, por sua vez, se for danificada ou sofrer um curto-circuito, o deixará incapacitado de experimentar reações emocionais. Com certos tipos de lesões cerebrais, você não pode nem mesmo sentir dor física, e poderia fritar sua própria mão em um fogão sem experimentar a menor sensação de dor. Você sabe que não pode passar por cima de sua central de pensamentos e experimentar sensações físicas – assim sendo, a premissa menor está apoiada na verdade. Cada sentimento que você experimenta foi precedido por um pensamento, e sem cérebro você não pode ter sentimentos.

A conclusão também é irrefutável. Se você controla seus pensamentos e os sentimentos vêm dos pensamentos, então você pode controlar seus sentimentos. E a maneira de fazer isso é atuar sobre os pensamentos que os antecedem. Trocando em miúdos, você acredita que os fatos ou as pessoas é que o tornam infeliz, mas isso não é verdade – é você que se faz infeliz, em decorrência dos pensamentos que tem a respeito das pessoas ou fatos que fazem parte de sua vida. Tornar-se livre e saudável inclui a necessidade de aprender a *pensar* de modo diferente. Quando você conseguir modificar seus pensamentos, começará a experimentar novos sentimentos – e terá dado o primeiro passo no caminho da liberdade individual.

Para examinar o silogismo de um ponto de vista mais personalizado, consideremos o caso de Cal, um jovem executivo que dedica a maior parte do tempo a se torturar com o fato de que o chefe o considera burro. Cal se sente muito infeliz porque o chefe tem uma opinião negativa a respeito dele. Mas se Cal não soubesse que o chefe o considera burro, será que se sentiria infeliz? Claro que não. Como poderia sofrer em função de algo que ignora? Portanto, o que o faz infeliz não é o que o chefe pensa ou deixa de pensar: é o que o próprio Cal pensa. Além do mais, ele se torna infeliz convencendo-se de que a opinião de outra pessoa é mais importante do que a sua.

Essa mesma lógica se aplica a todo acontecimento, fato ou opinião pessoal. Não é a morte de alguém que faz você ficar triste – a tristeza só é sentida quando você fica sabendo que a pessoa morreu, de modo que a causa não é a morte, mas o que você diz a si mesmo a respeito do acontecido. Os furacões, por si mesmos, não são deprimentes: a depressão é exclusivamente humana. Se você está deprimido em decorrência de um furacão, isso se dá porque você está dizendo a si mesmo coisas que o fazem ficar deprimido. Isso não significa que você deveria se iludir e começar a gostar de furacões, mas sim que deve se perguntar: "Por que preferir a depressão? Será que isso me ajudará a enfrentar as consequências do furacão?"

Você foi criado numa cultura que lhe ensinou que não é você o responsável por seus sentimentos, embora a verdade silogística seja: você sempre foi o responsável. Você aprendeu uma série de fórmulas para se defender contra o fato de que realmente controla seus sentimentos. Eis uma curta relação dessas afirmações, que você já usou inúmeras vezes; examine a mensagem que elas contêm:

- "Você me magoa."
- "Você faz com que eu me sinta mal."
- "Não posso me sentir diferente."
- "Eu estou com raiva, não me pergunte por quê."
- "Ele me causa nojo."
- "Tenho medo de lugares altos."
- "Você está me deixando sem graça."
- "Ela me excita."
- "Você me fez passar vergonha em público."

A lista é potencialmente infinita. Cada afirmação contém a mensagem intrínseca de que você não é responsável pela maneira como se sente. Agora, modifique a lista, tornando-a correta, de modo a refletir o fato de que você comanda sua maneira de sentir e de que seus sentimentos vêm dos pensamentos que você tem a respeito de tudo.

- "Eu me magoo em função do que digo a mim mesmo sobre sua reação para comigo."
- "Eu causo mal-estar a mim mesmo."
- "Posso alterar minha maneira de sentir, mas prefiro ficar ansioso."
- "Decidi ficar com raiva porque costumo manipular os outros com a minha raiva, tendo em vista que *eles* pensam que os controlo."
- "Eu próprio me enojo."
- "Assusto a mim mesmo nos lugares altos."
- "Eu me faço ficar sem graça."
- "Eu me excito sempre que estou perto dela."
- "Fiz com que me sentisse envergonhado ao dar mais valor às suas opiniões a meu respeito do que às minhas próprias, e ao acreditar que as outras pessoas fariam o mesmo."

Talvez você ache que os itens da primeira lista não passam de figuras de linguagem, e que de fato não têm maior significado, não sendo mais do que simples maneiras de falar que nossa cultura transformou em clichês. Se é esse o seu raciocínio, pergunte a si mesmo por que as afirmações da segunda lista não se transformaram em clichês. A resposta está em nossa cultura, que ensina o tipo de raciocínio da primeira lista e desestimula a lógica da segunda.

A mensagem é óbvia: É você a pessoa responsável pela sua maneira de sentir. Você sente o que pensa e pode aprender a pensar de modo diferente sobre qualquer coisa – se resolver fazê-lo. Pergunte a si mesmo se compensa sentir-se infeliz, deprimido ou magoado; depois, passe a examinar, meticulosamente, o tipo de pensamento que leva você a experimentar esses sentimentos debilitantes.

Aprender a não ser infeliz: Uma tarefa difícil

Não é fácil adquirir novas maneiras de pensar. Você está acostumado a um determinado conjunto de pensamentos e aos sentimentos debilitantes que a eles se seguem. É preciso muito esforço para desaprender todos os hábitos de raciocínio que você assimilou até hoje. Ser feliz é fácil, mas aprender a não ser infeliz pode ser difícil.

A felicidade constitui uma condição natural do ser humano; prova evidente disso está nas crianças: basta observá-las. Difícil é desaprender todos os "condicionais" que você digeriu no passado. Assumir o comando de si mesmo é um processo que tem início com a conscientização. Surpreenda-se quando estiver dizendo coisas como: "Ele me magoou." Alerte a si mesmo para o que você está fazendo, no momento em que o faz. Uma nova maneira de pensar requer a conscientização da antiga maneira de pensar – você se acostumou a padrões mentais que situam fora de você as causas de seus sentimentos. Dedicou milhares de horas ao processo de reforçar esse tipo de raciocínio, e agora terá de equilibrar a balança, com milhares de horas dedicadas à nova forma de pensar, ao raciocínio que assume responsabilidade por seus próprios sentimentos. É difícil, tremendamente difícil – mas, e daí? Isso não é razão para não fazê-lo.

Relembre a época em que você estava aprendendo a dirigir: você se viu diante do que lhe parecia um problema insuperável – três pedais, mas só dois pés para fazê-los funcionar. Antes de mais nada, você tomou consciência da complexidade da tarefa. Soltar lentamente a embreagem, arrancar depressa demais causa solavancos; pressionar o acelerador no mesmo ritmo com que solta a embreagem, pé direito no freio – mas pressionando a embreagem, senão, mais trancos. Um milhão de mensagens mentais: raciocínio constante, usar a cabeça. O que eu faço? *Conscientização.* De repente, após milhares de tentativas, erros, mais esforço, chega o dia em que você entra no carro e sai guiando. Sem enguiços, sem solavancos e *sem pensar.* Dirigir um carro transformou-se numa segunda natureza, e como foi que você conseguiu isso? Com grande dificuldade, muito raciocínio alerta, presença de espírito, lembrando, esforçando-se.

Você sabe controlar a mente quando se trata de realizar tarefas mecânicas, como por exemplo ensinar suas mãos e pés a se coordenarem para dirigir um veículo. No âmbito emocional, o processo é menos conhecido, mas idêntico. Você aprendeu os hábitos que tem hoje, reforçando-os pela vida toda; você fica infeliz, irritado, magoado e frustrado automaticamente, porque aprendeu a pensar dessa maneira há muito tempo. Você aceitou seu próprio comportamento e jamais tentou desafiá-lo, mas é possível aprender a não ser infeliz, irritado, magoado ou frustrado – tal como você aprendeu a ter todos esses sentimentos autodestrutivos.

Por exemplo: ensinaram-lhe que ir ao dentista é uma experiência desagradável, sempre associada à dor. Você achou desagradável a visita ao dentista, chegando a dizer a si mesmo coisas como: "Odeio aquela broca." Mas tudo isso são reações aprendidas; você poderia fazer com que a experiência toda funcionasse a seu favor, em vez de contra você, decidindo transformá-la num procedimento agradável e excitante. Se resolvesse fazer seu cérebro funcionar para valer, você poderia levar o som da broca a representar uma sensacional experiência sexual e a cada aparição do *brrr* você treinaria sua mente para visualizar o momento de maior êxtase de sua vida. Você poderia passar a encarar de forma diferente ao que costumava chamar de dor, preferindo sentir algo diferente e agradável. É muito mais excitante e gratificante dominar e assumir o comando de uma consulta dentária do que se apegar a velhas imagens e limitar-se a aguentar.

Talvez você esteja cético e diga algo como: "Posso pensar tudo o que quiser, mas ainda assim me sinto infeliz quando o dentista liga a broca." Lembre-se dos pedais do carro. Em que ponto você começou a *acreditar* que podia dirigir? Um pensamento se torna uma convicção quando nos dedicamos a atuar sobre ele repetidamente, e não quando tentamos uma vez e apelamos para a incapacidade inicial, usando-a como argumento para desistir.

Assumir o controle de si mesmo envolve mais do que simplesmente experimentar novos pensamentos; requer determinação para ser feliz, e desafiar e destruir todos os pensamentos que são a causa de sua paralisante infelicidade.

Opção – A suprema liberdade

Se você ainda acha que a escolha da infelicidade não é responsabilidade sua, tente imaginar a seguinte sequência de acontecimentos: cada vez que você fica infeliz, é submetido a algum tratamento que o desagrada. Talvez o tranquem sozinho num aposento durante longos períodos de tempo ou, inversamente, talvez o obriguem a entrar num elevador lotado e a ficar de pé lá dentro dias a fio. É possível que você fique privado de alimento ou seja obrigado a comer determinado prato cujo paladar não lhe agrada. Ou talvez o submetam a tortura física, infligida por outra pessoa, e não a tortura mental, causada por você mesmo. Imagine ser submetido a algum desses castigos até que se libertasse de todos os sentimentos de infelicidade. Por quanto tempo acha que os conservaria? O mais provável é que você assumisse o comando bem depressa. Portanto, a questão não é se você pode controlar seus sentimentos, mas sim se o fará. O que você ainda vai ter de sofrer para fazer essa opção? Há quem prefira enlouquecer a assumir o controle; outros simplesmente desistem e sucumbem a uma vida miserável, porque o que recebem em termos de piedade é superior à recompensa de ser feliz.

A questão que discutimos é a da sua capacidade para preferir a felicidade – ou, pelo menos, para não preferir a infelicidade, em qualquer momento de sua vida. Talvez seja uma ideia revolucionária, mas é algo que você deveria considerar cuidadosamente antes de rejeitar, tendo em vista que abandonar essa ideia significa desistir de si mesmo. Rejeitá-la é acreditar que outra pessoa o controla e não você próprio. Entretanto, escolher a felicidade pode parecer mais fácil do que certos aspectos que complicam sua vida cotidiana.

Assim como você é livre para preferir a felicidade à infelicidade, também na infinidade de acontecimentos da vida diária você é livre para preferir o comportamento autogratificante ao autodestrutivo. Se você dirige um carro nos dias de hoje, o mais provável é que frequentemente fique preso em engarrafamentos. Você fica furioso, xinga os outros motoristas, culpa seus passageiros, descarrega seus sentimentos sobre tudo e todos ao seu redor? Justifica-se dizendo que o trânsito sempre o deixa de mau humor, que simplesmente se descontrola em engarrafamentos? Se é isso o que acontece, decorre do fato de você estar acostumado a pensar certas coisas a respeito de si mesmo e de seu comportamento no trânsito. Mas e se preferir pensar outra coisa? E se decidir usar sua mente de maneira autoestimuladora? Levará tempo, mas você pode aprender a conversar consigo mesmo de formas diferentes, a se acostumar com novos comportamentos que talvez incluam assoviar, cantarolar, ligar o gravador e ditar cartas, até mesmo treinar adiar sua própria raiva por períodos de 30 segundos. Você não terá aprendido a gostar do trânsito, mas sim a praticar, de início muito lentamente, novos pensamentos; você terá decidido não se sentir desconfortável: terá preferido substituir, gradual e lentamente, as velhas emoções autodestrutivas por sentimentos e hábitos novos e saudáveis.

Você pode preferir tornar qualquer experiência agradável e estimulante. Festas chatas e reuniões de comitê constituem território fértil para a escolha de novas maneiras de sentir: quando você se sentir entediado, poderá fazer com que sua mente funcione de modo excitante, mudando de assunto através de um comentário decisivo, escrevendo o primeiro capítulo de seu livro ou elaborando novos planos para evitar esse tipo de situação no futuro. Usar a mente de forma ativa significa fazer a avaliação das pessoas e acontecimentos que lhe causam maiores dificuldades, e então decidir a respeito dos novos esforços mentais a serem feitos para que tais fatores passem a atuar a seu favor. Se você costuma ficar irritado com o mau atendimento nos restaurantes, comece por pensar por que deveria preferir não se irritar quando algo ou alguém não está se mostrando da maneira como você gostaria. Você é valioso demais para se deixar perturbar por alguém, sobretudo alguém tão sem importância em sua vida. Em seguida, elabore estratégias para alterar a situação, sair do restaurante ou seja lá o que for. Mas não se limite a ficar perturbado; use o cérebro a seu próprio favor e acabará desenvolvendo o sensacional hábito de não se perturbar quando as coisas saem erradas.

Preferindo saúde à doença

Você também pode decidir eliminar alguns sofrimentos físicos que não têm raízes em nenhuma disfunção orgânica conhecida. Certas perturbações físicas comuns, que muitas vezes não têm origem em nenhum distúrbio biológico, incluem dores de cabeça, dores nas costas, úlceras, hipertensões, urticárias, erupções da pele, cãibras, dores passageiras e similares.

Certa vez, tive uma cliente que jurava ser acometida por dor de cabeça todas as manhãs havia quatro anos. Cada manhã, às 6h45, ela aguardava a chegada da dor e então tomava comprimidos analgésicos. Ao mesmo tempo, mantinha todos os amigos e colegas informados a respeito de seu sofrimento. Sugeriu-se a essa cliente que ela desejava as dores de cabeça e que as escolhera como meio de atrair a atenção, receber simpatia e piedade. Sugeriu-se, ainda, que ela poderia aprender a não querer isso e a praticar a transferência da dor de cabeça, deslocando-a do meio da testa para um determinado ponto das têmporas; assim, a cliente aprenderia a controlar a dor, fazendo-a deslocar-se. Na primeira manhã, ela acordou às 6h30 e ficou deitada à espera da dor de cabeça; quando esta se manifestou, através de seu pensamento, a cliente fez com que a sensação se deslocasse para outro ponto de sua cabeça: acabara de fazer uma nova escolha para si mesma e, com o tempo, abandonou por completo a opção de sentir dor de cabeça.

Muitas evidências têm comprovado a ideia de que as pessoas chegam mesmo a escolher enfermidades, como tumores, gripe, artrite, males cardíacos, "acidentes" e muitas outras, inclusive câncer. No tratamento dos pacientes ditos "desenganados", certos pesquisadores vêm começando a acreditar que o fato de ajudar o paciente a não querer a doença, seja da maneira que for, pode constituir uma forma de atenuar o fator assassino presente em seu organismo. Há culturas que tratam a dor dessa forma, assumindo poder total sobre o cérebro e tornando o autocontrole sinônimo de controle *do cérebro*.

O cérebro, que se compõe de dezenas de bilhões de unidades operacionais, dispõe de suficiente capacidade de armazenamento para receber dez fatos novos por segundo; estimativas discretas calcularam que o cérebro humano pode armazenar um volume de informações equivalente a cem trilhões de palavras, e que todos nós fazemos uso de nada mais que uma diminuta fração desse espaço disponível. Trata-se, portanto, de poderoso instrumento de que dispomos, e cabe a nós decidirmos a melhor maneira de utilizá-lo. Tenha isso em mente enquanto prossegue na leitura deste livro e procure escolher novas formas de pensar.

Não se apresse em tachar esse controle de charlatanice; a maioria dos médicos já teve pacientes que escolheram sofrer de algum mal físico totalmente desprovido de causa fisiológica. Não é raro as pessoas ficarem misteriosamente doentes quando se veem diante de alguma circunstância difícil ou evitarem adoecer quando simplesmente "não podem" arcar com uma enfermidade naquele momento, de modo que adiam os sintomas – febre, por exemplo – até que a ocasião esteja superada, e então desabam.

Conheço o caso de um homem de 36 anos, que era prisioneiro de um horrível casamento. Em 15 de janeiro, ele decidiu que abandonaria a esposa no dia 1º de março; em 28 de fevereiro, foi acometido de febre alta e vômitos incontroláveis. O fato passou a se repetir: cada vez que ele se preparava, era acometido de gripe forte ou tinha um ataque de indigestão. O homem estava fazendo uma escolha: era mais fácil ficar doente do que enfrentar a culpa, o medo, a vergonha e tudo que há de desconhecido numa separação.

Preste atenção nos anúncios que vemos e ouvimos na televisão:

"Eu sou corretor... vocês podem imaginar a tensão e as dores de cabeça que devo ter. Tomo este comprimido para me livrar delas."

Mensagem: você não pode controlar a maneira como se sente quando faz certo tipo de trabalho (por exemplo, de professor, executivo ou pai), então, recorre a um fator externo.

Somos bombardeados com mensagens desse tipo todos os dias. A implicação é evidente: somos prisioneiros indefesos, precisamos de algo ou de alguém que nos ajude. Bobagem. Só você mesmo pode melhorar sua sorte ou construir sua felicidade; depende de você assumir o comando de sua mente e começar a praticar os sentimentos e os comportamentos escolhidos por você mesmo.

Evitando a paralisia

Ao considerar seu potencial para preferir a felicidade, tenha em mente a palavra *paralisia* como o indicador das emoções negativas presentes em sua vida. Talvez você ache que raiva, hostilidade, timidez e outros sentimentos semelhantes às vezes compensem, e por isso se apegue a eles. Procure guiar-se pelo grau em que um sentimento o paralisa, seja de que modo for.

A paralisia pode ir desde inatividade total até leve indecisão e hesitação. Sua raiva o impede de dizer, sentir ou fazer algo? Se é assim, você está paralisado, perdendo oportunidades de ter experiências que lhe cabem de direito. O ódio e o ciúme estão contribuindo para que você desenvolva uma úlcera ou passe a sofrer de pressão alta? Esses sentimentos estão impedindo que você tenha um desempenho eficiente no trabalho? Você não consegue dormir ou fazer amor devido a um sentimento negativo que o acomete no momento exato? Tudo isso é sinal de paralisia. *Paralisia*: condição, branda ou grave, na qual você não atua no nível em que gostaria de atuar. Se tal condição é gerada por sentimentos, não é preciso procurar melhor razão para se livrar deles.

Eis uma breve relação de ocasiões nas quais talvez você se veja paralisado; elas abrangem estados de paralisia que vão desde o brando até o mais grave.

Você está paralisado sempre quando...
não consegue falar de maneira carinhosa com sua esposa e filhos, embora queira fazê-lo;
não consegue trabalhar num projeto que o interessa;
não faz amor, embora quisesse fazer;
fica sentado em casa o dia inteiro, deprimido;
não joga golfe, tênis ou se dedica a qualquer outra atividade agradável do gênero por causa dos restos de um sentimento corrosivo qualquer;
não é capaz de se apresentar a alguém que o atraia;
evita conversar com determinada pessoa ao perceber que um mero gesto bastaria para melhorar seu relacionamento;
não consegue dormir devido a alguma preocupação;

sua raiva o impede de pensar claramente;
você diz algo ofensivo a uma pessoa amada;
seu rosto se contorce ou você está tão nervoso que não consegue agir como gostaria.

A paralisia abrange uma ampla gama de coisas. Praticamente todas as emoções negativas resultam em alguma forma de autoparalisia, e isso constitui razão sólida e suficiente para eliminar por completo essas emoções. É possível que você esteja pensando em certas ocasiões nas quais compensa ter uma emoção negativa, como, por exemplo, gritar para uma criança pequena, em tom irritado, para enfatizar o fato de que você não quer que ela brinque na rua. Se a voz irritada não passa de um recurso para acentuar o que você está dizendo – e se isso funciona –, então a estratégia adotada é válida. Entretanto, se você grita com os outros não para frisar um argumento, mas porque está internamente perturbado, então você se paralisou, e chegou a hora de começar a treinar novas escolhas que o ajudem a atingir o objetivo de impedir que a criança vá para a rua, sem ter de sofrer sentimentos que o magoam. No capítulo 11 falarei mais sobre a raiva e o comportamento que leva ao aumento de resistência.

A importância de viver o momento presente

Uma das maneiras de combater a paralisia – não importa quão branda seja – é aprender a viver o momento presente. Viver o momento atual, entrar em sintonia com o seu "agora", constitui o ponto principal do viver pleno. Quando se pensa nisso, vê-se que não há realmente nenhum outro momento que se possa viver. O agora é tudo, e o futuro não passa de outro momento presente, a ser vivido quando chegar. Uma coisa é certa: só se pode viver o futuro quando ele aparece. O problema, porém, é que vivemos em uma cultura que menospreza o agora. Poupe para o futuro! Pense nas consequências. Não seja hedonista. Pense no amanhã. Prepare-se para a aposentadoria.

Evitar o momento presente é quase uma doença em nossa cultura, e somos continuamente condicionados a sacrificar o presente em prol do futuro. Tiradas as conclusões lógicas, essa atitude representa não apenas evitar desfrutar o agora, como também perder para sempre a felicidade. Quando o futuro chega, torna-se presente, e devemos então empregá-lo em preparações para o futuro. A felicidade é algo que pertence ao amanhã e, portanto, sempre ilusória.

A doença da rejeição do momento presente assume muitas formas; seguem-se quatro exemplos típicos desse comportamento evasivo.

A Sra. Sally Forth resolve ir para o campo, para se unir à natureza e sintonizar seus momentos presentes. Uma vez lá, deixa que sua mente divague e acaba por pensar no que deveria estar fazendo em casa... As crianças, as compras, a casa, as contas, será que está tudo bem? Em outros momentos, sua mente se desloca para o futuro, para as tarefas que a aguardam logo que volte do campo. E lá se vai o presente, tomado por acontecimentos passados e futuros – a rara oportunidade de desfrutar do cenário da natureza foi perdida.

A Srta. Sandy Shore vai para as ilhas com intenção de se divertir e passar as férias inteiras ao sol – não pelo prazer de sentir o sol sobre o corpo, mas pela antecipação do que dirão seus amigos quando ela voltar com um magnífico bronzeado. Sua mente está focalizada num momento futuro e, quando esse momento chegar, ela lamentará o fato de não poder estar de novo na praia, bronzeando-se. Se você acha que a sociedade não contribui para esse tipo de atitude, examine o slogan de determinado fabricante de loção bronzeadora: "Se você usar este produto, as pessoas ficarão com mais raiva ainda quando você voltar."

O Sr. Neil N. Prayer tem problema de impotência. Quando está vivenciando o momento presente com a esposa, sua mente divaga e escapa para algum acontecimento passado ou futuro, de modo que o presente simplesmente se perde. Quando ele afinal consegue se concentrar no presente e começa a fazer amor, imagina que a esposa é outra pessoa, enquanto ela, por sua vez, passa a fantasiar sobre seu amante.

O Sr. Ben Fishen está lendo um manual, esforçando-se para não interromper a leitura. De súbito, percebe que leu apenas três páginas e que sua mente partira numa excursão por conta própria; ele não estava assimilando uma única ideia, mas sim evitando a matéria contida naquelas páginas, embora seus olhos se mantivessem focalizados sobre cada palavra. Ele estava, literalmente, participando do ritual da leitura, enquanto seus momentos presentes eram consumidos em pensamentos sobre o filme da noite anterior ou preocupações sobre o exame do dia seguinte.

O momento presente, esse tempo ilusório que está sempre com você, pode ser vivenciado de forma maravilhosa se você se entregar a ele. Absorva tudo de cada momento, e se desligue do passado que já acabou e do futuro que chegará na devida hora. Agarre o momento presente, consciente de que é tudo o que você tem. E lembre-se de que desejar, esperar e lamentar constituem as táticas mais comuns e perigosas para fugir ao presente.

É frequente, ao evitarmos o presente, idealizarmos o futuro. Em algum milagroso momento futuro, a vida vai mudar, tudo se encaixará e você encontrará a felicidade. Quando atingir essa ocasião especial – formatura, casamento, um filho, uma promoção –, então a vida começará para valer. Em geral, quando a ocasião chega, mostra-se decepcionante; nunca corresponde ao que você imaginou. Recorde sua primeira experiência sexual: depois de esperar tanto tempo, não houve nenhum orgasmo explosivo, nenhuma convulsão epiléptica, mas sim uma estranha dúvida: por que todo mundo fala tanto a respeito disso? E talvez aquela sensação de: "Mas será que é só isso?"

É claro que, quando um acontecimento não corresponde às suas expectativas, você pode evitar a depressão recorrendo de novo à idealização. Não permita que esse círculo vicioso se torne seu estilo de vida; interrompa-o agora, com alguma forma de gratificação estratégica no momento presente.

Em 1903, Henry James deu o seguinte conselho, em seu livro *Os embaixadores*:

> Viva tudo que puder; não fazê-lo é um erro. Não importa muito o que você faz, especialmente, desde que você desfrute a sua vida. Se não teve isso, o que é que você teve?... O que se perde está perdido, fique certo disso... O momento certo é *qualquer* momento do qual alguém ainda tenha a sorte de dispor... Viva!

Ao examinar sua vida passada, como fez Ivan Ilych, o personagem de Tolstoi, você verificará que raramente terá sentido remorso em decorrência de algo que fez – é o que você não fez que o atormentará. A mensagem, portanto, é clara: Faça! Aprenda a apreciar o momento presente. Segure cada segundo de sua vida e o saboreie. Valorize seus momentos presentes: usá-los de maneira autodestruidora significa perdê-los para sempre.

O tema da consciência do momento presente aparece a cada página deste livro. As pessoas que sabem agarrar esses momentos e ampliá-los ao máximo são aquelas que optaram por uma vida livre, produtiva e gratificante. Trata-se de uma escolha que todos nós podemos fazer.

Crescimento *versus* imperfeição como motivador

Na luta para se tornar tão feliz e pleno quanto quiser em sua vida, você pode ser motivado por dois tipos de necessidade. A forma mais comum de motivação chama-se motivação por imperfeição ou deficiência, enquanto a forma mais saudável leva o nome de motivação pelo crescimento.

Se você colocar uma pedra no microscópio e observá-la cuidadosamente, verificará que ela nunca se modifica. Mas se você colocar um pedaço de coral sob o mesmo microscópio, perceberá que ele cresce e se modifica. Conclusão: o coral está vivo, e a pedra morta. Como você distingue uma flor viva de uma flor morta? A flor que cresce está viva. A única evidência de vida é o crescimento! Isso também se aplica ao âmbito psicológico: se você cresce, é porque está vivo; se você não está crescendo, poderia perfeitamente estar morto.

Você pode ser motivado pelo desejo de crescer e não pela necessidade de sanar suas deficiências. Se reconhecer o fato de que sempre pode crescer, melhorar, tornar-se mais e maior, será suficiente. Quando você decide ficar paralisado ou sofrer emoções dolorosas, está tomando uma decisão contrária ao crescimento. Motivação pelo crescimento significa usar a energia vital em prol da felicidade, e não ter de melhorar porque cometeu algum pecado ou porque é, de algum modo, uma pessoa incompleta.

Um corolário da escolha do crescimento como força motivadora é o domínio de si a cada momento presente de sua vida. Domínio significa que é você quem decide seu destino; não lhe cabe enfrentar, esforçar-se ou ser alguém que se adapta ao mundo – em vez disso, você escolhe o seu mundo. George Bernard Shaw expressou essa ideia em *A profissão da Sra. Warren*:

> As pessoas sempre culpam as circunstâncias por aquilo que são. Eu não acredito em circunstâncias. Quem se sai bem neste mundo são as pessoas que saem à procura das circunstâncias que desejam e, se não as encontram, criam-nas.

Mas lembre-se do que foi dito no início deste capítulo: modificar a maneira de pensar, ou sentir, ou viver é possível, mas nunca fácil. Por um momento, façamos uma conjetura; se lhe dissessem, enfaticamente, que dentro de um ano você deveria cumprir uma tarefa difícil, tal como correr uma milha em 4 minutos e meio, ou saltar perfeitamente do trampolim mais alto, e que se não o conseguisse seria executado, você entraria num regime disciplinado segundo o qual treinaria, diariamente, até o momento de realizar a tarefa. Você estaria treinando sua *mente* tanto quanto seu corpo, porque é a mente que dá as ordens ao corpo. Você treinaria, treinaria, treinaria, jamais cedendo à tentação de desistir ou relaxar. E cumpriria a tarefa, salvando a sua vida.

O objetivo dessa pequena fantasia é, evidentemente, provar determinado ponto. Ninguém acredita que o corpo possa ser treinado da noite para o dia, contudo muitas pessoas esperam que a mente reaja imediatamente. Quando tentamos aprender um novo comportamento mental, queremos tentá-lo uma vez e vê-lo tornar-se, instantaneamente, parte de nós.

Se você quer mesmo livrar-se da neurose, sentir-se gratificado e ter o controle de suas escolhas, se realmente quer alcançar a felicidade do momento presente, terá de aplicar o mesmo tipo de dedicação rígida à tarefa de desaprender o raciocínio autodestrutivo que aprendeu até agora, que aplicaria ao aprendizado de qualquer façanha difícil.

Para dominar esse tipo de realização, você terá de repetir, incessantemente, que sua mente lhe pertence de fato e que você é capaz de controlar seus próprios sentimentos. O restante deste livro se constituirá em um esforço no sentido de ajudá-lo a atingir suas metas pessoais, fazendo com que você repita exatamente estes temas: você pode escolher, e seus momentos presentes lhe pertencem para que os desfrute – se decidir assumir o controle de si mesmo.

2
O primeiro amor

O valor próprio não pode ser aquilatado pelos outros.
Você é digno porque assim o afirma.
Se seu valor depende de outrem, você se
avalia por padrões alheios.

Talvez você sofra de uma enfermidade social, do tipo que não se cura com uma simples injeção. Há grande possibilidade de você estar infectado pelo germe da menos-valia, para o qual a única cura conhecida é uma dose maciça de amor-próprio. Mas talvez, como muitos em nossa sociedade, você tenha crescido com a ideia de que é errado amar a si mesmo. Pense nos outros, diz-nos a sociedade. Ame o próximo, recomenda a Igreja. O que ninguém parece lembrar é a necessidade de amar a si mesmo – entretanto, é exatamente isso que você terá de aprender, se quiser alcançar a felicidade do momento presente.

Quando criança, você aprendeu que amar a si mesmo – o que para você era algo natural naquela época – era semelhante a ser egoísta e orgulhoso. Você aprendeu a pôr os outros em primeiro lugar, a pensar primeiro neles, como prova de "bondade". Ensinaram-lhe a autoanulação e alimentaram-no com recomendações do tipo "partilhe os brinquedos com seus primos"; ninguém se incomodava com o fato de que se tratava de seus tesouros, seus valiosos pertences, ou com o fato de que mamãe e papai não partilhavam seus brinquedos de gente grande com os outros. É possível mesmo que tenham lhe dito que você deveria "ser visto e não ouvido" e que "deveria conhecer o seu lugar".

As crianças, espontaneamente, consideram-se maravilhosas e muito importantes, mas lá pela altura da adolescência as mensagens da sociedade já criaram raízes: floresce a insegurança a respeito de si mesmo. E os reforços continuam à medida que os anos passam. Afinal, você não tem nada que sair por aí amando a si próprio. O que os outros vão pensar?!

Os sinais são sutis e não pretendem ser maldosos, mas o fato é que mantêm a pessoa na linha. Com os pais e parentes próximos, com a escola, a Igreja e os amigos, a criança aprende todas as amenidades sociais que caracterizam o mundo adulto. Entre si, as crianças nunca se comportam assim, a não ser para satisfazer os adultos. Sempre diga por favor e obrigado, cumprimente, levante-se quando os adultos entrarem, peça licença para sair da mesa, tolere os intermináveis beliscões no rosto e os tapinhas na cabeça. A mensagem é bem clara: os adultos são importantes; as crianças, não. Os outros são importantes; você, não. Não confiar no próprio julgamento foi o corolário número um e uma enorme quantidade de reforço se encaixava sob o título de "polidez". Essas normas, disfarçadas sob a palavra *maneiras*, contribuíram para que você interiorizasse as opiniões alheias, à custa de seus próprios valores. Não chega a surpreender que essas mesmas perguntas e definições autoanuladoras persistam até a idade adulta. E como atuam essas dúvidas a respeito de si mesmo? Atuam na importante área do amor para com os outros, podendo criar dificuldade para você. Dar amor aos outros tem relação direta com o grau de amor que você tem por si próprio.

Amor: Uma definição

Amor é uma palavra que tem tantas definições quanto pessoas dispostas a defini-la. Experimente esta: *Capacidade e disposição para permitir que aqueles que você ama façam suas próprias escolhas, sem insistir para que satisfaçam a você.* Talvez seja uma definição prática, mas o fato é que pouquíssimas pessoas são capazes de adotá-la para si. Como conseguir deixar que os outros sejam o que quiserem, sem insistir para que satisfaçam suas expectativas? Muito simples. Amando a si mesmo. Acreditando que você é importante, tem valor, é maravilhoso. Uma vez que reconheça suas qualidades, você não precisará que os outros reforcem o seu valor ou valores, adaptando o comportamento deles às suas diretrizes. Se você é seguro de si, não quer nem precisa que os outros sejam iguais a você. Para começar, você é único; e em segundo lugar, isso privaria os demais de sua própria unicidade – e o que você ama neles é justamente o conjunto de traços que os tornam únicos e especiais. Tudo começa a fazer sentido. Você aprende a amar a si mesmo e de repente se vê capaz de amar aos outros, de dar, de fazer algo pelos outros, fazendo primeiro por si. O que você faz não visa a agradecimentos ou compensações; você o faz pelo genuíno prazer que sente ao ajudar ou amar alguém.

Se você não se valoriza ou não gosta de si mesmo, torna-se impossível dar. Como dar amor, se você nada vale? Seu amor não valeria nada. E se você não pode dar amor, também não pode receber. Afinal, de que vale o amor dedicado a uma pessoa que não tem valor? Toda a questão de amar, dar e receber tem por base um eu que é plenamente amado.

Vejamos o exemplo de Noah, homem de meia-idade que afirmava amar sinceramente a esposa e os filhos. Para demonstrar sua afeição, comprava-lhes presentes caros, levava-os para passar férias dispendiosas e sempre que se ausentava numa viagem de negócios tomava o cuidado de assinar suas cartas com a palavra "amor". Entretanto, Noah era incapaz de dizer à esposa e aos filhos que os amava; tinha o mesmo problema com os pais, de quem gostava imensamente. Noah queria proferir aquelas palavras; elas atravessavam frequentemente seu pensamento, mas a cada vez que tentava dizer "Amo você", sentia-se sufocar.

Na mente de Noah, as palavras "Amo você" significavam que ele estava se arriscando; se dissesse "Amo você", alguém teria de responder: "Eu também amo você, Noah". A sua afirmação de amor deveria ser ecoada por outra afirmação que comprovasse o valor de Noah. Dizer aquelas palavras representava um risco grande demais para Noah, pois talvez não recebesse a resposta certa, e isso colocaria em dúvida seu valor próprio. Se, por outro lado, Noah fosse capaz de partir da premissa de que era digno de amor, não teria qualquer dificuldade para dizer "Amo você"; caso não recebesse a resposta desejada – "Eu também amo você, Noah" –, não veria nesse fato qualquer relação com seu próprio valor, inabalado antes mesmo que ele dissesse a primeira frase. Quer fosse ou não amado, seria problema da esposa, ou de quem fosse a pessoa amada por Noah naquele momento; ele poderia *desejar* o amor de outra pessoa, mas isso não seria essencial para sua autovalorização.

Você pode avaliar todos os sentimentos que tem a respeito de si próprio em termos de sua capacidade para se amar. Lembre-se, jamais, em quaisquer circunstâncias, é mais saudável sentir ódio do que amor por si mesmo. Ainda que você tenha agido de alguma forma que não o agrada, o autodesprezo servirá apenas para gerar paralisia e danos. Em vez de se odiar, cultive sentimentos positivos; aprenda com o erro que cometeu, tome a decisão de não o repetir, mas não o associe à sua própria valorizaçao.

Nisso está a essência do amor para consigo mesmo e para com os demais. Nunca confunda seu próprio valor (que é um dado) com seu comportamento ou com o comportamento dos outros em relação a você. Repito que isso também não é fácil; as mensagens da sociedade são opressivas: "Você é um menino mau", em vez de "Você se comportou mal"; "Mamãe não gosta de você quando você se comporta assim", em lugar de "Mamãe não gosta da maneira de você se comportar". As conclusões que você talvez tenha tirado partindo dessas mensagens são:

"Ela não gosta de mim, eu devo ser um lixo", em vez de "Ela não gosta de mim. É problema dela, e embora me desagrade, eu continuo importante". R. D. Laing, em *Laços*, sintetiza o processo de interiorização dos pensamentos alheios e identificação destes com o próprio valor:

> Minha mãe me ama.
> Sinto-me bem.
> Sinto-me bem porque ela me ama.
> Minha mãe não me ama.
> Sinto-me mal.
> Sinto-me mal porque ela não me ama.
> Eu sou mau porque me sinto mal.
> Sou mau porque ela não me ama.
> Ela não me ama porque eu sou mau.

Os hábitos de raciocínio da infância não são fáceis de superar. É provável que sua autoimagem ainda tenha por base as percepções dos outros sobre você. Embora seja verdade que as primeiras autoimagens sejam aprendidas a partir das opiniões dos adultos, não é certo que se deva carregá-las para sempre. Pois é, não é fácil livrar-se dessas velhas algemas e eliminar aquelas cicatrizes ainda doloridas – mas apegar-se a elas é ainda mais difícil, quando se pensa nas consequências. Levando sua mente a praticar, você poderá fazer certas opções autovalorizadoras que o deixarão espantado.

Quem são as pessoas que sabem amar? Serão aquelas que se comportam de forma autodestrutiva? De jeito nenhum. Essas pessoas se anulam e se escondem pelos cantos? Absolutamente. Aprender a dar e receber amor é tarefa que começa em casa, com você mesmo, partindo da decisão de pôr fim a todo comportamento de menos-valia que porventura tenha se tornado estilo de vida.

Primeiro, você tem de destruir o mito de que só se tem uma única imagem de si mesmo e que essa imagem só pode ser sempre positiva ou sempre negativa. Você tem muitas autoimagens, que variam continuamente. Se lhe perguntassem "Você gosta de si mesmo?", talvez você se sentisse inclinado a reunir todos os seus conceitos negativos sobre si mesmo em um "Não" global. Dividindo as áreas de desagrado em setores, você obterá objetivos específicos para trabalhar.

Você tem sentimentos sobre si mesmo do ponto de vista físico, intelectual, social e emocional; tem opinião sobre sua aptidão para música, esportes, arte, tarefas mecânicas, escrever etc. Seus autorretratos são tão numerosos quanto suas atividades, e em todos esses comportamentos está sempre VOCÊ, a pessoa que você aceita ou rejeita. Seu valor próprio, aquela sombra amiga e sempre presente, seu consultor para assuntos de felicidade e autodomínio, deve manter-se independente de suas autoavaliações. Você existe, é humano. Basta-lhe isso. É você quem determina seu próprio valor e não tem de dar explicações a ninguém. Além disso, seu valor, que é um dado, nada tem a ver com seu comportamento ou sentimentos. Talvez, em determinada ocasião, seu próprio comportamento lhe desagrade, mas isso nada tem a ver com sua autovalorização. Você pode escolher se valorizar, para sempre, e então dedicar-se à tarefa de atuar sobre suas autoimagens.

AMAR O PRÓPRIO CORPO

Tudo começa pelo eu físico. Você gosta do seu corpo? Se a resposta foi negativa, tente dividir essa opinião nas partes que a compõem; faça uma relação dos itens que considera insatisfatórios. Comece por cima: cabelo, testa, olhos, pálpebras, faces. Você gosta de sua boca, nariz, dentes e pescoço? O que acha dos seus braços, dedos, seios e estômago? Faça uma longa relação, incluindo também a parte de dentro. Seus rins, baço, artérias e fêmures. Agora, parta para os obscuros ingredientes que fazem parte de sua constituição: fissura rolândica, caracol do ouvido interno, pavilhão do ouvido, glândulas suprarrenais, úvula? É preciso elaborar uma lista bastante longa, fazendo um exame completo de si mesmo. Você não *tem* um corpo bonito, você é o seu corpo, e não gostar dele significa não se aceitar como ser humano.

É possível que você tenha alguns atributos físicos que lhe desagradam; se se trata de partes do corpo que podem ser modificadas, faça dessa modificação uma de suas metas. Se seu estômago é muito protuberante ou se a cor do seu cabelo não lhe fica bem, encare isso como escolhas que fez em algum momento anterior, e agora, *neste* momento presente, tome novas decisões a respeito. Os aspectos que não lhe agradam e que não podem ser modificados (pernas compridas demais ou olhos excessivamente apertados) devem ser encarados de maneira diferente. Nada é *excessivamente* isso ou aquilo; pernas compridas não são melhores nem piores do que ter ou não cabelos. Acontece que você adotou a definição de beleza determinada pela sociedade atual. Não deixe que os outros decidam o que você considera atraente; disponha-se a gostar de seu eu físico, declare-o precioso e atraente para você, e assim rejeitará as comparações e opiniões alheias. Você pode decidir o que é agradável e fazer da não aceitação de si mesmo coisa do passado.

Você é um ser humano. Os seres humanos têm odores, emitem certos sons e têm pelos em certos lugares. Mas a sociedade e a indústria divulgam determinadas mensagens a respeito da condição física dos seres humanos: envergonhe-se dessas características humanas, dizem elas. Aprenda a disfarçar – sobretudo se você disfarça a realidade com nosso produto. Não se aceite: esconda seu verdadeiro eu.

Não se passa uma hora diante da televisão sem receber essa mensagem. Os anúncios que o bombardeiam diariamente dizem que você deve rejeitar os odores de sua boca, de suas axilas, pés, pele e até dos órgãos genitais. "Passe a usar nosso produto e sinta-se novamente natural" – como se sua maneira de ser não fosse natural e você precisasse emitir perfumes cosméticos para poder gostar mais de si mesmo. Assim, você desodoriza cada orifício com o produto perfumado correspondente, pois não aceita uma parte sua que existe em todos os seres humanos.

Conheço o caso de um homem de 32 anos, Frank, que aprendeu a rejeitar todas as suas funções orgânicas, tachando-as de repelentes. Frank é compulsivamente asseado quanto ao corpo, chegando ao ponto de se sentir mal sempre que transpira – e espera que a esposa e os filhos apresentem a mesma atitude quanto à limpeza. Depois de podar a grama do jardim ou jogar uma partida de tênis, ele corre para o chuveiro, para se livrar de quaisquer odores desagradáveis. Além disso, só consegue ter relações sexuais se tanto ele quanto a esposa tomarem uma chuveirada antes e outra depois. Frank não tolera os odores normais de seu próprio corpo e não pode viver em companhia de alguém mais indulgente consigo mesmo. Ele borrifa o banheiro com spray, usa uma infinidade de produtos cosméticos para se manter perfumado e se preocupa com a possibilidade de alguém não gostar dele quando se torna humano e começa a cheirar como tal. Frank aprendeu a rejeitar as funções e odores naturais do corpo; adotou atitudes que expressam autorrejeição, mostrando-se embaraçado ou pedindo desculpas sempre que deixa o corpo ser natural. Mas ser humano significa ter muitos odores naturais, e a pessoa que está treinando o amor e a aceitação de si mesma não se ofende, de forma alguma, com as manifestações de sua natureza. Na realidade, se Frank fosse completamente honesto consigo próprio e eliminasse as mensagens aprendidas sobre autorrejeição, talvez pudesse mesmo chegar a admitir que aprecia seu corpo e todos os gloriosos odores que este produz. Embora talvez não quisesse partilhar tais odores com outras pessoas, pelo menos poderia aceitá-los em si, dizendo a si mesmo que, para falar a verdade, gosta deles e não sente vergonha quando está entre outras pessoas.

Autoaceitação significa amar todo o eu físico e eliminar as imposições culturais para corresponder a certos padrões ou limitar-se a tolerar o corpo quando este se comporta de maneira não cosmética. Isso não significa que você deva sair por aí se exibindo, mas sim que é possível aprender a apreciar o fato de ser você mesmo.

Muitas mulheres aceitam as mensagens culturais, e, quando se trata do corpo, comportam-se tal como se espera que se comportem. Depile as pernas e axilas, desodorize-se completamente, perfume o corpo com fragrâncias artificiais, esterilize a boca, maquile os olhos, lábios, faces, ponha enchimento no sutiã, borrife o spray adequado a seus órgãos genitais, falsifique as unhas. A implicação disso é: há algo de desagradável a seu respeito quando você está ao natural, quando você é essencialmente humano, e é somente usando de artifícios que você passa a ser atraente. Há um lado mais triste: o produto final é a falsificação de si mesmo, que toma o lugar da personalidade natural que o acompanha durante a maior parte de sua vida. Você está sendo estimulado a rejeitar o seu eu maravilhoso. O fato de os anunciantes agirem assim é compreensível, dado o lucro visado, mas o fato de você comprar os produtos é mais difícil de entender, dado que você está optando por desfazer-se de seu eu verdadeiro. É possível parar de ocultar seu eu natural e maravilhoso: se você decide usar algum cosmético, não o fará porque não gosta daquilo que está disfarçando, mas sim pela novidade e para sua gratificação pessoal. Não é fácil ser honesto consigo mesmo nessa área, e leva tempo aprender a distinguir entre o que nos dá prazer e aquilo que a publicidade diz que deveria nos dar prazer.

A ESCOLHA DE AUTOIMAGENS MAIS POSITIVAS

Pode-se fazer o mesmo tipo de escolha em relação a todas as autoimagens. Você pode decidir considerar-se inteligente, aplicando a si mesmo seus próprios padrões; na realidade, quanto mais feliz você se torna, mais inteligente você é. Se você tem deficiências em áreas como álgebra, ortografia ou redação, isso é simplesmente resultado das escolhas que você fez até agora. Se decidisse dedicar tempo suficiente à prática de qualquer dessas tarefas, não há dúvida de que conseguiria melhorar seu desempenho nelas. Se sua autoimagem reflete uma pessoa não muito inteligente, recorde o que dissemos sobre inteligência no capítulo 1: se você se subestima, isso ocorre porque assimilou essa ideia e se compara com os outros no que tange a certas variáveis acadêmicas.

Talvez você fique surpreso ao ouvir isso, mas o fato é que você pode decidir ser tão inteligente quanto quiser. A aptidão, na realidade, é uma função do tempo e não uma qualidade inata; argumento a favor desse conceito pode ser encontrado nas normas de classificação dos testes padronizados de desempenho. Essas normas demonstram que os resultados obtidos pelos melhores alunos de um determinado nível são obtidos pela maioria dos alunos de um nível posterior qualquer. Estudos adicionais mostram que, embora a maioria dos estudantes acabe por dominar outras matérias, alguns o conseguem muito antes que outros. Contudo, muitas vezes se confere o rótulo de "deficiente", ou mesmo "retardado", àqueles que demoram mais a dominar uma habilidade. Preste atenção ao que diz John Carrol, em seu comentário a esse respeito no artigo "A Model for School Learning", publicado em *Teachers College Record*:

> Aptidão é a quantidade de tempo necessária àquele que aprende para atingir o domínio da tarefa que constitui objeto da aprendizagem. Está implícita nessa fórmula a hipótese de que, com tempo suficiente, todos os estudantes podem, concebivelmente, atingir o domínio de uma matéria.

Com tempo e esforço suficientes você poderia, se quisesse, dominar praticamente qualquer matéria acadêmica. Mas você não faz esse tipo de escolha, por motivos bastante válidos. Por que haveria de dedicar a energia de seus momentos presentes à resolução de problemas obscuros ou ao aprendizado de algo que não lhe interessa? Ser feliz, viver plenamente e amar constituem metas bem mais valiosas. O importante a assinalar é que a inteligência não é algo herdado ou um dom conferido a você; você é tão inteligente quanto quer ser. O fato de não gostar do grau de inteligência que escolheu ter não passa de autodesprezo, que só pode gerar consequências prejudiciais para a sua vida.

A lógica de poder escolher suas autoimagens se aplica a todos os autorretratos implantados em seu cérebro: você é tão sociável quanto quer – se seu comportamento social lhe desagrada, você pode se dedicar a alterá-lo, não confundindo o comportamento com sua própria valorização. Da mesma forma, suas diversas aptidões, sejam elas artísticas, mecânicas, atléticas, ou musicais são, em grande parte, resultado de escolhas, e não têm relação com o valor próprio. (Veja no capítulo 4 a abordagem completa de suas autodescrições e as razões pelas quais escolheu-as para si.) Seguindo um raciocínio semelhante, o capítulo anterior demonstrou que sua vida *emocional* é produto de suas escolhas. Aceitar-se com base no que você julga adequado é algo que você pode decidir imediatamente; o aperfeiçoamento dos aspectos que, em sua opinião, não satisfazem esses padrões pode ser uma tarefa agradável, e não há razão para preferir sentir-se desprezível porque há determinados aspectos a serem aperfeiçoados em você.

O não gostar de si mesmo pode assumir muitas formas; talvez você se dedique a certos tipos de comportamento autodepreciativos. Aqui vai uma breve lista de comportamentos frequentes que se enquadram na categoria da autodepreciação:

- Rejeitar elogios que lhe são dirigidos. ("Não sou realmente inteligente, acho que tenho é sorte".)
- Desculpar-se por sua boa aparência. ("É a minha cabeleireira, ela é capaz de fazer uma rã ficar bonita", "Acredite, é por causa da roupa", "Fico bem de verde".)
- Dar crédito aos outros quando cabe a você. ("Graças ao Michael, sem ele eu não seria nada", "Foi Marie que fez tudo, eu apenas supervisionei".)
- Referir-se a outrem quando emite opiniões. ("Meu marido diz", "Minha mãe acha", "George sempre me diz que".)
- Submeter suas opiniões aos outros. ("Não é, querido?", "Foi o que eu falei, não foi, Martha?", "Basta perguntar ao meu marido, ele lhe dirá".)
- Recusar-se a pedir algo que deseja, não porque não pode pagar (embora talvez alegue essa razão), mas porque acha que não merece.
- Não ter orgasmos.
- Não comprar algo para si mesmo por achar que deve comprá-lo para outra pessoa, embora o sacrifício seja desnecessário; ou não se permitir ter o que deseja por achar que não merece.
- Evitar caprichos tais como flores, vinho ou seja lá o que for que você adora, mas acha que seria um desperdício.
- Em um aposento cheio de gente, alguém grita "Ei, idiota!" e você se vira.
- Usar apelidos para si (e deixar que outros o façam), quando se trata de alcunhas autodepreciativas, como Tontinho,

Doçura ou Neném (para um adulto), Careta, Baixinho, Gordo ou Careca.

- Um amigo ou amor lhe dá uma joia de presente. Imediatamente, você pensa mais ou menos assim: "Ele deve ter uma gaveta cheia de joias na sua casa, para presentear outras moças."
- Alguém diz que você está bonita. A frase, em sua cabeça, é: "Ou você é cego ou está tentando me agradar."
- Alguém leva você a um restaurante ou ao teatro e você pensa: "É assim que começa, mas quanto tempo levará para descobrir que tipo de pessoa eu realmente sou?"
- Uma garota aceita sair com você e você acha que ela concordou apenas por piedade.

Certa vez, trabalhei com uma moça bastante atraente que, obviamente, era muito assediada pelos homens. Entretanto, Shirley afirmava que todos os seus casos terminavam mal e que, embora quisesse muito se casar, jamais tivera oportunidade. Durante o aconselhamento, ficou demonstrado que Shirley destruía sem perceber todos os seus relacionamentos. Se algum homem dizia que a amava ou que ela era importante para ele, a mente de Shirley o contradizia, pensando: "Ele só está falando isso porque sabe que é o que quero ouvir." Shirley estava sempre em busca de uma frase que negasse seu valor; ela não amava a si mesma, e por isso rejeitava os esforços dos outros para amá-la. Não acreditava que alguém pudesse achá-la atraente. Por quê? Porque achava que, para começar, não merecia ser amada, e assim o interminável ciclo de renúncias constituía sua forma de reforçar a ideia de sua menos-valia.

Embora muitos itens da lista apresentada possam parecer de pouca importância, não deixam de constituir minúsculos indicadores de autorrejeição. Se você se sacrifica ou se recusa a ser extravagante em benefício próprio – o que muitas vezes significa escolher um hambúrguer em vez de costeletas de carneiro –, isso acontece porque você acha que não merece a melhor porção. Talvez tenham lhe ensinado que as boas maneiras requerem a negação de cumprimentos ou que você não é mesmo atraente; foram lições aprendidas e agora o comportamento de autonegação constitui sua segunda natureza. Há numerosos exemplos de autorrejeição manifestados em conversas e no comportamento diário. E cada vez que você se dedica à autodepreciação, está reforçando o velho bicho-papão que os outros puseram atrás de você e limitando suas próprias oportunidades de desfrutar de qualquer espécie de amor na vida, seja amor por si mesmo ou por outra pessoa. É claro que você é valioso demais para sair por aí se depreciando.

Aceitando-se sem queixas

Amar a si mesmo significa aceitar-se como alguém que tem valor porque decidiu ter valor. A aceitaçao significa também ausência de queixa: as pessoas que vivem plenamente jamais se queixam – não reclamam, especialmente, do fato de as rochas serem ásperas, do céu estar encoberto ou do gelo ser frio. Aceitação significa não reclamar, e felicidade significa não reclamar daquilo sobre o qual nada se pode fazer. A queixa é o refúgio daqueles que carecem de autoconfiança; o fato de falar aos outros sobre o que o desagrada em si mesmo dá a você a oportunidade de prolongar sua insatisfação, pois quem ouve não pode fazer praticamente nada a respeito, a não ser contradizê-lo, e você não acreditará nelas. Assim como queixar-se aos outros não leva a parte alguma, deixar que os outros abusem de você com cargas de infelicidade e autopiedade é algo que não ajuda ninguém. Com uma pergunta simples, é possível pôr fim a esse comportamento inútil e desagradável: "Por que você está me contando isso?" ou "Há algum modo de eu poder ajudá-lo nesse assunto?". Fazendo a si mesmo essas perguntas, você começará a compreender seu comportamento lamurioso, reconhecendo-o como rematada idiotice. É tempo desperdiçado, que poderia ser mais bem-empregado na prática do amor a si mesmo por meio de diversas atividades, como, por exemplo, o autoelogio silencioso, ou então ajudando alguém a atingir sua própria realização.

Há duas ocasiões específicas em que o comportamento de queixa é mais desagradável do que nunca:

(1) Sempre que você diz a alguém que está cansado;

(2) Sempre que você diz a alguém que está se sentindo mal.

Se você está cansado, há várias opções à sua disposição, mas queixar-se a alguém, seja lá quem for – especialmente uma pessoa querida –, é abusar dela. E não reduzirá seu cansaço. A mesma lógica se aplica ao "sentir-se mal".

Não estamos nos referindo ao fato de dizer às pessoas como você se sente, desde que elas possam ajudá-lo de algum modo; o que criticamos é a queixa feita a quem nada pode fazer senão aguentar suas reclamações. Além disso, se você está realmente dedicado a cultivar o amor por si e enfrenta certa dose de dor ou desconforto, preferirá resolver a situação sozinho, não escolhendo alguém em quem se apoiar e com quem partilhar a carga.

Queixar-se de si constitui atividade perfeitamente inútil, que o impede de viver plenamente; estimula a autopiedade e paralisa seus esforços no sentido de dar e receber amor. Além disso, reduz suas oportunidades de aprimorar relacionamentos amorosos e contatos sociais. Embora possa atrair atenção para você, a notoriedade conseguida provavelmente lançará sombras sobre sua felicidade.

Ser capaz de aceitar-se sem queixas envolve, ao mesmo tempo, a compreensão do amor-próprio e do processo de queixa, que se excluem mutuamente. Se você realmente ama a si mesmo, queixar-se a pessoas, que nada podem fazer torna-se uma atitude absolutamente insustentável. E se você percebe, em si e nos outros, aspectos que o desagradam, dedique-se à tomada ativa das medidas necessárias, em vez de se lamentar.

Da próxima vez em que estiver numa reunião entre casais, experimente o pequeno exercício a seguir: observe que porção de conversa se gasta em lamentações – sobre as pessoas, os acontecimentos, os preços, o tempo etc. Depois, quando a reunião estiver terminada e cada um seguir seu próprio caminho, pergunte a si mesmo: "Que parcela da lamentação desta noite serviu para alguma coisa?", "Quem realmente se importa com as nossas queixas?" Então, da próxima vez que se vir prestes a queixar-se de algo, recorde a inutilidade daquela noite.

Amor-próprio *versus* presunção

Talvez lhe pareça que toda essa conversa sobre amor-próprio envolva um tipo de comportamento repulsivo semelhante à egomania. Nada poderia estar mais longe da verdade. O amor-próprio nada tem a ver com o tipo de comportamento que se caracteriza pela mania de dizer a todo mundo que você é fabuloso: isso não é amar a si mesmo, mas sim tentar atrair atenção e aprovação dos outros por meio de comportamento ostensivamente presunçoso. É tão neurótico quanto o comportamento da pessoa sobrecarregada de autorrejeição. A atitude vaidosa é motivada pelos outros, pela intenção de obter as boas graças alheias; indica que a pessoa se avalia com base na imagem que os outros fazem dela. Se não fosse assim, ela não sentiria a necessidade de convencer os demais sobre seu valor. Amar a si mesmo não exige o amor dos outros, não implica a necessidade de convencê-los, mas sim a aceitação intrínseca de si. Isso é algo que nada tem a ver com os pontos de vista alheios.

As recompensas por não amar a si mesmo

Por que alguém haveria de preferir não amar a si mesmo? Qual é a vantagem disso? Embora doentios, os dividendos existem, e estão à sua disposição para serem avaliados. E aí reside o ponto central da questão de aprender a ser uma pessoa plena – compreender por que você adota comportamentos autodestrutivos. Todo comportamento é motivado, e o caminho que conduz à eliminação dos comportamentos autodestrutivos está pontilhado de crateras: são as armadilhas representadas pela compreensão errônea de seus próprios motivos. Uma vez que você compreenda por que se prejudica, e como atua o sistema de manutenção desse mecanismo, poderá começar a atacar os comportamentos propriamente ditos. Se não conquistar a autocompreensão, você continuará repetindo as mesmas velhas atitudes.

Por que você teria decidido dedicar-se a hábitos de autoacusação, não importa quão sutis lhe pareçam? Talvez porque seja simplesmente mais fácil adotar as opiniões alheias do que pensar com a própria cabeça. Mas há outros dividendos além desse. Preferindo não amar a si mesmo e tratando-se como indivíduo sem importância, sempre pondo os outros em primeiro lugar, você...

- Dispõe de uma desculpa para o fato de não conseguir ter amor em sua vida – ou seja, o argumento de que simplesmente não merece ser amado. Essa desculpa constitui a compensação neurótica.
- Evita todo e qualquer risco que acompanhe o estabelecimento de relações amorosas, eliminando qualquer possibilidade de sofrer rejeição ou desaprovação.
- Percebe que é mais fácil continuar sendo como é. Se você nada vale, não adianta tentar crescer, tornar-se melhor e mais feliz: a compensação está em permanecer o mesmo.
- Obtém piedade, atenção e mesmo aprovação dos outros, o que representa agradável substituto para o arriscado empreendimento que é envolver-se numa relação amorosa. Portanto, a piedade e a atenção representam suas recompensas autodestrutivas.

- Dispõe de muitos bodes expiatórios convenientes, sobre os quais lança a culpa por seu próprio infortúnio. Você se lamenta e por isso não fica obrigado a tomar qualquer iniciativa para melhorar a situação.
- Consome seus momentos presentes com uma série de minidepressoes e evita comportamentos que contribuiriam para torná-lo diferente. Sua autopiedade lhe servirá de via de escape.
- Regride, voltando a ser uma criança boazinha, recorrendo aos remanescentes das respostas infantis para agradar à "gente grande" que você aprendeu a encarar como seus superiores. Regredir é mais seguro do que correr riscos.
- Reforça seu comportamento de dependência em relação aos outros, tornando-os mais importantes do que você mesmo. Uma muleta é dividendo, embora possa chegar a machucá-lo.
- Torna-se incapaz de assumir o controle de sua vida e vivê-la da maneira que quiser, simplesmente porque acha que não merece a felicidade pela qual anseia.

Esses são os componentes do sistema de manutenção de seu autodesprezo; constituem as razões pelas quais você prefere se apegar a velhos comportamentos e velhas maneiras de pensar. Acontece que é muito mais fácil, ou seja, menos arriscado, depreciar-se do que tentar erguer-se. Mas lembre-se: a única constatação que importa está no crescimento, e recusar-se a crescer e a tornar-se uma pessoa que se ama significa escolher algo semelhante à morte. Armado com esses insights sobre seu comportamento, você pode começar a praticar certos exercícios mentais e físicos visando estimular o desenvolvimento de seu amor-próprio.

Alguns exercícios fáceis de amor-próprio

A prática do amor-próprio tem início em sua mente: você deve aprender a controlar seu raciocínio. Para isso, é necessária muita conscientização do momento presente, nas ocasiões em que você manifesta comportamentos autoacusatórios. Se for capaz de se pegar em flagrante, você poderá começar a combater o pensamento que gera o comportamento.

Digamos que você perceba que acabou de dizer algo como: "Não sou tão inteligente assim; acho que essa boa nota no trabalho foi questão de sorte." Em sua mente, deve soar o sinal de alerta: "Acabei de me comportar de maneira autodepreciativa. Mas agora estou consciente disso, e da próxima vez evitarei dizer essas coisas que tenho repetido a vida inteira." A estratégia consiste em corrigir-se, ostensivamente, por meio de uma frase mais ou menos assim: "Acabei de dizer que tive sorte, só que a sorte não tem nada a ver com isso. Tirei aquela boa nota porque a merecia." Foi um pequeno passo em direção ao amor-próprio: a identificação da autodepreciação feita no momento presente e a decisão no sentido de agir de maneira diferente. Antes, você tinha um hábito; agora, tem a consciência de que quer mudar e tomou a decisão de se transformar. É como aprender a dirigir um automóvel: você acabará por desenvolver um novo hábito, que não requererá uma conscientização constante. Dentro em breve, você estará se comportando espontaneamente como uma pessoa que se ama.

Com a mente trabalhando a seu favor, e não contra você, surgirão no horizonte excitantes atividades de amor-próprio. Segue uma breve lista desses comportamentos, que você poderá ampliar à medida que for adquirindo o senso de autoestima baseado no seu próprio valor.

- Escolha novas respostas às tentativas dos outros de lhe dedicar amor ou aceitação; em vez de se mostrar cético assim que um gesto amoroso se manifestar, aceite-o com um "Obrigado" ou "Fico feliz por você se sentir assim".
- Se há alguém por quem você sente um amor verdadeiro, declare o de maneira direta: "Amo você", e enquanto observa a reação, cumprimente-se por ter assumido o risco.
- No restaurante, peça algo de que realmente goste, sem se importar com o preço. Dê esse prazer a si mesmo, porque você o merece. Passe a escolher aquilo que você prefere, em todas as situações, inclusive no mercado; permita-se a satisfação de um artigo que lhe agrada, porque você o merece. Trate de abolir o hábito de negar-se aquilo que o satisfaz, exceto quando for absolutamente necessário, o que é raro.
- Após um dia cansativo e uma refeição farta, tire um cochilo ou faça uma caminhada pelo parque, mesmo se tiver uma montanha de coisas para fazer; isso contribuirá para que você se sinta 100 por cento melhor.
- Filie-se a uma organização ou dedique-se a uma atividade qualquer de que você goste. É possível que você venha adiando uma decisão desse tipo porque é muito ocupado e simplesmente não dispõe de tempo. Ao optar pelo amor-próprio e decidir desfrutar, na vida, daquilo que você deseja, aqueles a quem você serve começarao a desenvolver um pouco de autoconfiança também. E você perceberá que os está servindo por escolha e não por obrigação.
- Elimine o ciúme, admitindo que se trata de autodepreciação. Ao se comparar com alguém e supor que você é menos amado que essa pessoa, você está considerando os outros mais importantes; está avaliando seus próprios méritos por comparação com os de outrem. Tenha em mente que:
(1) alguém sempre pode escolher outra pessoa sem que isso se reflita em você;

(2) quer você seja ou não escolhido por alguém importante, não é com isso que você deve medir seu valor.

Se é assim que você raciocina, está se condenando à eterna insegurança, pois viverá preocupado com a possível reação de seja lá quem for, num determinado momento de um dia qualquer. Se essa pessoa preferir outro a você, tal escolha refletirá o outro, não você. Se praticar o amor-próprio, quaisquer circunstâncias que antes lhe provocavam ciúme se inverterão; você estará tão seguro de si que não precisará do amor ou da aprovação dos outros para se valorizar.

- Suas atividades de amor-próprio devem incluir também novas formas de tratar seu corpo, como por exemplo: selecionar alimentos de elevado teor nutritivo, eliminar excesso de peso (o que pode representar um risco para a saúde e também indicar autorrejeição), dedicar-se a caminhadas ou passeios de bicicleta, determinar a prática de bastante exercício saudável, sair para gozar o ar puro porque isso é bom e, de um modo geral, manter o corpo saudável e atraente. Desde que você *queira* ser saudável. Por quê? Porque você é importante e deve tratar a si como tal. Qualquer dia inteiramente passado entre quatro paredes ou dedicado à inatividade representa um voto contra si mesmo – a não ser que você prefira estar entre quatro paredes; nesse caso, trata-se de sua escolha.
- Em termos sexuais, você pode se dedicar ao desenvolvimento de seu amor-próprio. Ponha-se diante do espelho, despido, e diga a si mesmo o quanto você é atraente. Você pode entrar em sintonia com seu corpo; explore sua sensualidade, presenteie-se com arrepios de prazer. Você também pode buscar sua gratificação sexual na companhia de outra pessoa em vez de tornar o prazer do parceiro mais importante que o seu; é somente ao possibilitar a própria gratificação que alguém se torna capaz de proporcionar prazer. Se

você não fica satisfeito, o mais provável é que seu parceiro também não fique. Além disso, se você dá preferência a si, isso faz com que os demais tendam a agir da mesma forma. Você pode reduzir todo o ritmo do processo sexual, mostrando a seu parceiro, com atos e palavras, o que você gosta. Você pode decidir ter orgasmo, pode alcançar o ápice da experiência sensorial convencendo-se de que o merece e entregando-se à fantástica comprovação desse fato. Por quê? Porque você merece!

- Você pode parar de equiparar seu valor ao desempenho que atinge em qualquer área. A pessoa pode perder o emprego ou fracassar em determinado projeto; pode não gostar do próprio desempenho em relação a isto ou aquilo – mas isso não significa que seja desprovida de valor. Você deve, para seu benefício, saber que tem valor, não importa que realizações consiga. Sem essa certeza, persistirá no erro de se confundir com suas próprias atividades. É tão absurdo fazer de seu valor uma função de realizações externas quanto o é medi-lo pelas opiniões alheias. Uma vez eliminada essa confusão, você poderá dedicar-se a todo tipo de empreendimento, e seu resultado final – embora seja um dado importante para você – de maneira alguma determinará seu valor como pessoa.

Esses, e muitos outros semelhantes, são atos de pessoas que têm amor-próprio. É possível que representem, frequentemente, o oposto das lições que você aprendeu à medida que se tornava adulto. Em certa época, você foi o suprassumo do amor-próprio; quando criança, você tinha consciência instintiva de seu valor.

Agora, volte a olhar as perguntas que apresentamos no início deste livro.

- Você é capaz de se aceitar sem queixas?
- Você é capaz de amar a si mesmo em todas as ocasiões?
- Você é capaz de dar e receber amor?

São esses os pontos que você deve desenvolver. Estabeleça metas no sentido de apaixonar-se pela mais maravilhosa, excitante e preciosa pessoa do mundo – você.

3
Você não precisa de aprovação

Precisar de aprovação equivale a dizer: "Sua opinião sobre mim é mais importante do que a minha."

É possível que você gaste grande parte de sua vida esforçando-se para obter a aprovação dos outros, ou preocupando-se com o fato de ter sido desaprovado. Se a aprovação se tornou uma *necessidade* em sua vida, então você tem uma tarefa a enfrentar. Comece compreendendo que a busca pela aprovação é mais um desejo do que uma necessidade. Todos nós apreciamos o aplauso, cumprimentos e elogios; faz bem receber carícias psicológicas. Quem haveria de querer abrir mão disso? Ora, em si mesma, a aprovação não é algo negativo – adulação, de fato, constitui um grande prazer. A busca de aprovação se transforma em ponto fraco apenas quando passa a ser uma necessidade em vez de um desejo.

Se você deseja aprovação, o fato de receber o endosso de outras pessoas o deixará simplesmente feliz. Mas se necessita de aprovação, desabará caso não a consiga. É quando entram em cena as forças autodestrutivas. Quando a busca de aprovação se transforma numa necessidade, você entrega uma parte de si mesmo a "outra pessoa", de cujo amparo precisa. Se os outros o desaprovam, você fica paralisado (mesmo que seja em grau mínimo); nessa situação, você escolhe esconder sua autoestima, esperando que outra pessoa decida se vai provocá-lo ou não, conforme preferir. Você só se sente bem consigo mesmo se os outros resolvem dedicar-lhe elogios.

Necessitar da aprovação de uma outra pessoa já é bastante ruim, mas o verdadeiro problema começa com a necessidade da aprovação de todos, para tudo o que você faz. Se você arca com esse tipo de necessidade, então está condenado a encontrar grande dose de infortúnio e frustração na vida. Além disso, estará incorporando uma autoimagem despersonalizada, artificial, que resultará no tipo de autorrejeição abordada no capítulo anterior.

É preciso eliminar a *necessidade* de aprovação! Não há dúvidas sobre isso. Trata-se de algo que deve ser erradicado de sua vida para que você atinja a realização pessoal. Tal necessidade representa um beco sem saída psicológico, que não lhe acarreta qualquer benefício.

É impossível passar pela vida sem incorrer em grandes doses de desaprovação; assim caminha a humanidade, são impostos que pagamos pelo fato de estarmos vivos, algo que simplesmente não pode ser evitado. Em certa ocasião, trabalhei com um homem de meia-idade que apresentava a mentalidade típica da pessoa que necessita de aprovação. Ozzie tinha uma série de convicções a respeito de todo assunto controverso, desde aborto, controle de natalidade, até a guerra no Oriente Médio, Watergate, política e tudo o mais. Sempre que encontrava desprezo, ele se descontrolava: dedicava grande parte de sua energia à obtenção da sanção de todos para tudo o que fazia e dizia. Relatou um incidente envolvendo o sogro, quando afirmara defender firmemente a eutanásia e notara que o sogro franzira as sobrancelhas, num gesto de censura. Imediatamente, quase que num reflexo, Ozzie modificou sua posição: "O que eu queria dizer era que, se a pessoa está consciente e chega a pedir para ser morta, o ato de misericórdia é válido." Notando que seu ouvinte concordava com isso, Ozzie respirou aliviado. Conversando com o patrão, também declarou seu apoio à eutanásia, mas nesse caso encontrou eloquente discordância: "Como é que você pode dizer uma coisa dessas? Não vê que isso é tomar para si a justiça divina?" Ozzie não aguentou tamanho repúdio e mudou rapidamente de tom: "O que eu queria dizer era que, em casos extremos, quando o paciente é declarado legalmente morto, acho certo dar o golpe de misericórdia." O patrão acabou concordando e Ozzie se sentiu aliviado mais uma vez. Ao declarar sua opinião sobre o mesmo assunto numa conversa com o irmão, recebeu endosso imediato: "Ufa!" Dessa vez fora fácil, Ozzie não precisou modificar sua opinião para obter a aprovação do irmão. O próprio Ozzie forneceu todos esses exemplos, ao falar sobre sua maneira habitual de interagir com outras pessoas. Em sua vida social, Ozzie caminha sem rumo próprio, e sua necessidade de aprovação é tão marcante que ele vive mudando de opinião para ser aceito. Ozzie praticamente não existe, mas apenas as reações casuais dos outros, que determinam não somente o que ele sente, mas também o que pensa e diz. Ozzie é qualquer coisa que queiram que ele seja.

Quando a procura da aprovação se torna uma necessidade, desaparecem completamente as possibilidades de verdade. Se você precisa de elogios e emite esse tipo de sinais, então ninguém consegue agir direito com você. Nem você é capaz de expressar, com confiança, aquilo que pensa e sente, em momento algum de sua vida. Seu eu é sacrificado em detrimento das opiniões e predileções dos outros.

Como uma classe, os políticos em geral não merecem confiança. A necessidade que têm de aprovação é prodigiosa. Sem essa aprovação, ficam sem trabalho. Em consequência, muitas vezes parecem falar pelos dois cantos da boca, dizendo isto para agradar ao grupo A e aquilo para ganhar a aprovação do grupo B. Não pode haver verdade quando a pessoa que fala é instável e move-se em torno dos assuntos numa espécie de manobra habilidosa, que pretende agradar a todos. Esse tipo de comportamento é fácil de identificar nos políticos, mas é mais difícil de vermos em nós mesmos. Talvez você "doure a pílula", para acalmar alguém, ou se veja concordando com determinada pessoa cujo desfavor você teme. Você sabia que se sentiria infeliz se fosse censurado, de modo que modificou seu comportamento para evitar isso.

É duro enfrentar a censura e mais fácil adotar um comportamento que traga a aprovação. Mas quando você escolhe esse caminho fácil, está tornando as opiniões dos outros a seu respeito mais importantes do que os seus autojulgamentos. É uma armadilha perigosa – e difícil de evitar, em nossa sociedade.

Para escapar a essa armadilha da busca por aprovação, que dá às opiniões dos outros o controle sobre você, é importante examinar os fatores que estimulam essa necessidade. Eis aqui uma breve excursão pela trilha do desenvolvimento que conduz a um comportamento de busca por aprovação.

Antecedentes históricos da necessidade de aprovação

A necessidade de aprovação baseia-se numa única presunção: "Não confie em si mesmo – primeiro confira as coisas com alguém." Nossa cultura é do tipo que reforça a busca por aprovação como um padrão de vida. O pensamento independente não é apenas pouco convencional, é inimigo das próprias instituições que compõem o arcabouço de nossa sociedade. Se você cresceu nesta sociedade, foi contaminado por esse atributo. "Não julgue por si próprio" é a essência da necessidade de dependência – e a espinha dorsal de nossa cultura. Faça com que a opinião de outra pessoa seja mais importante do que a sua; depois, se não conseguir a aprovação dos demais, terá toda razão para se sentir deprimido, sem valor ou culpado, uma vez que os outros são mais importantes do que você.

A concessão de aprovação pode ser um grande manipulador. Seu valor reside nos outros, e se eles recusam dar-lhe aprovação, você não tem nada. Não tem valor. E assim a coisa vai, quanto mais lisonja lhe é necessária, mais você pode ser manipulado pelos outros. Quaisquer passos em direção à autoaprovação e independência da opinião favorável dos outros constituem movimentos no sentido oposto ao controle deles. Como resultado, esses movimentos sadios são tachados pelos outros de egoístas, de desprezo e desconsideração e assim por diante, num esforço para mantê-lo dependente. Para entender esse círculo vicioso de manipulação, examine a profusão de mensagens culturais de busca por aprovação, que começaram quando você era pequeno e que continuam a bombardeá-lo até hoje.

Primeiras mensagens de busca por aprovação na família

É fundamental dar ênfase ao fato de que as crianças pequenas realmente necessitam da aceitação dos adultos, sobretudo os pais, em seus anos de formação. Mas a aprovação não deveria depender de comportamento exemplar, nem deveria uma criança precisar da sanção de seus pais para tudo que diz, pensa, sente ou faz. A autoconfiança pode ser ensinada no berço e a procura de aprovação não deveria confundir-se com a busca de amor. Para estimular a independência em relação à necessidade de aprovação em um adulto, é útil dar à criança uma grande dose de aprovação desde o começo. Por outro lado, se uma criança cresce sentindo que não pode pensar ou agir sem primeiro conseguir a aprovação de um dos pais, então as sementes da falta de autoconfiança são plantadas muito cedo. A busca por aprovação como uma necessidade autodestruidora é aqui mencionada em termos do condicionamento de uma criança a conferir tudo com mamãe ou papai, em contraposição ao sadio sentimento de desejo de amor e aceitação por parte de um pai ou mãe cuidadosos.

Na maioria dos casos, nossa cultura ensina uma criança a depender dos outros, em vez de confiar em seu próprio julgamento. Confira tudo com mamãe ou papai. "O que vou comer?", "Quando?", "Quanto?" – pergunte a mamãe: "Com quem posso brincar?", "Quando?", "Onde?". O quarto é seu, mas você deve conservá-lo desse jeito: roupas no cabide, a cama feita, os brinquedos na caixa, e assim por diante.

Eis aqui outra série de transferências de opinião, que tendem a reforçar a dependência e a busca por aprovação:

Você pode usar o que quiser.

– O que você acha disso, mamãe?

– Não, não meu bem! Listas e bolinhas não combinam! Volte e troque ou a blusa ou a calça, de modo que combinem.

Uma semana depois:

– O que devo vestir, mamãe?

– Já lhe disse, vista o que quiser. Por que você sempre me pergunta?

Na confeitaria, o atendente pergunta à criança:

– Você quer um pedaço de doce?

A criança olha para a mãe:

– Eu quero um pedaço de doce? – pergunta ela. Aprendeu a conferir tudo com os pais, inclusive se quer ou não alguma coisa. De brincar, comer e dormir até o estabelecimento de amizades e a atividade de pensar, são muito poucas as mensagens de autoconfiança dirigidas às crianças na família. Isso decorre da crença básica que os pais e mães têm no fato de que possuem seus filhos. Em vez de ajudarem as crianças a pensarem por si próprias, resolverem seus problemas e desenvolverem a autoconfiança, os pais tendem a tratá-las como propriedades.

Kahlil Gibran fala eloquentemente dos filhos que são tratados como possessões, no seu livro *O profeta*:

Seus filhos não são seus filhos.
São os filhos e as filhas da sede que a Vida tem de si [própria.
Vêm através de você, mas não vêm de você,
E embora estejam em sua companhia, não é a você que [eles pertencem.

Os resultados dessa estratégia são evidentes em cada criança "dependente". A mãe transforma-se num árbitro, a constante apartadora das brigas, alguém por quem berrar quando um irmão não se comporta bem, alguém que, literalmente, tem que pensar tudo pela criança, sentir e agir por ela. Não confie em si próprio para resolver suas dificuldades. Mamãe ou papai fará isso por você. Não dependa de si para tomar as decisões que é capaz de tomar, confira primeiro com mais alguém.

As crianças resistem a ser modeladas como seres em busca de aprovação, e há numerosos exemplos disso na vida de todos aqueles que entram em contato com jovens. Muitos pais me relataram suas experiências no treinamento dos filhos em hábitos de higiene. Dizem que a criança parece saber o que está sendo solicitado dela e percebe que tem a capacidade de controlar fisicamente os músculos de seus esfíncteres. Contudo, teimosa e deliberadamente, recusa-se a concordar, e aí está o primeiro protesto real contra a necessidade da aprovação dos pais. As mensagens internas são: "Você pode me dizer o que comer, o que vestir, com quem brincar, quando dormir, quando voltar para casa, onde pôr meus brinquedos e mesmo o que pensar. Mas isto aqui eu vou fazer quando *eu* estiver pronto." O primeiro protesto bem-sucedido contra a necessidade da aprovação de mamãe e papai para tudo.

Quando criança, você queria pensar por si próprio, depender de si mesmo. Se seu pai o ajudava a vestir o casaco, quando você era pequeno, dizia: "Posso fazer isso sozinho." Mas, muito frequentemente, a mensagem de volta era: "Faço isso para você.

Não temos tempo para ficar esperando" ou "Você é muito pequeno". Esse lampejo de independência, esse desejo de ser você mesmo, tão vivo quando você era criança, frequentemente era enfraquecido pela dependência que tinha de sua mãe ou seu pai. "Se você não depender terá a nossa desaprovação, e quando nós o desaprovamos, você também deve desaprovar a si próprio." A unidade familiar estimula, sob a forma de boas intenções, a dependência e a necessidade de aprovação. Os pais, que não querem que mal algum atinja seus filhos, resolvem protegê-los contra o perigo. O resultado, contudo, é o oposto do intencionado, porque, sem dispor da munição que é o conhecimento de como confiar em si mesmo nos momentos de luta (resolvendo suas próprias disputas, lidando com insultos, lutando pela honra, abrindo seu próprio caminho), é impossível constituir um arsenal de comportamento independente para toda a vida.

Embora você não se lembre de todas as mensagens de busca por aprovação que lhe foram transmitidas quando criança, muitas delas vieram, provavelmente, bastante cedo. E embora muitas das ordens para conferir-com-mamãe-ou-papai fossem importantes para sua segurança pessoal e saúde, outras visavam ensinar-lhe um conceito crítico – comportamento adequado, comportamento que vai merecer aprovação. Essa aprovação, que deveria ser dada, tornou-se dependente de sua capacidade de agradar a outra pessoa. O ponto significativo, aqui, não é que a aprovação não seja importante, mas que deveria ser dada livremente à criança, e não concedida como uma recompensa pela conduta adequada. Uma criança nunca deveria ser encorajada a confundir sua própria autoestima com a aprovação de quem quer que seja.

Quando você saiu de casa e chegou à escola, ingressou numa instituição expressamente destinada a instilar formas de pensamento e de comportamento de busca por aprovação. Peça permissão para fazer qualquer coisa. Nunca confie em seu julgamento. Peça ao professor para ir ao banheiro. Sente-se num lugar determinado. Não se afaste dele, sob pena de levar uma nota ruim. Tudo foi articulado para que prevalecesse o controle de outra pessoa. Em vez de aprender a pensar, você foi ensinado a não pensar por si mesmo. Dobre seu trabalho em 16 partes e não escreva nas dobras. Estude os capítulos um e dois, hoje à noite. Pratique como soletrar estas palavras. Desenhe assim. Leia aquilo. Ensinavam-lhe a ser obediente. Se estiver em dúvida, confira com o professor. Se você incorresse na ira do professor – ou, pior ainda, do diretor –, esperava-se que se sentisse culpado por meses a fio. Seu boletim escolar era uma mensagem a seus pais, dizendo-lhes quanto de aprovação você merecera.

Se você examinar a filosofia de sua escola, que foi muito provavelmente estabelecida sob a pressão da visita de uma equipe encarregada de lhe definir o crédito, vai por certo encontrar uma declaração expressa mais ou menos assim:

> Nós, do Colégio Tal, acreditamos no completo desenvolvimento educacional de cada estudante. O currículo é organizado de modo a atender às necessidades individuais de todo aluno de nossa escola. Buscamos e promovemos a atualização pessoal e o desenvolvimento individual de nosso corpo discente... etc.

Quantas escolas ou professores ousarão transformar tais palavras em atos? Qualquer aluno que comece a mostrar sinais de atualização pessoal e de individualidade será rapidamente posto no devido lugar. Os estudantes que são independentes, têm autoestima, não são suscetíveis a sentir culpa ou preocupação, são, sistematicamente, tachados de criadores de casos.

As escolas não servem para lidar com crianças que mostram sinais de raciocínio independente. Na maioria das escolas, a busca por aprovação é o caminho do sucesso. Os velhos clichês do queridinho do professor e do bajulador limpando a maçã não são em vão. Existem – e funcionam. Se você conseguir a aprovação do colégio, comportar-se como lhe é ditado, estudar o que é posto em sua frente, será bem-sucedido, ainda que sinta uma forte *necessidade* de aprovação, uma vez que a independência foi desencorajada praticamente em todas as oportunidades.

Quando um estudante chega ao nível fundamental, em geral já aprendeu a lição da aprovação. Se seu orientador lhe pergunta o que gostaria de fazer no grau seguinte, responde com: "Não sei, diga-me o que eu preciso." No ensino médio pode ter dificuldade em tomar decisões sobre o que deve fazer e se sentirá muito mais feliz com as decisões que são tomadas por outros. Na sala de aula, vai aprender a não questionar o que lhe é dito. Aprenderá a fazer os exercícios e interpretar corretamente *Hamlet*. Aprenderá a escrever trabalhos baseados não em seus julgamentos e opiniões, mas em citações e referências que documentarão tudo o que disser. Se não aprender tais coisas, será punido com notas baixas – e a desaprovação do professor. E quando chegar o momento da formatura, terá dificuldade em tomar uma decisão por si próprio, porque durante 12 anos corridos lhe disseram como e o que pensar. Foi alimentado com uma dieta rigorosa de conferir com o professor, e por isso, no dia da formatura, será incapaz de pensar por si mesmo. Assim, ansiará por aprovação e aprenderá que ganhar a sanção dos outros equivale a ser bem-sucedido e feliz.

Na universidade, o mesmo esquema de doutrinação continua. Escreva dois trabalhos trimestrais, use o modelo correto, faça margens padronizadas, escreva uma introdução, um desenvolvimento e uma conclusão, estude estes capítulos... A grande linha de montagem. Sujeite-se, agrade a seus professores e se sairá bem. Quando um estudante chega finalmente a um seminário e o professor diz: "Neste semestre, vocês podem estudar o que quiserem, em seu campo de interesse. Eu os ajudarei na seleção e na maneira de se orientarem naquilo que os interessa, mas trata-se da educação de vocês e podem fazer com ela o que quiserem", estabelece-se o pânico. "Mas quantos trabalhos teremos que fazer?", "Quando devem ser apresentados?", "Que livros devemos ler?", "Quantos exames há?", "Qual é o tipo de perguntas?", "Que extensão devem ter nossos trabalhos?", "Quais são as margens que devemos fazer?", "Tenho que vir à aula todos os dias?"

Estas são as perguntas de alguém que busca aprovação, e não surpreendem nem um pouco, ante os métodos educacionais que examinamos. O aluno foi treinado para fazer as coisas para outra pessoa, para agradar ao professor e para corresponder aos padrões de outras pessoas. Suas indagações são o produto final de um sistema que exige a busca de aprovação como um meio de sobrevivência. Ele tem horror de pensar por si mesmo. É simplesmente mais fácil e seguro fazer o que outra pessoa espera que ele faça.

Mensagens de busca por aprovação oriundas de outras instituições

Adquirimos sintomas de busca por aprovação provenientes também de outras fontes e, certamente, nessa área, tem sido grande a influência da Igreja. Você deve agradar a Jeová, ou a Jesus, ou às pessoas que o rodeiam. Os líderes da Igreja deturparam os ensinamentos dos grandes mestres religiosos e tentaram ensinar submissão, usando como arma o medo do castigo. Assim, um homem comporta-se de acordo com a moral, não porque acredita que esse é o comportamento que lhe é apropriado, mas porque Deus quer que ele assim se comporte. Se estiver em dúvida, consulte os mandamentos, em vez de consultar a si próprio e aquilo em que acredita. Comporte-se bem porque alguém lhe disse para fazer assim e porque será punido se não o fizer, não porque sabe que esse é o comportamento adequado para você. A religião organizada apela para suas necessidades de busca por aprovação. Talvez produza o mesmo comportamento que você teria escolhido, mas você não o escolheu livremente.

Usar a si próprio como guia e não precisar da aprovação de uma força exterior é a maior experiência religiosa que se pode ter. É uma verdadeira religião do eu, aquela em que um indivíduo determina seu comportamento com base em sua consciência pessoal e nas leis culturais que para ele funcionam, em vez de fazê-lo porque alguém ditou a maneira com que ele *deveria* se comportar. Uma observação cuidadosa da vida de Jesus Cristo revela uma pessoa extremamente autoatualizada, um indivíduo que pregou a autoconfiança e que não teve medo de enfrentar desaprovação. E, no entanto, muitos de seus seguidores subverteram seus ensinamentos, transformando-os num catecismo de medo e autodesprezo. (Veja o capítulo 12, para uma descrição completa de um indivíduo autoatualizado.)

O governo é outro exemplo de instituição que usa a busca por aprovação como uma motivação para a conformidade. "Não confie em si próprio. Você não tem a capacidade nem os instrumentos necessários para agir sozinho. Tomaremos conta de você. Vamos reter os seus impostos, porque senão você vai gastar tudo antes de receber a cobrança. Vamos obrigá-lo a se filiar à Assistência Social, porque você seria incapaz de decidir ou economizar por si mesmo. Não precisa pensar sozinho, vamos regular sua vida para você." E assim você vê muitos integrantes do governo ultrapassando sua responsabilidade de prover os serviços essenciais e governando a sociedade.

Há mais regras nos livros do que gente para desobedecê-las. Se alguém decidisse exigir o cumprimento de cada lei existente, você se veria violando uma lei centenas de vezes por dia. Alguém decidiu quando você deve fazer compras e que não deve beber álcool em certas horas de determinados dias. Há regras contra tudo, inclusive sobre o que você pode vestir a determinada hora num determinado lugar, como deve gozar o sexo, o que deve dizer e onde pode andar. Felizmente, a maioria dessas regras não é observada. Contudo, quem faz as regras são, frequentemente, pessoas que insistem em que sabem o que é bom para você, que sabem disso muito melhor do que você mesmo.

Somos a cada dia bombardeados com centenas de mensagens culturais que nos encorajam a buscar a aprovação. As canções que ouvimos, diariamente, estão repletas de mensagens líricas de busca por aprovação, particularmente as "populares", de muito sucesso nas últimas três décadas. Essas letras doces e inofensivas podem ser mais nocivas do que você imagina. Aqui está uma pequena lista de títulos que enviam o sinal de que alguém ou algo é mais importante do que você. Sem a aprovação desse alguém especial, o "eu" desabaria.

- "Não posso viver sem você."
- "Você me faz tão feliz."
- "Você me faz sentir como uma verdadeira mulher."
- "Você não é ninguém, até que alguém o ame."
- "Tudo depende de você."
- "Você faz com que eu me sinta novo."
- "Enquanto ele precisar de mim."
- "Se você for embora."
- "Gente que precisa de gente."
- "Você é o sol da minha vida."
- "Ninguém pode me fazer tão feliz quanto você."
- "Sem você, nada sou."

Talvez você possa tentar um exercício, da próxima vez que estiver ouvindo uma canção que transmita os comunicados por busca de aprovação. Procure os versos que reflitam a maneira como lhe ensinaram a sentir, isto é, que você nada pode realizar se alguém o desaprova, ou o decepciona. Escreva outra vez as canções, de forma a corresponder a um estado de espírito de domínio pessoal, em vez daquele que busca a aprovação. Por exemplo:

- Trato de me sentir como uma verdadeira mulher; isso nada tem a ver com você.
- Escolhi amar você. Devo ter querido isso naquela ocasião, mas agora mudei de ideia.
- Gente que *precisa* de gente é a gente mais infeliz do mundo. Mas gente que *deseja amar* e ter *prazer* na companhia das pessoas está fazendo a si mesma feliz.
- Sinto-me tão feliz com o que digo a mim sobre você.
- Sou o sol da minha vida, e o fato de ter você nela torna esse sol mais brilhante.
- Posso deixar de amar você, mas neste momento prefiro que isso não aconteça.

Embora, naturalmente, essas mensagens não sejam propagadas, você pode, pelo menos, começar reformulando as mensagens inconscientes que ouve, e que refletem o que as pessoas em nossa cultura aprenderam. "Sem você, nada sou" deve ser traduzida para "Sem mim, nada sou, mas o fato de ter você torna este momento muito agradável."

Os comerciais de televisão fazem um apelo especial a sua maneira de pensar condicionada pela busca por aprovação. Muitos desses comerciais representam esforços dos fabricantes para manipulá-lo no sentido de comprar seus produtos, reforçando a noção de que as crenças dos outros são mais importantes do que as suas.

Preste atenção ao seguinte diálogo, que ocorre quando amigas vêm à sua casa de tarde, para um jogo de *bridge*:

A PRIMEIRA AMIGA (cheirando o ar): – Peixe frito ontem à noite, querida? – dito em tom de muita desaprovação.

A SEGUNDA AMIGA: – George continua fumando charuto, pelo que vejo – em tom igualmente desaprovador.

Você: mostra-se magoada, embaraçada – quem sabe destruída – porque as outras estão reprovando os odores que sentem na sua casa.

Mensagem psicológica: "Aquilo que os outros pensam de você é muito mais importante do que o que você mesma pensa, portanto, se você não consegue agradar a seus amigos, merece sentir-se mal."

Considere também os seguintes comerciais e a mensagem que trazem:

1. Uma garçonete, ao colocar o guardanapo no pescoço de um cliente, em um almoço cujo prato principal é lagosta, nota o risco em volta do colarinho. A esposa torce-se de vergonha ante o pensamento de não receber a aprovação de uma garçonete estranha.
2. Uma mulher encolhe-se apavorada quando imagina a maneira como será vista pelos amigos se usar calças compridas sem vinco: "Eu simplesmente não aguentaria se eles pensassem algo ruim a meu respeito. Preciso da aprovação deles, e por isso vou preferir esta marca aqui."
3. As propagandas de colutórios, pastas de dentes, desodorantes e vaporizadores especiais estão cheias de mensagens psicológicas de que você deve receber aprovação, e a maneira de consegui-la é comprando esse artigo em particular. Por que os anunciantes descem a semelhantes táticas? Porque elas funcionam! Vendem. Eles percebem que as pessoas estão contaminadas pela necessidade de aceitação e investem nessa necessidade, criando pequenos comerciais que transmitem as mensagens certas.

E aí você a tem: uma cultura que valoriza e encoraja a busca por aceitação. Não é de surpreender o fato de que você se veja dando ênfase exagerada àquilo que os outros pensam. Foi condicionado a fazer isso por toda a sua vida, e mesmo que sua família tenha tido consciência da necessidade de ajudá-lo a desenvolver a confiança em si, os fatores culturais auxiliares trabalharam contra ela. No entanto, você não precisa perseverar nesse comportamento de busca por aprovação. Da mesma forma que se esforça para eliminar o hábito da autorrepressão, também pode erradicar o hábito da busca por aprovação. Mark Twain, escrevendo no *Puddinhead Wilson's Calendar*, dá uma descrição convincente da maneira de quebrar um padrão habitual, tal como o da busca por aprovação: "Hábito é hábito, e não é para ser atirado pela janela por qualquer um, mas forçado a descer as escadas, um degrau de cada vez."

Forçando a busca por aprovação a descer as escadas, um degrau de cada vez

Veja só a maneira como o mundo funciona. Em poucas palavras, você nunca conseguirá agradar a todos. De fato, se puder agradar a metade das pessoas, já estará indo muito bem. Isso não é segredo. Você sabe que pelo menos a metade das pessoas de seu mundo vai discordar pelo menos da metade daquilo que você diz. Se isso é exato (e só é preciso olhar para as grandes eleições, para ver que 44 por cento da população votaram contra o vencedor), então sempre terá 50 por cento de possibilidade de ser desaprovado toda vez que expressar a sua opinião.

Armado desse conhecimento, você pode começar a encarar a desaprovação sob uma luz diferente. Quando alguém desaprovar algo dito por você, em vez de ficar magoado, ou de mudar imediatamente de opinião, para ser elogiado, lembre-se de que acaba de encontrar uma dessas pessoas que fazem parte dos 50 por cento que não concordam com você. Saber que sempre terá alguma desaprovação relativamente a tudo aquilo que você sente, pensa, diz ou faz é o caminho para sair do túnel do desespero. Uma vez que espere por isso, você não se sentirá inclinado a magoar-se com a desaprovação e, simultaneamente, parará de equacionar o repúdio de uma ideia ou de um sentimento como repúdio a você próprio.

Você nunca poderá escapar da desaprovação, não importa quanto deseje vê-la longe. Para cada uma de suas opiniões, há uma contrapartida, exatamente com o ponto de vista oposto. Abraham Lincoln falou sobre isso, numa conversa na Casa Branca relatada por Francis B. Carpenter:

> (...) Se eu fosse ler, e ainda responder, todos os ataques que me são feitos, esta instituição poderia ficar fechada para qualquer outro negócio. Faço o melhor que sei fazer – o melhor que posso. E pretendo continuar fazendo isso até o fim. Se, no fim, tiver me saído bem, o que se diz contra mim não terá sido grande coisa. Se, no fim, me der mal, dez anjos jurando que eu estava certo não farão diferença.

Alguns exemplos típicos de comportamento de busca por aprovação

Tal como a autorrejeição, a busca por aprovação compreende uma ampla gama de comportamentos autodestrutivos. Dentre os mais comuns desses comportamentos estão os descritos a seguir:

- Mudar de posição, ou alterar sua crença, porque alguém mostra sinais de desaprovação.
- Dourar a pílula para evitar uma reação de descontentamento.
- Bajular, para fazer com que alguém goste de você.

- Sentir depressão ou ansiedade quando alguém discorda de você.
- Sentir-se insultado ou arrasado quando alguém manifesta um sentimento contrário ao seu.
- Rotular alguém de esnobe ou convencido, o que não passa de outra maneira de dizer: "Preste mais atenção em mim."
- Ser excessivamente complacente, mesmo quando não concorda com aquilo que está sendo dito.
- Prestar serviços a outras pessoas e sentir-se aborrecido pelo fato de não ser capaz de dizer não.
- Sentir-se intimidado por um vendedor hábil e comprar alguma coisa que não quer, ou recear trocar o que comprou, por saber que o vendedor vai desaprová-lo.
- Comer num restaurante um bife que não está como você pediu, porque o garçom não vai gostar se você o mandar de volta.
- Dizer coisas que não pensa só para evitar que não gostem de você.
- Espalhar más notícias sobre mortes, divórcios, assaltos e fatos afins e sentir-se bem com a sensação de estar sendo notado.
- Pedir a alguém importante em sua vida permissão para falar, para fazer uma compra ou para fazer qualquer coisa, porque teme desagradar essa pessoa.
- Viver pedindo desculpa a toda hora – os excessivos "Desculpe-me", têm em vista que os outros o perdoem e o aprovem continuamente.
- Comportar-se como um *não conformista*, com o propósito de chamar atenção, o que é a mesma neurose de conformar-se com tudo com o objetivo de obter aprovação dos outros. Assim, usar tênis com traje a rigor, ou comer purê de batatas com as mãos, querendo ser notado, também é busca por aprovação.

- Chegar patologicamente atrasado a todos os compromissos. Nessa hipótese, você não pode deixar de ser visto, e o atraso representa um meio de busca por aprovação a que todos prestam atenção. Talvez você esteja agindo assim por uma necessidade de ser notado e, em consequência, é controlado por aqueles que o notam.
- Tentar impressionar os outros com seus conhecimentos sobre algo de que realmente você nada sabe, mas que "finge" saber.
- Fazer de tudo para ser elogiado pela sua disposição de aprovar sempre, e então sentir-se mal porque os elogios não vêm.
- Sentir-se infeliz pelo fato de que alguém que você respeita tem um ponto de vista contrário e o manifesta a você.

É evidente que a lista é muito extensa. A busca por aprovação é um fenômeno cultural prontamente observável em todos os cantos do mundo. Só é desagradável quando se torna uma necessidade, o que, naturalmente, equivale à rendição da personalidade e à colocação da responsabilidade por sua maneira de se sentir nas mãos das outras pessoas, cuja aprovação é procurada.

Os dividendos da busca por aprovação

O exame dos porquês desse comportamento autoderrotista será útil para que se apresentem algumas estratégias capazes de eliminar as necessidades de busca por aprovação. Seguem-se algumas das razões mais comuns – na sua maior parte de natureza neurótica – para a dependência de aprovação. Entre as causas da aprovação como uma necessidade, estão incluídas:

- Colocar a *responsabilidade* pelos seus sentimentos nas mãos de outras pessoas. Se você se sente, magoado ou deprimido porque as outras pessoas não o aprovam, então *elas*, e não você, são responsáveis por como você se sente.

- Se são elas as responsáveis por como você se sente, pelo fato de lhe negarem aprovação, então qualquer *mudança* em você torna-se impossível, visto que é por culpa delas que você se sente mal. Então, elas são igualmente responsáveis por impedirem você de ser diferente. Assim, a busca por aprovação ajuda você a evitar a mudança.
- Enquanto elas forem responsáveis e você não puder mudar, você não terá que assumir risco algum. Consequentemente, apegar-se à busca por aprovação como uma norma vai ajudá-lo a, muito convenientemente, evitar quaisquer atividades que envolvam riscos.
- Reforçar um autojulgamento pobre e, assim, encorajar a inércia e a autopiedade. Se você for imune à necessidade de aprovação, será também imune à autopiedade quando não a obtém.
- Reforçar a ideia de que os outros devem tomar conta de você e que, assim, você pode reverter à criança que tem dentro de si e ser acalentado, protegido – e manipulado.
- Culpar os outros pelo que você está sentindo, criando dessa forma um bode expiatório para tudo o que não lhe agrada em sua vida.
- Iludir-se com a crença de que é estimado pelas pessoas que você tornou mais importantes do que você, parecendo confortável externamente muito embora ferva dentro de você um caldeirão de descontentamento. Enquanto os demais forem mais significativos, a aparência exterior será mais importante.
- Encontrar consolo no fato de que os outros o notam, o que lhe dá motivo para se gabar perante os amigos que também procuram aprovação.
- Enquadrar-se na cultura que aplaude esse tipo de comportamento e ganhar o favor da maioria.

Essas causas neuróticas são notavelmente semelhantes às recompensas pelo autodesprezo. Na realidade, a questão da fuga à responsabilidade, à mudança e ao risco está no centro de todo o raciocínio e de todos os comportamentos autodestrutivos descritos neste livro. Deixando de lado o jargão de diagnóstico, é simplesmente mais fácil e menos arriscado apegar-se a comportamentos neuróticos. A busca por aprovação transformada em necessidade, obviamente, não constitui exceção.

Uma observação sobre a suprema ironia do comportamento de busca por aprovação

Participe, por um momento, de uma pequena fantasia. Imagine que você realmente desejava a aprovação de todos, e que era possível obtê-la. Mais ainda, imagine que isso constitua uma meta saudável. Muito bem, tendo isso em mente, qual seria a maneira melhor e mais eficiente para atingir sua finalidade? Antes de responder, pense em um indivíduo que, na sua opinião, ao longo da vida tenha tido uma grande dose de aprovação. Como é ele? Como se comporta? O que ele tem que atrai as pessoas? Provavelmente, você está pensando em alguém que é puro, direto, honesto e realizado, independente da opinião dos outros. Esse indivíduo, é provável, tem pouco ou nenhum tempo para procurar aprovação. Possivelmente, é uma pessoa que diz as coisas como elas são, apesar das consequências. Talvez considere tato e diplomacia menos importantes que honestidade. Não é uma pessoa que gosta de ferir, mas apenas um indivíduo que tem pouco tempo para as manobras que acompanham o falar com delicadeza e o cuidado em expressar as suas opiniões de maneira a evitar que se firam os sentimentos alheios.

Isso não é irônico? As pessoas que parecem conseguir a maior aprovação na vida são aquelas que nunca a procuram, que não a desejam e que não estão preocupadas em alcançá-la.

Eis uma pequena fábula que tem sua aplicação aqui, uma vez que a felicidade é a ausência da aprovação como necessidade:

> Um gato viu um gatinho caçando a própria cauda e perguntou-lhe: "Por que você está perseguindo sua cauda assim?" O gatinho respondeu: "Aprendi que a melhor coisa para um gato é a felicidade, e que a felicidade é a minha cauda. Por isso a estou perseguindo, e quando a apanhar, terei felicidade." O gato mais velho, então, disse: "Meu filho, eu também julguei que a felicidade estava na minha cauda. Mas notei que sempre que a persigo ela foge de mim, e que quando vou tratar da minha vida ela simplesmente parece vir atrás de mim, para onde quer que eu vá."

Assim, se você deseja tanto aprovação, é irônico que a maneira mais eficaz de obtê-la seja não a desejando e evitando correr atrás dela, em vez de exigindo-a de todas as pessoas. Mantendo contato consigo mesmo e usando como conselheira a imagem positiva do seu eu, muito mais aprovação virá ao seu encontro.

É natural que você não obtenha aprovação de todas as pessoas para tudo o que fizer, mas quando conhecer seu próprio valor, nunca ficará deprimido se não conseguir aprovação. Passará a encarar a desaprovação como uma consequência natural de viver neste planeta, onde as pessoas têm suas percepções individualmente.

Algumas estratégias específicas para a eliminação da busca por aprovação como uma necessidade

A fim de reduzir seu comportamento pessoal de busca por aprovação, você terá que identificar suas próprias compensações neuróticas para a continuação desse comportamento.

Além de pensar em novas ideias de autoafirmação, ao ver-se em contato com a desaprovação (que é a estratégia mais eficaz que podemos utilizar), eis aqui alguns aspectos sobre os quais você pode trabalhar para desvencilhar-se da busca por aprovação.

- Rotule a desaprovação com novas respostas, que comecem com a palavra *você*. Por exemplo, você percebe que seu pai discorda de você e está ficando realmente zangado. Em vez de mudar de opinião ou defender-se, responda simplesmente com: "Você está ficando zangado e acha que eu não deveria pensar da maneira que penso." Isso manterá você em contato com o fato de a desaprovação ser problema dele e não seu. Você poderá empregar essa estratégia a toda hora e com resultados surpreendentes, quando domina a técnica. Terá que lutar com a tentação de dizer "eu", pondo-se desse modo numa posição de defesa ou de modificação daquilo que acabou de dizer a fim de obter aceitação.
- Se acha que alguém está tentando manipulá-lo, negando-lhe aprovação, diga-lhe isso. Em vez de mudar inconsistentemente de opinião, com o objetivo de ser aprovado, pode dizer em alto e bom som: "De um modo geral, eu poderia mudar de posição para fazer com que você goste de mim, mas realmente creio no que disse e você terá que aceitar isso." Ou: "Sei que você gostaria que eu modificasse o que acabei de dizer." O ato de definir a situação será útil para manter você em contato com sua maneira de pensar e com seu comportamento.
- Você pode agradecer a alguém por lhe fornecer elementos que o ajudarão a desenvolver-se, mesmo que isso tenha sido algo do qual não gostou. O ato de agradecer encerra qualquer movimento de busca por aprovação. Seu marido diz que você está se portando como uma pessoa tímida e nervosa e ele não gosta disso. Em vez de tentar agradá-lo, simplesmente

agradeça-lhe por ter chamado sua atenção para aquilo. E assim acaba o comportamento de busca por aprovação.

- Você pode procurar, deliberadamente, a desaprovação e condicionar-se para não se aborrecer com isso. Escolha alguém que na certa vai discordar de você e, desafiando abertamente a desaprovação, mantenha com calma sua posição. Você vai se sentir melhor por não se aborrecer e por não ter que alterar seus pontos de vista. Diga a si mesmo que espera esse "antagonismo", que está certo de que os outros sejam como são e que, de fato, isso nada tem a ver com você. Pelo fato de procurar a desaprovação, em vez de evitá-la, você vai construindo seu repertório de atitudes para lidar eficazmente com ela.
- Você pode praticar a ignorância da desaprovação e não dar nenhuma atenção àqueles que tentam manipulá-lo deixando clara essa desaprovação. Um colega meu fazia uma conferência perante uma grande audiência, em Berlim, e havia um membro do público que obviamente se agitava com certos comentários. Por fim, não mais podendo se conter, ele se firmou numa observação sem maior importância que o conferencista fizera, despejando uma série de comentários insultantes sob a forma de perguntas. Estava tentando atormentar o conferencista e atraí-lo a uma disputa neurótica. A resposta de meu colega a essa tirada foi um simples ok, continuando com sua exposição. Ignorando o insulto, provou que não iria medir a si próprio segundo o que outra pessoa sentia. O perturbador, naturalmente, parou. Se o expositor não se sentisse seguro de si, talvez tornasse a desaprovação de outra pessoa mais importante do que a boa opinião que tinha de si mesmo, e em consequência teria se perturbado quando a aprovação lhe foi negada.
- Você pode quebrar a corrente que liga o que os outros pensam, dizem e fazem à sua própria autoestima. Fale consigo mesmo quando encontrar desaprovação: "Isso é problema

dela. Não me surpreende que se comporte assim. Nada tem a ver comigo." Essa abordagem eliminará a automortificação que você se inflige quando vincula o sentimento dos outros aos seus próprios pensamentos.

- Faça a si mesmo esta importante pergunta quando encontrar desaprovação: "Se eles concordassem comigo, eu estaria melhor?" A resposta é, evidentemente, não. Seja o que for que os outros pensem, não pode ter efeito sobre você, a menos que permita que isso aconteça. E é mais do que provável que venha a descobrir que as pessoas importantes, como um patrão, ou alguém que você ama, gostam mais de você quando você é capaz de discordar delas sem se aborrecer com isso.
- Aceite o fato de que muitos jamais vão compreendê-lo, e que isso não tem importância. Em contrapartida, você não vai compreender muitas pessoas que lhe são próximas. Nada o obriga a isso. É claro que elas são diferentes, e a compreensão mais fundamental que você pode ter disso é que não as compreende. Gustav Ischheiser elucida esse ponto nas linhas que se seguem, colhidas no *Appearances and Realities*:

> (...) Se as pessoas que entre si não se compreendem ao menos compreendem que não se compreendem entre si, então compreendem umas às outras melhor do que quando, não se compreendendo entre si, elas nem mesmo compreendem que não se compreendem entre si.

- Você pode se recusar a discutir ou a tentar convencer alguém da validade de seu argumento e simplesmente acreditar nele.
- Confie em si quando for comprar roupas ou outros objetos pessoais, sem primeiro pedir a opinião de alguém cujo julgamento você valoriza mais do que o seu próprio.
- Pare de verificar seus atos mediante a confirmação de um companheiro ou outra pessoa, com frases como: "Não está

certo, meu bem?" ou "Não foi, Ralph?" ou "Pergunte só a Marie, ela vai lhe dizer".

- Corrija-se em voz alta sempre que se comportar de maneira a procurar aprovação, demonstrando que percebe essa sua tendência e praticando novos comportamentos.
- Procure eliminar as numerosas desculpas que pede mesmo quando não se sente realmente arrependido do que acabou de dizer. As desculpas são sempre pedidos de perdão, que por sua vez são atitudes de busca por aprovação, tomando a forma de: "Sei que você não gostaria de mim se eu de fato quisesse dizer aquilo que disse agora mesmo, por isso, por favor, diga que ainda sou OK." Pedir desculpas é uma perda de tempo. Se você precisa do perdão de alguém para se sentir melhor, então está dando a esse alguém o controle de seus sentimentos. Enquanto você pode resolver-se a não repetir certos comportamentos, e avaliar como impróprios alguns desses comportamentos, a atitude de desculpa é uma doença, que dá a uma pessoa o controle dos sentimentos de outra.
- Numa conversa, você pode cronometrar o tempo que leva falando e compará-lo com o que levaram falando o seu interlocutor e os conhecidos. Aja de maneira a não ser aquele que fala muito pouco e só quando é solicitado a participar.
- Pode observar, em sua próxima reunião, quantas vezes você é interrompido e se sempre cede quando fala ao mesmo tempo que outro membro do grupo. Sua busca de aprovação pode estar tomando a forma de timidez. Você pode elaborar estratégias para falar sem ser interrompido, por intermédio da identificação do comportamento, quando ele surgir em seu meio social.
- Observe quantas sentenças afirmativas você faz, em contraposição às interrogativas. Você faz perguntas, pede permissão e aprovação, em vez de afirmar? Por exemplo, a pergunta: "Dia bonito, não?" põe a outra pessoa na posição de resolver um problema e você na posição de quem busca aprovação.

Um simples "Dia bonito" é uma declaração, em vez de ser uma tentativa de procurar uma resposta. Se você está sempre fazendo perguntas aos outros, é porque está buscando aprovação naquilo que parece uma área sem importância, mas que reflete a sua falta de confiança em sua própria habilidade para decidir.

Esses são os passos iniciais para que a busca de aprovação como uma necessidade seja eliminada de sua vida. Embora você não esteja se esforçando para eliminar todo tipo de aprovação, está lutando no sentido de não ficar imobilizado, por pouco que seja, pelo fato de não conseguir as adulações que anseia. O aplauso é agradável e a aprovação uma experiência deliciosa. O que você busca é ficar imune à dor, quando não consegue as aclamações. Assim como aquele que faz dieta não mede sua determinação de perder peso quando está de estômago cheio, nem o indivíduo que está deixando de fumar avalia sua resolução logo depois de jogar fora um cigarro, você não vai estar realmente testando na ausência de desaprovação. Você pode até jurar que é capaz de lidar com o desfavor e que não vai exigir tributos de todo mundo, mas até que esteja face a face com a oposição, não saberá o que vai fazer. Se puder eliminar esse incômodo ponto fraco de sua vida, o resto parecerá fácil, porque você foi condicionado à necessidade de aprovação desde a primeira vez que respirou sobre a Terra. Vai requerer muita prática, mas valerá cada parcela de esforço que puser no processo. A imunidade ao desespero ante a desaprovação é o passe para uma existência inteira de deliciosa liberdade pessoal em cada momento presente.

4
Libertando-se do passado

Só um fantasma se apega a seu passado, explicando-se com autodefinições baseadas numa vida já vivida. Você é aquilo que escolhe ser hoje, não o que escolheu antes.

Quem é você? Como se autodescreve? Para responder a essas duas perguntas, muito provavelmente terá que recorrer a sua própria história, a um passado que já foi vivido, mas ao qual você está sem dúvida atado e de onde acha difícil escapar. Quais são suas autodefinições? São elas simples etiquetas que você acumulou a vida inteira? Você tem uma gaveta cheia de autodefinições que usa regularmente? Entre elas, podem estar rótulos como: sou nervoso, tímido, preguiçoso, não tenho musicalidade, sou desajeitado, esqueço tudo, e mais uma série de outros "eu sou" que você usa. Provavelmente, há também uma porção de rótulos positivos de "eu sou", como: sou amoroso, bom no *bridge*, gentil. Esses não serão tratados aqui, uma vez que o propósito deste capítulo é ajudar você a crescer, em lugar de aplaudi-lo pelas áreas de sua vida em que você opera com eficiência.

As autodefinições, em si mesmas, não são inadequadas, mas podem ser usadas de maneira perniciosa. O próprio ato de rotular-se pode ser um impedimento específico ao crescimento. É cômodo usar o rótulo como uma justificativa para permanecer o mesmo. Sören Kierkegaard escreveu: "Uma vez que você me rotula, está me negando." Quando o indivíduo precisa corresponder ao rótulo, o "eu" deixa de existir. O mesmo acontece em relação aos rótulos autoimpostos. Você pode estar se negando por se identificar com suas marcas registradas, em vez de fazê-lo com seu potencial de desenvolvimento.

Todos os rótulos autoimpostos derivam da história do indivíduo. Mas o passado, como Carl Sandburg disse em *Prairie*, "é um balde cheio de cinzas".

Avalie-se quanto à extensão em que está acorrentado a seu passado. Todos os autodestruidores "eu sou" são resultado do uso destas quatro sentenças neuróticas:

1. "Eu sou assim."
2. "Sempre fui assim."
3. "Não posso evitar isso."
4. "Esta é a minha natureza."

Aí estão eles, num pacote único. São eles os ligamentos que o impedem de crescer, de mudar, de tornar sua vida (a partir deste momento – que é toda a vida de que você dispõe) nova, excitante e cheia de satisfação.

Conheço uma avó que, todos os domingos, ao receber a família para jantar, decide exatamente quanto cada pessoa vai comer, enchendo os pratos conforme especificações que ela própria estabelece. A cada pessoa ela dá duas fatias de carne, uma colherada de ervilhas, uma porção de batatas, e assim por diante. Quando lhe perguntam: "Por que a senhora faz isso?", ela responde: "Oh, sempre fiz assim." Por quê? "É desse jeito que eu sou." A razão da vovó para seu comportamento é como se rotulou em um passado em que sempre agiu dessa maneira.

Algumas pessoas usarão, de fato, todas as quatro sentenças de uma vez só, quando confrontadas com seus comportamentos. Você pode perguntar a uma pessoa por que ela sempre se aborrece quando se fala sobre acidentes, e ela provavelmente responderá: "Oh, é assim que eu sou. Sempre fui assim. Realmente não posso evitar isso, essa é a minha natureza." Poxa! Todas as quatro de uma vez, e cada uma sendo usada como uma explicação da razão pela qual ela nunca será diferente e nem mesmo considerará a possibilidade de mudar.

Os seus "eu sou" que descrevem um comportamento autoanulador podem recuar até algo que você aprendeu no passado. E cada vez que você usa uma dessas quatro sentenças, está realmente dizendo: "E pretendo continuar sendo do jeito que sempre fui."

Você pode começar a desfazer as cordas que o prendem a seu passado e eliminar as sentenças estéreis, que são usadas para manter você exatamente como sempre foi.

Aqui está uma relação típica das variações de "eu sou" que podem estar incluídas em seu autorretrato

Eu sou tímido
Eu sou preguiçoso
Eu sou inseguro
Eu sou medroso
Eu sou desajeitado
Eu sou ansioso
Eu sou esquecido
Eu não tenho jeito para mecânica
Eu sou ruim em matemática
Eu sou solitário

Eu sou péssima cozinheira
Eu soletro mal
Eu sou facilmente fatigável
Eu sou doentia
Eu sou inábil
Eu sou sujeita a acidentes
Eu me derreto fácil
Eu sou hostil
Eu sou solene
Eu sou apática
Eu sou fácil de bater
Eu sou frígida

Eu sou gordo
Eu sou pouco musical
Eu não sou atlético
Eu sou desleixada
Eu sou teimosa
Eu sou imaturo
Eu sou meticuloso
Eu sou descuidada
Eu sou vingativo
Eu sou irresponsável
Eu sou nervosa

É provável que você apareça aí várias vezes, ou talvez esteja organizando sua própria lista. O problema não está nos rótulos que você escolhe, mas em escolher rotular-se de alguma maneira. Se você está genuinamente satisfeito com qualquer um dos "eu sou", então deixe que eles continuem, mas se é capaz de admitir que algum desses ou outros "eu sou" atrapalham o seu caminho, é hora de fazer algumas mudanças. Vamos começar pela compreensão das origens dos "eu sou".

As pessoas querem rotular você, classificá-lo em pequenas categorias distintas. Fica mais fácil assim. D. H. Lawrence viu a loucura desse processo de rotulação em seu poema *What is He?**

O que é ele?
– Um homem, é claro.
Sim, mas o que ele faz?
– Vive e é um homem.
Oh, muito bem! Mas deve trabalhar, ter uma ocupação qualquer.
– Por quê?
Porque claramente não é alguém das classes privilegiadas.
– Não sei. Tem muitas horas de lazer. E faz cadeiras muito bonitas.
Aí está! Ele é um marceneiro.
– Não, não!
Seja lá como for, um carpinteiro e marceneiro.
– De modo nenhum.
Mas você disse isso.
– O que foi que eu disse?
Que ele fazia cadeiras e era um marceneiro e carpinteiro.
– Eu disse que ele fazia cadeiras, mas não disse que ele era um carpinteiro.
Então está certo, ele é apenas um amador?

***The Complete Poems of D. H. Lawrence, vol. 1,* editado por Vivian de Sola Pinto e F. Warren Roberts, The Viking Press Inc., 1929. (*N. da T.*)

– Talvez! Você diria que um tordo é um flautista profissional, ou apenas um amador?

Diria que é apenas um pássaro.

– E eu digo que ele é apenas um homem.

Está bem! Você sempre foi evasivo.

Como é que esses "eu sou" começaram

Os antecedentes dos seus "Eu sou" enquadram-se em duas categorias. O primeiro tipo de rótulos vem de outras pessoas. Foram incutidos em você quando era criança e você os carrega até hoje. Os outros rótulos são o resultado de uma escolha feita por você, para se proteger da obrigação de cumprir tarefas desconfortáveis ou difíceis.

A primeira categoria é, sem comparação, a que prevalece. A pequenina Hope cursa o segundo ano do ensino fundamental. Vai para a aula de artes todos os dias, cheia de alegria por usar cores e mexer com tintas. Seu professor lhe diz que, na verdade, ela não tem muito talento para aquilo e ela começa a faltar, porque não gosta de ser desaprovada. Não se passa muito tempo e ela já tem o começo de um "Eu sou". Eu não sou boa em artes. Com uma boa dose de comportamento de repulsa, ela reforça esse conceito, e, depois de adulta, quando lhe perguntam por que é que não desenha, diz: "Oh, não sou boa nisso. Sempre fui assim." A maior parte dos "eu sou" são sobras, resquícios de uma época em que você ouvia frases como: "Ele é desajeitado; o irmão é bom nos esportes, mas ele é o estudioso." Ou: "Você é igualzinho a mim. Também nunca fui bom em soletrar." Ou: "Billy sempre foi o tímido." Ou: "Ela é exatamente como o pai; incapaz de cantar sem desafinar." Esses são os ritos do nascimento dos "Eu sou" que jamais foram desafiados. Eles são aceitos simplesmente como uma condição da vida.

Converse com as pessoas da sua vida que lhe parecem as maiores responsáveis por muitos dos seus "Eu sou" (pais, velhos amigos da família, antigos professores, avós etc.). Pergunte-lhes como eles acham que você ficou sendo como é e se sempre foi assim. Diga-lhes que está decidido a modificar-se e veja se acreditam que seja capaz disso. Você vai ficar surpreso diante das interpretações deles e de como acham que você não pode ser nada diferente, uma vez que "sempre foi assim".

A segunda categoria dos "Eu sou" origina-se nesses rótulos convenientes que você aprendeu a colocar em si próprio, a fim de evitar as atividades desagradáveis. Trabalhei com um cliente que tem 46 anos e deseja muito cursar uma faculdade, uma vez que perdeu sua oportunidade de fazê-lo quando jovem. Mas Horace sente-se ameaçado com a perspectiva de entrar em competição acadêmica com gente jovem, recém-saída da escola. O medo do fracasso e a dúvida quanto a suas capacidades intelectuais o assustam. Ele sempre examina os catálogos das universidades, e com o auxílio que recebe do serviço de orientação educacional, já prestou os exames de admissão adequados e conseguiu uma entrevista com um funcionário encarregado das admissões em uma faculdade local. Mas ainda usa os seus "Eu sou" para se esquivar de realmente fazer um curso, justificando sua inércia com: "Sou velho demais, não sou bastante vivo e, na realidade, não estou interessado."

Horace usa os seus "Eu sou" para evitar algo que genuinamente deseja. Um colega meu os usa para fugir às tarefas de que não gosta. Ele evita ter que consertar a campainha da porta, ou o rádio, ou qualquer atividade manual desagradável dizendo simplesmente à esposa: "Bem, querida, você sabe, acontece que não tenho jeito para mecânica." Esses tipos de "Eu sou" representam comportamentos de adaptação, mas não deixam de ser também desculpas. Em vez de dizer: "Eu acho esse tipo de atividade chata e sem interesse e não quero me ocupar com isso agora" (o que é perfeitamente lógico e sadio), torna-se mais fácil simplesmente desencavar um "Eu sou".

Nesses casos, os indivíduos estão declarando algo sobre si próprios. Estão afirmando: "Nesse terreno sou um produto acabado, e nunca vou ser diferente." Se você é um produto acabado, embrulhado e guardado, então parou de crescer, e embora queira muito apegar-se a alguns "Eu sou", pode descobrir que outros são simplesmente limitativos e autodestruidores.

Segue-se uma lista de alguns rótulos que são relíquias do passado. Se você se enquadra em alguns deles, talvez fique feliz em mudá-los. Permanecer exatamente como é, em qualquer campo, corresponde a tomar uma das mortais decisões descritas no capítulo 1. Lembre-se de que esta não é uma discussão sobre o que você simplesmente não aprecia, mas um exame do comportamento que o afasta das atividades nas quais você talvez encontre uma grande dose de prazer e estímulo.

Dez categorias típicas de "Eu sou" e seus neuróticos dividendos

1. "Eu sou ruim em matemática, ortografia, leitura, línguas etc."

Com essa afirmação, você garante que não fará o esforço necessário para mudar. O "Eu sou" acadêmico tem em vista manter você afastado de ter que fazer o penoso trabalho exigido para dominar o assunto que, tradicionalmente, você considera difícil ou maçante. Enquanto você se rotular assim, terá uma excelente razão para evitar enfrentar a tarefa.

2. "Eu sou péssimo em determinadas habilidades, tais como cozinhar, praticar esportes, fazer crochê, desenhar, representar etc."

Com essa afirmação, você assegura que não fará nenhuma dessas coisas no futuro e justifica qualquer mau desempenho no passado. "Sempre fui assim; essa é a minha natureza." Essa atitude reforça a sua inércia e, mais importante, ajuda você a apegar-se à noção absurda de que não deverá fazer coisa alguma, a menos que a faça muito bem. Assim, a não ser que você seja o campeão do mundo, evitar é melhor do que fazer.

3. "Eu sou tímido, reservado, temperamental, nervoso, medroso etc."

O apelo desses "Eu sou" é feito à genética. Em vez de desafiá-los e ao pensamento autodestruidor que os apoia, você simplesmente os aceita, como uma confirmação da maneira que sempre foi a sua. Você pode, também, culpar os seus pais e usá-los como a razão para seu atual "Eu sou". Você os transforma na causa e não tem que trabalhar para ser diferente. Escolhe esse comportamento como um modo de evitar uma atitude afirmativa em situações que sempre pareceram problemáticas a você. Esse "Eu sou" é um resíduo da infância, quando outros tinham um profundo interesse em fazer você acreditar que era incapaz de pensar por si próprio. Esses são os "Eu sou" de personalidade, são autodefinições que ajudam você a evitar a façanha difícil de ser diferente daquilo que sempre foi. Simplesmente, você define sua personalidade com um "Eu sou" conveniente e pode agora desculpar todos os tipos de comportamento autoanuladores, declarando-os fora de seu controle. Nega a noção de que pode escolher sua própria personalidade, e, em vez disso, se apoia em sua infelicidade genética para explicar todos os demais traços de personalidade que gostaria de negar.

4. "Eu sou desajeitado, sem coordenação etc."

Esses "Eu sou" que você aprendeu quando criança o capacitam a evitar o ridículo em potencial que poderia ter que enfrentar por não ser fisicamente tão capaz quanto os outros. Sua falta de habilidade, naturalmente, decorre do antecedente histórico de acreditar em tais "Eu sou" e, assim, evitar a atividade física, e não de algum defeito inerente a você. Você melhora naquilo que pratica, não naquilo que evita. Mantenha o seu "Eu sou" e permanecerá à margem, observando e desejando, mas fazendo de conta que você realmente não gosta desse tipo de coisa.

5. "Eu sou sem atrativos, feio, ossudo, sem graça, alto demais etc."

Esses "Eu sou" fisiológicos são úteis para mantê-lo distante de assumir compromissos com o sexo oposto e para justificar a autoimagem pobre e a falta de amor que escolheu para si. Enquanto você se descrever dessa forma, tem uma desculpa pronta para não se expor numa relação amorosa. E também não precisa ter trabalho de fazer-se atraente a seus próprios olhos. Usa seu espelho como uma justificativa para não se arriscar. Só existe um problema: vemos exatamente aquilo que escolhemos ver – mesmo no espelho.

6. "Eu sou desorganizado, meticuloso, desleixado etc."

Esses "Eu sou" de comportamento são convenientes para a manipulação das outras pessoas e para justificar a razão pela qual tudo deve ser feito de determinada maneira. Sempre fiz isso assim. Como se a tradição fosse uma razão para se fazer qualquer coisa. E sempre farei isso dessa forma, é a mensagem não declarada. Pelo fato de repousar na maneira pela qual sempre fez tudo, você jamais terá que considerar a arriscada ideia de mudar suas atitudes e pode, simultaneamente, assegurar-se de que todos à sua volta vão igualmente fazer tudo da forma que você faz. Esse é o "Eu sou" que se apoia na "política" como um substituto para o raciocínio.

7. "Eu sou esquecido, descuidado, irresponsável, apático etc."

Essas afirmações são especialmente úteis quando você deseja se justificar por algum comportamento ineficiente. O "Eu sou" o dispensa de jamais se preocupar com suas lembranças ou com seus descuidos, e você simplesmente se desculpa com o seu simples e fácil: "Eu sou assim." Enquanto você for capaz de arranjar esse "Eu sou" quando se comportar de alguma dessas maneiras, nunca precisará ter o trabalho de mudar. Continue esquecido e recordando a si próprio que de fato não pode evitar isso, e assim sempre se esquecerá de tudo.

8. "Eu sou italiano, alemão, judeu, irlandês, negro, chinês etc."

Esses são os seus "Eu sou" étnicos, e eles funcionam muito bem quando você se vê sem outras razões para explicar alguns de seus comportamentos, que não o ajudam, mas que são difíceis demais de controlar. Sempre que você se vê comportando-se de forma estereotipada, associada a seu substrato cultural, você se volta para o seu "Eu sou" étnico como uma justificativa. Uma vez perguntei a um *maître-d'hôtel* por que ele se excitava tão facilmente e reagia ao menor problema com explosões indignadas, e ele respondeu: "O que você espera de mim? Sou italiano. Não posso evitar isso."

9. "Eu sou mandão, atrevido, autoritário etc."

Aqui o seu "Eu sou" lhe permitirá continuar com seus atos hostis, em vez de contribuir para que desenvolva sua autodisciplina. Você disfarça o comportamento com: "Não posso evitar, sempre fui assim."

10. "Eu sou velho, de meia-idade, cansado etc."

Com esse "Eu sou" você pode usar sua idade como uma razão para não participar de atividades que poderiam ser arriscadas ou perigosas. Sempre que você estiver diante de uma atividade tal como um acontecimento esportivo, um encontro após um divórcio ou a morte de um cônjuge, uma viagem, ou algo assim, pode dizer apenas "Eu sou velho demais" e terá eliminado quaisquer riscos consequentes à tentativa de fazer algo novo que contribua para o seu desenvolvimento. A conclusão ligada a um "eu sou" de idade é a de que você está inteiramente acabado nessa área e, uma vez que ficará cada dia mais velho, está acabado em matéria de crescimento e de experiência em qualquer coisa nova.

O círculo do "Eu sou"

As recompensas pelo apego ao passado através da hábil alegação de seus "Eu sou" podem ser concisamente resumidas em uma palavra: fuga. Toda vez que você desejar escapar de certo tipo de atividade ou explicar um defeito de personalidade, pode sempre justificar-se com um "Eu sou". De fato, depois que você usa bastante esses rótulos, você mesmo começa a acreditar neles, e nesse momento se transforma num produto acabado, destinado a permanecer como está pelo resto de seus dias. Os rótulos o capacitam a evitar o trabalho difícil e o risco de tentar mudar. Perpetuam o comportamento que os originou. Assim, se um jovem vai para uma festa com a convicção de que é tímido, irá comportar-se como se fosse tímido e seu comportamento apoiará mais ainda a imagem que faz de si próprio. É um círculo vicioso.

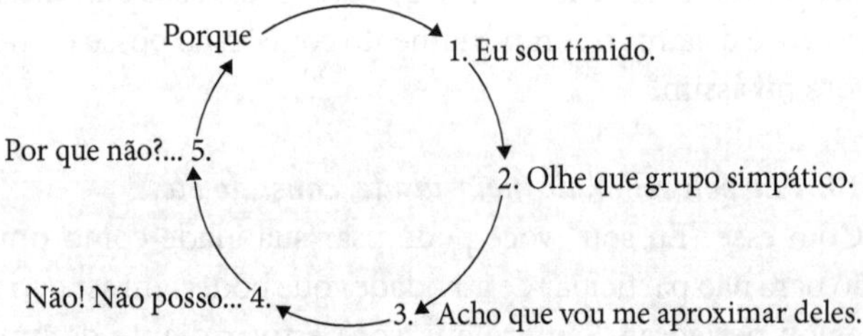

E aí está. Em vez de intervir entre os pontos 3 e 4 do círculo, ele simplesmente desculpa seu comportamento com um "Eu sou" e a iminente decisão arriscada que é necessária para sair da armadilha é habilmente evitada. Pode haver muitas razões para a timidez do jovem, algumas delas provavelmente vêm desde a sua infância. Sejam quais forem as causas de seu medo, ele decidiu que não irá lutar com seu constrangimento social, mas que o justificará com um simples "eu sou". Seu medo de fracassar é bastante forte para impedi-lo de tentar. Se ele pudesse acreditar no momento que está vivendo e em sua capacidade de escolher, sua frase passaria de "'Eu sou tímido" para "Até agora tenho me comportado de maneira tímida".

O círculo vicioso da timidez pode ser aplicado praticamente a todos os "Eu sou" de autodesprezo. Considere o círculo de um estudante que acredita ser mau aluno de matemática, enquanto ele faz em casa seus deveres de álgebra:

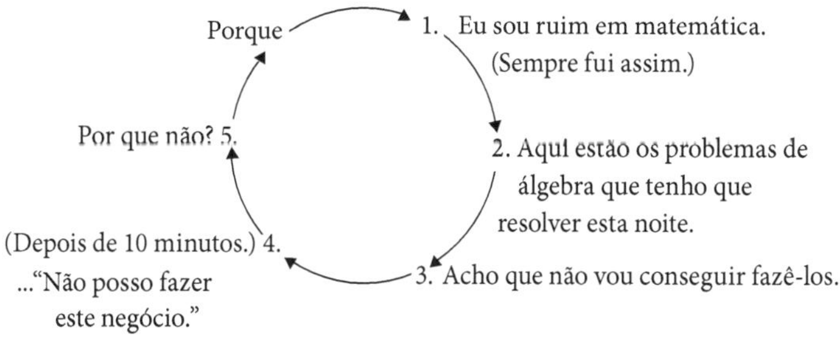

Em vez de parar entre 3 e 4, dedicar mais algum tempo ao problema, consultar um orientador, ou lutar com a dificuldade, ele simplesmente para. Quando lhe perguntam por que foi reprovado em álgebra, ele diz: "Sempre fui péssimo em matemática." Esses "Eu sou" infernais são os argumentos que você apresenta para desculpar-se a si próprio e para explicar aos outros por que persiste num padrão de autodestruição.

Você pode olhar para seu próprio círculo de lógica neurótica e começar a desafiar qualquer aspecto de sua vida em que escolheu ser um produto acabado. A principal razão número um para apegar-se a seu passado e se esconder nos seus "Eu sou" é a rejeição à mudança. Cada vez que usar um "eu sou" para explicar um comportamento de que não gosta, pense em si mesmo como um produto acabado.

Certamente é mais fácil descrever a si próprio do que mudar. Talvez você atribua as razões de seus rótulos a seus pais, ou a outros adultos que tiveram importância em sua infância, como seus professores, vizinhos e avós. Ao lhes dar a responsabilidade pelo seu "Eu sou" de hoje, você lhes está dando um poder de controle sobre a vida que vive agora, elevando-os a uma posição mais alta do que a sua e criando habilmente um álibi para manter-se em sua condição de ineficiência. Uma "razão" bem urdida e que lhe fornece uma garantia contra a aceitação de riscos. Se é culpa da "cultura" que você tenha esse "Eu sou", não há nada que possa fazer a respeito.

Algumas estratégias para libertar-se do passado e eliminar os incômodos "Eu sou"

Deixar o passado para trás envolve assumir riscos. Você se acostumou a suas autodefinições e em muitos casos elas funcionam como um sistema de apoio em sua vida diária. Algumas estratégias específicas para eliminação desses "Eu sou" incluem:

- Eliminar o "Eu sou" sempre que puder. Substituí-lo por frases como: "Até aqui escolhi ser assim" ou "Eu costumava me rotular..."
- Comunicar àqueles que o cercam que você vai procurar eliminar alguns de seus "Eu sou". Decida quais são os que deve eliminar e peça a essas pessoas para chamarem sua atenção sempre que você recorrer a eles.

- Estabelecer metas de comportamento, visando agir de maneira diferente da que sempre agiu. Por exemplo, se você se considera tímido, apresente-se a uma pessoa que você costuma evitar.
- Falar com alguém em quem confia e que o ajudará a combater os poderes do passado. Peça-lhe que, silenciosamente, o avise, coçando a própria orelha, cada vez que notar que você está voltando ao uso de seus "Eu sou".
- Manter um registro de seu comportamento de "Eu sou" autodestrutivo e anotar suas ações e a maneira pela qual se sente a respeito de si mesmo, quando se comporta assim. Por uma semana, registre em um livro de notas a hora exata, a data e a ocasião em que usou qualquer um dos autodestruidores "Eu sou" e esforce-se para reduzir o número de registros. Use a lista fornecida no início deste capítulo como um guia para o seu registro diário.
- Ficar atento às quatro frases neuróticas e, sempre que perceber que as está usando, corrija-se *em voz alta*, da seguinte maneira: mude "Eu sou assim" ... para... "Eu era assim.".

"Não posso evitar isso" ... para... "Posso mudar isso, se me esforçar".

"Sempre fui assim" ... para... "Vou ser diferente".

"Esta é a minha natureza" ... para... "Eu pensava que essa fosse a minha natureza".

- Tentar esforçar-se, a cada dia, para eliminar um "Eu sou" por vez. Se você usou o "Eu sou" esquecido, como uma autodefinição, dedique a segunda-feira para trabalhar especialmente no sentido de ficar atento a essa tendência, vendo se consegue alterar um ou dois comportamentos de esquecimento. Da mesma forma, se não lhe agrada seu "Eu sou" teimoso, reserve-se um dia para ser tolerante com as opiniões contrárias, e veja se pode se libertar de alguns "Eu sou" um dia de cada vez.

- Interromper seu próprio "Círculo de 'Eu Sou'" entre os pontos 3 e 4 e resolver jogar fora essas antigas desculpas para a fuga.
- Encontrar alguma coisa que você nunca fez e destinar uma tarde a essa atividade. Depois de passar três horas mergulhado numa atividade totalmente nova, uma que você tenha evitado no passado, veja se ainda pode usar o mesmo "Eu sou" que empregara pela manhã.

Todos os seus "Eu sou" são padrões de fuga aprendidos e você pode aprender a ser quase qualquer coisa, se escolher fazer isso.

Algumas considerações finais

Não existe isso que se denomina natureza humana. A frase foi elaborada para classificar as pessoas e para criar desculpas. Você é o resultado da soma de suas escolhas e cada "Eu sou" que você usa poderia ser rotulado de novo como "Eu escolhi ser". Volte às perguntas iniciais deste capítulo: "Quem é você?" e "Como você se descreve?" Pense em alguns deliciosos novos rótulos que de forma alguma se relacionem com as escolhas que outros tenham feito para você, ou com as que você fez até agora. Esses velhos rótulos cansativos podem estar impedindo você de viver sua vida tão plenamente quanto poderia.

Lembre-se do que Merlin disse sobre aprender:

> O melhor a fazer quando se está triste – respondeu Merlin, começando a arquejar – é aprender algo. Essa é a única coisa que não falha nunca. Você pode ficar velho e trêmulo de corpo, pode ficar acordado de noite, escutando a desordem de suas veias, pode perder seu único amor, pode ver o mundo a sua volta devastado por lunáticos perigosos, ou saber que sua honra está sendo espezinhada nos esgotos das mentes mais abjetas. Só há uma coisa a fazer então: aprender. Aprender por que o

mundo se agita e o que o agita. Essa é a única coisa que a mente nunca pode exaurir, alienar, pela qual jamais pode ser torturada, que nunca precisa temer ou recear, que nunca poderá imaginar ter que lamentar. Aprender é o que você precisa. Observe o quanto há para aprender: ciência pura, a única pureza que existe. Você pode aprender astronomia no espaço de uma vida, história natural em três, literatura em seis. E então, depois que gastou um milhão de vidas aprendendo biologia e medicina e crítica teológica e geografia e história e economia, ora, você pode começar a fazer uma carroça da madeira apropriada, ou gastar cinquenta anos aprendendo a começar a aprender a vencer seu adversário na esgrima. Depois disso você pode começar de novo em matemática, até que chegue a hora de aprender a arar.

Qualquer "Eu sou" que o impede de crescer é um demônio que deve ser exorcizado. Se você precisa ter um "Eu sou", experimente este: "Eu sou um 'eu sou' exorcista – e gosto disso."

5
As emoções inúteis: culpa e preocupação

Se você acredita que se sentindo culpado ou se preocupando muito vai conseguir mudar um acontecimento passado ou futuro, então está vivendo em outro planeta, com um sistema diferente de realidade.

No decorrer de toda a vida, as emoções mais fúteis são o sentimento de culpa pelo que foi feito e a preocupação com o que poderia ser feito. Ei-los aí! Os grandes desperdícios – preocupação e culpa – culpa e preocupação. Ao examinar esses dois pontos fracos, você começará percebendo o quanto eles estão ligados; de fato, podem ser encarados como os dois extremos da mesma zona.

X____________________Presente____________________X
Culpa (PASSADO) (FUTURO) Preocupação

Aí está. *Culpa* quer dizer que você desperdiça seus momentos presentes imobilizado em consequência de um comportamento *passado*, enquanto a *preocupação* é o estratagema que o mantém imobilizado no presente em função de alguma coisa *futura* – quase sempre alguma coisa sobre a qual não tem controle. Pode-se ver isso claramente ao tentar pensar em si próprio sentindo-se culpado de um acontecimento que ainda deve ocorrer, ou preocupando-se com algo que já aconteceu. Embora uma reação vise ao futuro e a outra ao passado, ambas servem ao propósito idêntico de mantê-lo aborrecido ou inerte no seu momento presente. Robert Jones Burdette escreveu, em *Golden Day*: (Dia dourado):

> Não é a experiência de hoje que enlouquece os homens. É o remorso por algo que aconteceu ontem, e o temor do que o amanhã pode revelar.

Você vê exemplos de culpa e preocupação por toda parte, praticamente em todas as pessoas. O mundo está cheio de gente que se sente muito mal quanto a algo que não deveria ter feito, ou apavorada com o que pode ou não acontecer. Você, provavelmente, não é uma exceção. Se tem grandes zonas de preocupação e culpa, elas devem ser exterminadas, desinfetadas e esterilizadas para sempre. Elimine de uma vez esses percevejozinhos de preocupação e de culpa que infestam tantas áreas de sua vida.

Culpa e preocupação representam, talvez, as formas mais comuns de angústia em nossa cultura. Com a culpa, você focaliza um fato passado, sente-se deprimido ou zangado em função de algo que fez ou disse, e estraga seus momentos presentes ocupado com sentimentos que dizem respeito a um comportamento anterior. Com a preocupação, você gasta à toa esses preciosos momentos de agora obcecado por um evento futuro. Quer esteja olhando para trás, quer para a frente, o resultado é o mesmo. Está jogando fora o momento presente. O *Golden Day* de Robert Burdette é, realmente, "o dia de hoje", e ele resume a loucura da culpa e da preocupação nestas palavras:

> Há dois dias na semana com os quais e pelos quais nunca me preocupo. Dois dias inteiramente sem cuidados, mantidos santamente livres de medo e de apreensão. Um desses dias é ontem... e o outro dia com que não me preocupo é amanhã.

Um exame mais cuidadoso da culpa

Muitos de nós fomos submetidos a uma conspiração de culpa no decorrer de nossas vidas, uma trama não deliberada para nos transformar em verdadeiras máquinas de culpa. A máquina funciona assim: alguém envia uma mensagem destinada a lembrar-lhe de que você foi um mau sujeito, em decorrência de algo que disse ou que deixou de dizer, que sentiu ou que deixou de sentir, que fez ou que deixou de fazer. Você reage sentindo-se mal em seu momento presente. Você é a máquina da culpa. Um dispositivo que anda, fala, respira e que reage com culpa toda vez que o combustível apropriado é derramado dentro de você. E está muito bem-lubrificado, se teve uma imersão total dentro de nossa cultura geradora de culpa.

Por que você aceitou as mensagens de preocupação e culpa que foram atiradas sobre você durante tantos anos? Em grande parte porque é considerado "mau" não se sentir culpado, e "desumano" não se preocupar. Tudo se relaciona com DAR IMPORTÂNCIA. Se você realmente *dá importância* aos outros, ou às coisas, então mostra esse interesse sentindo-se culpado pelas coisas terríveis que tiver feito, ou dando alguma prova evidente de que se preocupa com o futuro deles. É quase como se tivesse que demonstrar sua neurose para ser rotulado como uma pessoa que se importa.

A culpa é o mais inútil dos comportamentos dos pontos fracos. É, de longe, o maior desperdício de energia emotiva. Por quê? Porque, por definição, você está se sentindo imobilizado, no presente, por algo que já aconteceu, e nenhuma dose de culpa poderá jamais mudar a história.

Distinguindo a culpa da aprendizagem com seu passado

A culpa não é apenas uma preocupação com o passado; é a imobilização do momento presente em função de um acontecimento passado. E o grau de imobilização pode ir de um ligeiro aborrecimento a uma severa depressão. Se você está apenas aprendendo com seu passado e jurando evitar a repetição do mesmo comportamento específico, não se trata de culpa. Você sente culpa somente quando é impedido de agir, no momento presente, em resultado de ter, anteriormente, se comportado de determinada maneira. Aprender com os próprios erros é uma atitude sadia e uma parte necessária do desenvolvimento. A culpa é doentia porque nela você está usando, erradamente, a sua energia para se sentir agora ferido, aborrecido e deprimido por um acontecimento que já é histórico. E é fútil, da mesma forma que é doentia. Não há culpa que seja capaz de desfazer coisa alguma.

As origens da culpa

Há dois caminhos básicos pelos quais a culpa torna-se parte da bagagem emocional do indivíduo. No primeiro, ela é aprendida na primeira idade e permanece com o adulto como um resíduo da reação infantil. No segundo, a culpa é autoimposta pelo adulto, por uma infração de um código que ele segue.

1. *Culpa residual.* É a reação emocional que se carrega com as lembranças da infância. Há numerosas situações que podem gerá-la, e embora funcionem para produzir resultados nas crianças, as pessoas continuam carregando-as como adultos. Alguns desses resíduos envolvem advertências, tais como:

"Papai não vai gostar mais de você se fizer isso outra vez."

"Você devia sentir-se *envergonhado.*" (Como se isso pudesse ter alguma utilidade para você.)

"Oh, está bem. Sou apenas sua mãe."

Quando adulto, os subentendidos por trás dessas frases ainda podem ferir, se uma pessoa decepciona seu patrão, ou outros que tenha transformado em pais. A persistente tentativa de ganhar-lhes o apoio está presente, do mesmo modo que a culpa, quando os esforços não são bem-sucedidos.

A culpa residual também aparece no sexo e no casamento, e pode ser encontrada nas numerosas autocensuras e desculpas pelo comportamento anterior. Essas reações de culpa se manifestam como resultado de se ter aprendido, na infância, a ser manipulado pelos adultos, mas ainda podem operar quando a criança cresce.

2. *Culpa autoimposta.* Essa segunda categoria de reações de culpa é uma área muito mais difícil. Nesse caso, o indivíduo está sendo imobilizado por coisas que fez recentemente, mas que não se vinculam, necessariamente, à sua vida de criança. Essa culpa é imposta ao eu quando uma regra adulta, ou um código moral, é quebrado. O indivíduo pode sentir-se mal por longo tempo, muito embora seu sofrimento nada possa fazer para alterar o que aconteceu. Exemplos típicos de culpa autoimposta incluem falar asperamente com alguém e odiar-se por isso, ou esgotar-se emocionalmente, no presente, em razão de algum ato como ter roubado uma loja, não frequentar a igreja ou ter dito a coisa errada no passado.

Assim, você pode considerar todas as suas sensações de culpa ou como reações residuais a padrões impostos, nos quais você ainda tenta agradar a uma autoridade ausente, ou como o resultado de tentar viver de acordo com padrões autoimpostos, que realmente você não aceita, mas que por alguma razão finge aceitar. Em qualquer dos casos, é um comportamento estúpido e, mais importante, sem qualquer utilidade. Você pode ficar sentado o resto da vida, lamentando-se sobre o quanto foi mau, sentindo-se culpado até morrer, e nem um minúsculo fragmento dessa culpa irá contribuir de maneira nenhuma para corrigir esse antigo comportamento. Está acabado! Sua culpa é uma tentativa de mudar a história, de fazer com que ela não seja como é. Mas a história é assim e você nada pode fazer a respeito.

Você pode começar a mudar de atitude sobre as coisas em relação às quais sente culpa. Nossa cultura tem muitos traços de puritanismo que enviam mensagens como: "Se é divertido, espera-se que você se sinta culpado por fazer." Muitas das reações de culpa autoimpostas podem ter suas origens nesse tipo de raciocínio. Talvez você tenha aprendido que não deve satisfazer seus desejos, nem achar graça numa piada imoral, ou que não deve ter determinado comportamento sexual. Embora as mensagens repressivas sejam onipresentes em nossa cultura, a culpa por se sentir gratificado é puramente autoinfligida.

Você pode aprender a saborear o prazer sem um sentimento de culpa. Pode aprender a ver a si mesmo como alguém que é capaz de fazer algo que se enquadre em seu próprio sistema de valores e que não prejudique os outros – e a fazer isso sem culpas. Se você faz algo, seja lá o que for, e não gosta do fato em si, ou de você mesmo por tê-lo feito, pode jurar que eliminará tal comportamento voluntariamente, no futuro. Mas experimentar uma sentença de culpa autoimposta é uma viagem neurótica que você não precisa fazer. A culpa não ajuda. Não só mantém você imobilizado, mas também estimula as oportunidades de que venha a repetir o comportamento indesejável. A culpa pode ser a sua própria recompensa, bem como a permissão para repetir o comportamento. Enquanto você guardar a justificativa potencial de absolver-se através da culpa, será capaz de manter-se nessa roda viciosa que não conduz a parte alguma, salvo à infelicidade presente.

Categorias e reações tipicamente produtoras de culpa

Culpa que os pais estimulam em crianças de todas as idades

Manipulação da criança para executar uma tarefa por meio da culpa:

Mãe: – Donny, vá buscar as cadeiras lá embaixo. Já vamos comer.

Criança: – Está bem, mamãe, num minuto. Estou olhando o jogo e faço isso assim que acabar este lance.

Sinal de culpa emitido pela genitora: – Pode deixar, eu faço isso... mesmo com as minhas costas doendo. Fique aí sentado e divirta-se.

Donny imagina a mãe caindo com seis cadeiras por cima e sente-se responsável.

A mentalidade do "Eu me sacrifiquei por você" é extremamente eficaz como produtora de culpa. Nela, um pai ou mãe pode recordar todas as duras ocasiões em que abriu mão da felicidade para que você pudesse ter determinada coisa. E você, naturalmente, se pergunta como pôde ser tão egoísta, depois que lhe lembraram de todas as suas dívidas. As referências às dores do parto são um exemplo dessa atitude produtora de culpa. "Suportei 18 horas de dores só para trazer você ao mundo." Outra afirmação muito eficaz é: "Permaneci casada com seu pai por sua causa." Esta última tem por objetivo fazer você se sentir culpado pelo mau casamento da mãe.

A culpa é um método eficiente para a manipulação das ações dos filhos pelos pais. "Está bem. Vamos ficar aqui sozinhos. Vá se divertir, como sempre fez. Não se preocupe conosco." Afirmações desse tipo são eficazes para fazer você telefonar ou visitá-los com regularidade. Com uma ligeira modificação, você pode ouvir:

"O que há? Quebrou o dedo e não pode discar um telefone?" O genitor liga a máquina da culpa e você age de acordo, se bem que ressentido.

A tática do "Você nos desgraçou" também é útil. Ou: "O que pensarão os vizinhos?" As forças externas são convocadas para fazer você se sentir mal pelo que tenha feito e para impedi-lo de pensar por si próprio. A digressão culposa: "Se você fracassar em algo, vai nos desgraçar" pode fazer com que seja quase impossível você viver consigo mesmo após um fraco desempenho.

A doença dos pais é um superfabricante de culpa. "Você fez a minha pressão subir." As referências a "me matar" ou "fazer com que eu tenha um ataque de coração" são eficazes estimulantes de culpa, do mesmo modo que o fato de censurá-lo praticamente por todos os problemas normais associados ao envelhecimento. Você precisa de ombros largos para carregar essa culpa por aí, pois ela pode, literalmente, durar a vida inteira, e se você for particularmente vulnerável, pode mesmo carregar a culpa da morte de um dos pais.

A culpa sexual imposta pelos pais é extremamente comum, porque todo pensamento ou comportamento sexual é solo fértil para o cultivo da culpa. "Deus nos livre de que você se masturbe. É mau." Por meio da culpa, você pode ser manipulado no sentido da atitude sexual correta. "Você devia se envergonhar de ler essas revistas. Não devia nem ter esses pensamentos."

O comportamento socialmente adequado pode ser estimulado com culpa. "Como é que você pôde me embaraçar metendo o dedo no nariz na frente da vovó?" "Você se esqueceu de agradecer. Que vergonha, quer que os nossos amigos pensem que não lhe dou educação?" Uma criança pode ser ajudada a aprender o comportamento socialmente aceitável sem o acompanhamento de culpa. Uma simples recomendação, seguindo-se a uma explicação da razão pela qual o comportamento é indesejável, é muito mais eficaz. Por exemplo, se for dito a Donny que suas constantes interrupções são desconcertantes, e tornam a conversação impossível, a primeira semente será plantada nele, sem ter o sentimento de culpa que acompanha uma declaração como: "Você está sempre interrompendo, devia envergonhar-se de si mesmo, é impossível falar com você por perto."

O mero fato de alcançar o estado adulto não acaba com a manipulação dos pais por intermédio da culpa. Tenho um amigo que tem 52 anos. É um pediatra de origem judaica, casado com uma mulher que não é judia. Ele mantém o casamento em segredo para a mãe, porque receia que aquilo seja capaz de matá-la ou, mais adequadamente, receia que ele possa matá-la. Mantém um apartamento montado para o único propósito de receber, todos os domingos, a mãe de 85 anos. Ela não sabe que ele é casado e possui um lar no qual vive seis dias por semana. Ele faz esse joguinho por medo e culpa, pelo fato de ser casado com uma "Shiksa". Embora seja um homem adulto, muito bem-sucedido em sua profissão, é ainda controlado pela mãe. Todos os dias fala com ela, do consultório, e vive a sua fantasia de homem solteiro.

A culpa estimulada pelos pais e pela família é a estratégia mais comum para manter sob controle uma pessoa rebelde. Os exemplos precedentes são apenas uma pequena amostra da multidão de afirmações e técnicas para ajudar um filho ou uma filha a escolher a culpa (inércia presente motivada por um acontecimento passado) como o preço da genealogia.

Culpa vinculada ao amante ou esposo

A culpa do "Se você me amasse" representa um meio de manipular um amante. Essa tática é particularmente útil quando alguém deseja punir um parceiro por alguma atitude em especial. Como se o amor dependesse do tipo certo de comportamento. Sempre que uma pessoa não corresponde ao desejado, a culpa pode ser usada para trazê-la de volta à posição certa. Ela tem que se sentir culpada por não ter amado o outro.

O rancor, os longos silêncios e os olhares magoados são métodos úteis para engendrar culpa. "Não quero falar com você, isso o porá em seu lugar" ou "Não se aproxime de mim, como é que espera que eu seja carinhosa depois do que você fez?" Esta é uma tática geralmente empregada no caso de comportamento inconveniente da parte de um dos parceiros.

Frequentemente, anos depois de um incidente, uma atitude é relembrada para ajudar a outra pessoa a escolher a culpa no momento presente: "Mas não se esqueça do que você fez em 1951" ou "Como é que eu poderia jamais acreditar em você, se uma vez você já me desapontou?". Dessa maneira, um dos parceiros pode manipular o presente do outro com referências ao passado. Se um deles finalmente se esqueceu daquilo, o outro pode, periodicamente, trazer o problema de volta, para manter presentes os sentimentos de culpa em relação ao comportamento passado.

A culpa é útil para fazer um parceiro conformar-se com as exigências e os padrões de comportamento do outro. "Se você fosse responsável, teria me chamado" ou "Essa é a terceira vez que tenho que despejar o lixo, acho que você simplesmente se recusa a fazer sua parte". O objetivo? Conseguir que um dos parceiros faça o que outro quer. O método? Culpa.

Culpa inspirada pelos filhos

O jogo da culpa inspirada pelos pais pode ser invertido. A culpa pode ser uma rua de mão dupla e as crianças são tão capazes de usá-la na manipulação de seus pais quanto eles.

Se uma criança percebe que o pai ou a mãe não pode vê-la infeliz e se sentirá culpado por ser um mau pai, ela com frequência tentará usar essa culpa para manipular o genitor.

Um acesso de raiva no supermercado pode produzir o doce desejado. "O pai de Sally deixa ela fazer isso" – portanto, o pai de Sally é um bom pai e você não é. "Você não gosta de mim. Se gostasse não me trataria dessa maneira." E o ultimato: "Eu devo ser adotada. Meus verdadeiros pais não me tratariam assim." Todas essas afirmações carregam a mesma mensagem: "Você, como pai, deveria se sentir culpado por tratar seu filho dessa maneira."

É claro que as crianças aprendem esse comportamento gerador de culpa observando os adultos usarem-no para conseguir o que querem. A culpa não é um comportamento natural. É uma reação emocional aprendida, que só pode ser usada se a vítima mostra ao explorador que é vulnerável. As crianças sabem quando você é suscetível. Se constantemente lhe lembram as coisas que você fez, ou que não fez, com o propósito de obterem aquilo que desejam, então é porque aprenderam o truque da culpa. Se seus filhos usam semelhantes táticas, é porque as aprenderam em algum lugar. Muito provavelmente, com você.

Culpa inspirada pela escola

Os professores são geradores excepcionais de culpa e as crianças, uma vez que são extremamente sugestionáveis, excelentes objetos de manipulação. Estas são algumas das mensagens de culpa que produzem infelicidade nos jovens:

> "Sua mãe vai ficar muito desapontada com você."
>
> "Você deveria se envergonhar dessa nota – um menino inteligente como você."
>
> "Como é que você pôde magoar seus pais dessa maneira, depois de tudo o que eles fizeram por você? Não sabe o quanto eles desejam que você vá para Harvard?"
>
> "Você foi reprovado no teste porque não estudou, agora terá que se virar sozinho."

A culpa é muito usada nas escolas para fazer com que as crianças aprendam certas coisas, ou se comportem de determinadas maneiras. E lembre-se de que, mesmo como adulto, você é produto de tais escolas.

Culpa vinculada à igreja

A religião é frequentemente usada para produzir culpa e, portanto, comportamento manipulado. Aqui geralmente foi Deus quem você decepcionou e em alguns casos a mensagem é no sentido de que você não vai para o céu por ter se comportado mal.

> "Se você amasse a Deus, não se comportaria dessa forma."
>
> "Você não entrará no céu, a menos que se arrependa de seus pecados."
>
> "Você deve se sentir mal por não ter ido à igreja todas as semanas e, se sofrer bastante, talvez seja perdoado."
>
> "Você desobedeceu uma das leis de Deus e deveria sentir-se envergonhado de si próprio."

Outras instituições produtoras de culpa

A maioria das prisões opera segundo a teoria da culpa, isto é, se uma pessoa fica bastante tempo sentada, pensando em como agiu mal, será melhor por causa da culpa. Sentenças de prisão por crimes não violentos, tais como sonegação de impostos, infrações de trânsito, contravenções civis e semelhantes, são exemplos desse tipo de raciocínio. O fato de que uma percentagem impressionantemente alta de detentos volta ao comportamento ilícito nada fez para abalar essa crença.

Sente-se num xadrez e se sinta mal pelo que andou fazendo. Tal política é tão dispendiosa e inútil que desafia explicação lógica. A explicação ilógica, naturalmente, é a de que a *culpa* é parte tão integrante de nossa cultura que constitui a espinha dorsal do nosso sistema de justiça criminal. Em vez de fazerem com que os violadores da lei civil ajudem a sociedade, ou paguem seus débitos, procuram reformá-los através do encarceramento gerador de culpa, que não traz benefício para ninguém, muito menos para quem praticou a ofensa.

Nenhuma soma de culpa, não importa quão grande, poderá mudar o comportamento passado. Além disso, as prisões não são lugares onde novas opções legais sejam aprendidas. Em vez disso, estimulam uma repetição do comportamento ilegal, porque revoltam o prisioneiro. (A política de aprisionar criminosos perigosos para proteção das outras pessoas é um assunto diferente e que não está em discussão aqui.)

Em nossa sociedade, a gorjeta constitui uma prática que acabou refletindo não um serviço de qualidade superior, mas a culpa da pessoa que é servida. Muitos garçons e garçonetes, motoristas de táxi, boys e outros empregados aprenderam que a maioria das pessoas não sabe enfrentar a culpa de não se comportar da maneira correta e, assim, dará a gorjeta na percentagem habitual, independentemente da qualidade do serviço recebido. Então, a mão espalhafatosamente estendida, os comentários atrevidos e olhares fulminantes são usados para produzir a culpa e, logo atrás dela, vem a gorjeta polpuda.

Jogar lixo na rua, fumar e outros comportamentos inaceitáveis podem constituir ações pelas quais você acaba se sentindo culpado. Talvez você tenha deixado cair um cigarro ou um copo de papel. Um olhar severo de um estranho pode lançá-lo em paroxismos de culpa, por ter se comportado de maneira tão vulgar. Em vez de se sentir culpado por algo que você já fez, por que simplesmente não resolve não se comportar mais de forma antissocial?

Dietas representam uma área carregada de culpa. Aquele que se submete à dieta come um biscoito e se sente mal o dia inteiro, por ter sido fraco durante um momento. Se você está se esforçando para perder peso e cede a um comportamento contraproducente, pode aprender com isso e tratar de ser mais firme em seu momento presente. Mas sentir-se culpado e autocensurar-se é uma perda de tempo, porque, se você se sentir assim por muito tempo, tenderá a repetir o excesso na comida como uma maneira neurótica de sair do dilema em que se encontra.

A culpa da expressão sexual

Talvez a área em que a culpa floresça mais plenamente, em nossa sociedade, seja no terreno do sexo. Já vimos como os pais criam culpa nos filhos por atos ou pensamentos sexuais. Os adultos não se sentem menos culpados em matéria de sexo. As pessoas se esgueiram para ver filmes pornográficos, para que os outros não fiquem sabendo como se comportaram mal. Há pessoas que não podem admitir que gostam de sexo oral e muitas vezes sentem-se culpadas até mesmo por pensarem nisso.

As fantasias sexuais são também eficientes produtoras de culpa. Muitos se sentem mal pelo fato de terem tais pensamentos e negam a existência deles mesmo em particular ou em terapia. De fato, se eu tivesse que localizar um centro de culpa no corpo, o colocaria nas virilhas.

Isso é apenas um ligeiro rol das influências culturais que conspiram para ajudar você a escolher a culpa. Agora, vamos passar os olhos pelas razões psicológicas para o sentimento de culpa. Tenha em mente que, qualquer que seja o dividendo, ele tende a ser autodestrutivo, e lembre-se disso da próxima vez que optar pela culpa em lugar da liberdade.

Razões psicológicas para escolher a culpa

Aqui estão as razões fundamentais para que você escolha desperdiçar o seu presente sentindo-se culpado em relação a coisas que fez ou deixou de fazer no passado:

- Usando seus momentos atuais para se sentir culpado de algo que já aconteceu, você não tem que aproveitar esses momentos de nenhuma forma produtiva e autoestimuladora. Muito simplesmente, tal como tantos comportamentos autodestrutivos, a culpa é uma técnica de fuga ao esforço individual no presente. Assim, você transfere a responsabilidade pelo que é ou não agora, para o que você foi ou não foi no passado.
- Pelo fato de atribuir a responsabilidade ao passado, você não apenas evita o duro esforço da mudança de si próprio agora, mas também os riscos que acompanham a mudança. É mais fácil imobilizar-se com a culpa pelo passado do que seguir pelo caminho arriscado do desenvolvimento no presente.
- Há uma tendência a se acreditar que, se você se sente bastante culpado, acabará por ser perdoado pelo seu mau comportamento. Essa razão para ser perdoado constitui a base da mentalidade carcerária anteriormente descrita, na qual o detento paga seus pecados sentindo-se terrivelmente mal por um longo tempo. Quanto maior a transgressão, mais longo o período de remorso necessário para o perdão.
- A culpa pode ser uma maneira de retorno à segurança da infância, época sem risco, na qual os outros tomavam as decisões por você e cuidavam de você. Em vez de tomar consciência de si no presente, você confia nos valores dos outros, vindos de seu passado. E, ainda mais uma vez, a razão está em ser protegido quanto a tomar para si o encargo de sua própria vida.
- A culpa é um método útil para transferir a responsabilidade de seu comportamento de si mesmo para os outros. É fácil

enfurecer-se diante da maneira pela qual está sendo manipulado, e deslocar o foco de sua culpa para outras pessoas, que são tão poderosas que fazem você sentir tudo aquilo que queiram que sinta, inclusive culpa.

- Frequentemente, você pode obter a aprovação dos outros, mesmo quando eles não aprovam o seu comportamento, demonstrando sentir-se culpado. Pode ser que você tenha feito alguma coisa imprópria, mas pelo fato de se sentir culpado, está mostrando que conhece a maneira certa de se comportar e está tentando agir corretamente.
- A culpa é um meio soberbo para conseguir a piedade dos outros. Não importa que o desejo de piedade seja uma clara indicação de pouca autoestima. Nesse caso, você prefere que os outros tenham pena de você a gostar de si mesmo e respeitar-se.

E aí estão os dividendos mais evidentes do apego à culpa. Como todas as emoções autoanuladoras, a culpa representa uma escolha, alguma coisa sobre a qual você tem controle. Se você não gosta dela e prefere vê-la longe, de modo que possa sentir-se inteiramente "livre de culpa", eis aqui algumas estratégias iniciais para afastar a culpa.

Algumas estratégias para eliminar a culpa

- Comece a encarar o passado como algo que nunca poderá ser mudado, não importa a maneira como se sinta a respeito. Está acabado! E seja qual for a culpa que você escolha, isso não fará o passado diferente. Grave em sua consciência esta frase: "O meu sentimento de culpa não mudará o passado, nem fará de mim uma pessoa melhor." Esse tipo de raciocínio vai ajudá-lo a diferenciar a culpa do fato de aprender com a experiência.

- Pergunte a si mesmo o que você está evitando no presente com a culpa do passado. Pela circunstância de refletir sobre isso em particular, você eliminará a necessidade de culpa. Um cliente meu, que havia mantido um caso extraconjugal durante algum tempo, fornece um bom exemplo para esse tipo de eliminação de culpa. O homem alegava sentir-se culpado com o caso, mas continuava a escapar da esposa todas as semanas para ver a outra mulher. Eu lhe disse que a culpa de que ele tanto falava era uma emoção completamente fútil, que não tornava melhor seu casamento e o impedia de ter prazer com o caso. Ele tinha duas escolhas. Podia reconhecer que estava dedicando seu presente a um sentimento de culpa, porque isso era mais fácil do que fazer um cuidadoso exame de seu casamento e tomar uma atitude a respeito dele – e de si próprio. Ou podia aprender a aceitar seu comportamento. Podia admitir que desculpava a atividade sexual fora do matrimônio e aceitar o fato de que seu sistema de valores compreendia um comportamento que muitos condenavam. Em qualquer dos casos, estaria escolhendo a eliminação da culpa, mudando a si próprio ou se aceitando.
- Comece a aceitar determinadas coisas que você escolheu a seu respeito, mas de que os outros possam não gostar. Assim, se seus pais, seu patrão, seus vizinhos ou mesmo sua esposa se mostram contrários a algum aspecto de seu comportamento, você pode considerar isso natural. Lembre-se do que foi dito antes sobre procura de aprovação. É necessário que você aprove a si mesmo; a aprovação dos outros é agradável, mas não é importante. Uma vez que você não precise mais de aprovação, desaparecerá a culpa pelo comportamento que não é aprovado.
- Mantenha um *diário de culpa* e registre nele quaisquer momentos de culpa, anotando com precisão quando, por que e com quem ocorreram e aquilo que você está evitando no presente com a angústia pelo passado. O diário poderia

fornecer alguns esclarecimentos úteis sobre seu ponto especial de culpa.

- Reconsidere seu sistema de valores. Em que valores você acredita em quais você finge acreditar? Faça uma relação de todos esses falsos valores e decida-se a viver de acordo com um código de ética que seja estabelecido por você mesmo, e não um que lhe tenha sido imposto pelos outros.
- Faça uma relação de todas as coisas más que você fez em sua vida. Atribua pontos de culpa para cada uma delas, numa escala de um a dez. Some os resultados e veja se faz alguma diferença, no presente, se o final é igual a cem ou a um milhão. O momento presente continua a ser o mesmo e toda a sua culpa não passa de um desperdício.
- Avalie as consequências reais de seu comportamento. Em lugar de procurar um sentimento místico para a determinação dos *sims* e dos *nãos* de sua vida, verifique se os resultados de suas ações são agradáveis e produtivos para você.
- Ensine às pessoas que tentam manipulá-lo através da culpa que você é perfeitamente capaz de lidar com o desapontamento delas a seu respeito. Assim, se sua mãe começar uma cena de culpa com: "Você deixou de fazer isso" ou "Vou apanhar as cadeiras, pode continuar sentado aí", aprenda novas respostas, como: "Está bem, mãe, se você quer arriscar as costas por causa de algumas cadeiras, só porque não pode esperar alguns minutos, acho que não há nada que eu possa fazer para você mudar de ideia." Vai demorar um pouco, mas o comportamento das pessoas começará a mudar, uma vez que percebam que não podem forçar você a escolher a culpa. Uma vez que você desative a culpa, o controle emocional sobre você e a possibilidade de manipulação são eliminados para sempre.
- Faça algo que você sabe que poderá conduzir a sentimentos de culpa. Ao se registrar num hotel e ver que um funcionário é designado para lhe mostrar um quarto que você é

perfeitamente capaz de encontrar sozinho, carregando sua única e pequena peça de bagagem, declare que irá sozinho. Se sua decisão não for aceita, diga a ele que vai perder tempo e energia, uma vez que você não dará gorjeta por um serviço que não quer receber. Ou tire uma semana para ficar sozinho, se sempre desejou fazer isso, apesar dos protestos geradores de culpa dos outros membros de sua família. Esse tipo de comportamento o ajudará a lidar com a culpa constante que tantos setores de seu ambiente estão sempre levando você a escolher.

- O diálogo que se segue representa um exercício de faz de conta ocorrido num grupo de terapia conduzido por mim, no qual uma jovem estava enfrentando a mãe (representada por outro membro do grupo), na situação de querer deixar o ninho. A mãe estava usando toda reação produtora de culpa possível para impedir a filha de sair de casa. Este diálogo foi o resultado final de uma hora ensinando à filha como escapar das declarações geradoras de culpa de sua mãe:

FILHA: – Mãe, vou sair de casa.

MÃE: – Se você fizer isso, terei um ataque do coração. Você sabe como meu coração está e como preciso de você para me ajudar com os remédios e tudo mais.

FILHA: – Você está preocupada com sua saúde e acha que não pode se arranjar sem mim.

MÃE: – É claro que não posso. Veja só, fui boa para você todos esses anos e agora você vai embora, deixando-me aqui para morrer. Se é isso o que você pensa de sua mãe, vá em frente.

FILHA: – Você pensa assim porque me ajudou quando eu era criança e acha que eu devo pagar ficando aqui e não me tornando independente e vivendo sozinha.

MÃE: – (apertando o peito): – Estou tendo um ataque de taquicardia agora mesmo. Acho que vou morrer. Você está me matando, é isso que está fazendo.

FILHA: – Há alguma coisa que você gostaria de me dizer antes que eu vá embora?

Nesse diálogo, a filha recusou-se a ceder aos indisfarçados produtores de culpa oferecidos pela mãe. A filha tinha sido literalmente uma escrava e todo esforço para se libertar encontrava sempre uma argumentação geradora de culpa. A mãe estava pronta para usar qualquer recurso para manter a filha dependente e sob seu controle, e a filha ou tinha que aprender novas reações ou ficaria sendo uma escrava da mãe e de sua própria culpa pelo resto da vida. Preste cuidadosa atenção às respostas da filha. Em duas delas, a filha refere-se à mãe como responsável por seus próprios sentimentos. Dizendo "Você pensa", em vez de "Eu acho", o potencial de culpa é com habilidade minimizado.

Assim é a culpa em nossa cultura – um instrumento conveniente para a manipulação dos outros e uma fútil perda de tempo. Preocupação, o outro lado da moeda, é, do ponto de vista do diagnóstico, idêntico à culpa, mas focaliza exclusivamente o futuro e todas as coisas terríveis que *poderiam* acontecer.

Vendo a preocupação mais de perto

Não há nada com que se preocupar! Absolutamente nada! Você pode passar o resto de sua vida, a começar por agora, preocupando-se com o futuro, e nenhuma soma de preocupação mudará coisa alguma. Lembre-se de que a preocupação o imobiliza no presente em resultado do que vai ou não acontecer no futuro. Você precisa ter cuidado para não confundir preocupação com planejamento do futuro. Se você está fazendo planos e se sua atividade no presente pode contribuir para um futuro mais conveniente, então isso não é preocupação. Só é preocupação quando você fica de alguma forma imobilizado, agora, em função de um acontecimento futuro.

Da mesma forma que nossa sociedade estimula a culpa, assim também encoraja a preocupação. Mais uma vez, tudo começa com o fato de se equacionar a preocupação em termos de cuidado. Se você gosta de alguém, diz a mensagem, então está fadado a preocupar-se com essa pessoa. Assim, ouvirá frases como: "É claro que estou preocupado, isso é natural quando você tem carinho por alguém", ou: "Não posso deixar de me preocupar, porque amo você." Dessa maneira, você prova seu amor sentindo a dose apropriada de preocupação na hora certa.

A preocupação é endêmica em nossa cultura. Quase todo mundo gasta uma absurda quantidade de momentos presentes preocupando-se com o futuro. E tudo por nada. Nem um único momento de preocupação tornará as coisas melhores. Na verdade, a preocupação muito provavelmente contribuirá para que você seja menos eficiente ao lidar com o presente. Mais ainda, a preocupação nada tem a ver com amor, que proclama um relacionamento no qual cada pessoa tem o direito de ser aquilo que escolhe ser, sem nenhuma condição determinante imposta pelo outro.

Pense em si mesmo como se estivesse vivendo nos Estados Unidos em 1860, no começo da Guerra Civil. O país está sendo mobilizado para a guerra e tem cerca de 32 milhões de habitantes. Cada um desses 32 milhões de seres tem centenas de motivos com que se preocupar e gasta muitos de seus momentos presentes angustiando-se sobre o futuro. Preocupam-se com a guerra, o preço da comida, as secas, a economia, tudo com que você se preocupa hoje. Tantos anos depois, todas essas pessoas preocupadas estão mortas, e tudo com o que juntas se preocuparam não mudou um momento daquilo que hoje é a história.

O mesmo é válido quanto às suas preocupações. Quando a Terra estiver habitada por uma população inteiramente nova, algum de seus momentos de preocupação terá feito diferença? Não. E qualquer de suas horas de preocupação faz diferença hoje, em termos de mudar as coisas pelas quais você se preocupa? Não, outra vez. Então, essa é uma zona que você precisa organizar, uma vez que simplesmente está desperdiçando esses preciosos momentos presentes com um comportamento que não oferece a você, absolutamente, nenhuma razão positiva.

Muito de sua preocupação diz respeito a temas sobre os quais você não tem controle. Você pode se preocupar o quanto quiser com a guerra, a economia, as possíveis doenças, mas a preocupação não trará a paz, nem a prosperidade ou a saúde. Como indivíduo, você tem pouco controle sobre quaisquer desses assuntos. E mais, a catástrofe com a qual está se preocupando acaba sendo menos horrível, na realidade, do que era em sua imaginação.

Trabalhei com Harold, que tinha 47 anos, durante vários meses. Ele se preocupava com a possibilidade de ser demitido e não poder sustentar a família. Era uma pessoa compulsivamente preocupada. Começou a perder peso, não conseguia dormir e frequentemente ficava doente. Em terapia, falamos sobre a futilidade da preocupação e como ele podia escolher o contentamento. Mas Harold era do tipo que se preocupava de verdade e achava que era responsabilidade sua preocupar-se todos os dias com os desastres possíveis e iminentes. Finalmente, depois de meses de preocupação, recebeu o cartão vermelho e ficou desempregado pela primeira vez em sua vida. Em três dias, conseguiu um outro emprego, no qual ganhava mais e que lhe dava muito mais satisfação. Ele usou sua obsessão para encontrar o novo emprego. A busca foi rápida e sem descanso. E toda a sua preocupação foi inútil. A família não tinha morrido de fome e Harold não tinha sido destruído. Como a maior parte das tristes visões produtoras de preocupação que uma pessoa imagina, a eventualidade trouxe benefícios, em vez de horrores. Harold aprendeu em primeira mão a futilidade da preocupação e começou, de fato, a adotar uma posição de despreocupação em sua vida.

Num ensaio inteligente sobre a preocupação, no *The New Yorker*, intitulado "Look for the Rusty Lining", Ralph Schoenstein satiriza a preocupação:

> Que lista! Alguma coisa velha e alguma coisa nova, algo cósmico e, contudo, alguma coisa banal também, porque quem se preocupa com criatividade precisa sempre fundir o prosaico ao imemorial. Se o sol arrebentasse, será que o metrô poderia cumprir seu programa noturno? Se os seres humanos congelados pelo processo criogênico forem algum dia revividos, terão que se inscrever de novo para votar? E se o dedinho do pé desaparecer, o gol feito no campo terá menos importância na Liga Nacional de Futebol?

Você pode estar na classificação de preocupado profissional, criando tensão e ansiedade desnecessárias em sua vida, como resultado da escolha que está fazendo de preocupar-se com toda espécie de atividade concebível. Ou pode ser um preocupado de segunda categoria, voltado apenas para seus problemas pessoais. A lista que se segue representa as reações mais comuns à pergunta: "Com o que você se preocupa?"

Comportamentos típicos de preocupação em nossa cultura

Reuni os dados que se seguem de cerca de duzentos adultos, numa conferência que fiz em uma noite. Chamo a lista de folha de preocupação, e você pode dar a si mesmo "notas de preocupação", como as "notas de culpa" discutidas anteriormente.

Não estão relacionados em nenhuma sequência especial de frequência ou importância. As declarações entre parênteses representam os tipos de frases que justificam a preocupação.

SUA FOLHA DE PREOCUPAÇÃO

Eu me preocupo com...

1. *Meus filhos* ("Todo mundo se preocupa com os filhos, eu não seria um bom pai se não me preocupasse, não é?")
2. *Minha saúde* ("Se você não se preocupar com a saúde, pode morrer a qualquer momento.")
3. *Morrer* ("Ninguém quer morrer. Todo mundo se preocupa com a morte.")
4. *Meu emprego* ("Se você não se preocupar com isso, pode perder o emprego.")
5. *A economia* ("Alguém tem que se preocupar com isso, o presidente parece que não se incomoda.")
6. *Ter um ataque do coração* ("Todo mundo tem, não tem?" "Seu coração pode parar a qualquer momento.")
7. *Segurança* ("Se você não se preocupa com segurança, vai acabar se vendo no asilo ou vivendo de auxílio público.")
8. *A felicidade do meu cônjugue* ("Deus sabe quanto tempo eu passo me preocupando com a felicidade dele [ou dela] e ninguém dá valor a isso.")
9. *Estarei fazendo o que é certo?* ("Sempre me preocupo em fazer as coisas certas, de modo que saiba que está tudo bem comigo.")
10. *Ter um filho sadio, se se estiver grávida* ("Toda mulher que espera ser mãe se preocupa com isso.")
11. *Preços* ("Alguém devia se preocupar com eles, antes que subam até se perderem de vista.")
12. *Acidentes* ("Sempre me preocupo pensando que meu marido ou as crianças podem sofrer um acidente. É simplesmente natural, não é?")

13. *Com o que os outros poderão pensar* ("Preocupo-me com o fato de meus amigos poderem não gostar de mim.")
14. *Meu peso* ("Ninguém quer ser gordo, por isso, naturalmente, eu me preocupo em não recuperar o peso que tiver perdido.")
15. *Dinheiro* ("Nunca parecemos ter o suficiente, e me preocupo pensando que algum dia ficaremos arruinados e tenhamos que viver da assistência social.")
16. *Meu carro enguiçar* ("É um carro velho e eu o dirijo na pista de alta velocidade, assim sendo, me preocupo com isso e com o que poderá acontecer se ele enguiçar.")
17. *Minhas contas* ("Todo mundo se preocupa com o pagamento de suas contas. Não seria humano você não se preocupar com contas.")
18. *A morte de meus pais* ("Eu não sei o que seria capaz de fazer se eles morressem, essa ideia me deixa doente. Tenho medo de ficar sozinho, acho que não posso enfrentar uma situação dessas.")
19. *Ir para o céu. E se Deus não existir?* ("Não posso suportar a ideia de que não exista nada.")
20. *O tempo* ("Planejo coisas como um piquenique e fico pensando se choverá. Preocupo-me pensando se haverá neve para poder esquiar.")
21. *Envelhecer* ("Ninguém quer ficar velho e você não me engana, todo mundo se preocupa com isso." "Não sei o que vou fazer quando me aposentar e me preocupo de verdade com isso.")
22. *Voar* ("Você sabe de tantos aviões que caem.")
23. *A virgindade da minha filha* ("Todo pai que ama sua filha se preocupa com o fato de que ela possa ser ofendida, ou se meter em complicações.")
24. *Falar em público* ("Fico petrificado na frente de muita gente e fico louco de aflição antes de começar a falar.")

25. *Quando meu marido não telefona* ("Acho normal me preocupar quando não sabemos onde está alguém que se ama, ou se eles estão com algum problema.")
26. *Ir à cidade* ("Quem sabe o que pode acontecer naquela selva. Me preocupo toda vez que vou lá." "Sempre me preocupo pensando se vou achar lugar para estacionar.")

E talvez a razão mais neurótica de todas...

27. *Por não ter nada com que me preocupar* ("Simplesmente não posso me sentir em paz quando tudo parece estar bem. Eu me preocupo com o fato de não saber o que vai acontecer depois.")

Essa é a folha coletiva de preocupações das pessoas, em nossa cultura. Você pode atribuir notas de preocupação a cada uma daquelas que parecem ter mais aplicação ao seu caso, somar os pontos e, não importa qual seja o seu resultado, ainda assim será igual a zero. O parágrafo seguinte ilustra a extensão atingida pela preocupação em nosso mundo. Foi tirado de uma história no *Newsday*, de 3 de maio de 1975, e refere-se a práticas irregulares de seguros nos hospitais:

> West Islip – Dois funcionários do Conselho do Hospital Nassau-Suffolk advertiram ontem que aqueles que se *preocupam* com os problemas que a crise nas práticas de seguros pode criar – se os médicos deixarem de tratar os pacientes, ou tratarem apenas os casos de emergência – ainda não se *preocupam* como devem.

Francamente, eis uma sugestão para que se gaste mais tempo com a preocupação em torno de um problema. Como é que pode uma história dessas? A resposta é simples: a pressão cultural é toda no sentido da preocupação e não da solução.

Portanto, se todos os interessados se preocupassem um pouco mais, talvez o problema desaparecesse.

Para que se possa eliminar a preocupação, é necessário compreender o que há por trás dela. Se a preocupação constitui parte significativa de sua vida, pode apostar que tem muitos antecedentes históricos. Mas quais são os motivos? São semelhantes aos dividendos neuróticos que você ganha com a culpa, uma vez que tanto a preocupação quanto a culpa são comportamentos autoanuladores, que só são diferentes num sentido temporal. A culpa focaliza o passado; a preocupação, o futuro.

As razões psicológicas para escolher a preocupação

- A preocupação é uma atividade do momento presente. Assim, pelo fato de manter sua vida imobilizada em razão de um tempo futuro, você é capaz de escapar ao presente e ao que quer que seja que o ameace. Por exemplo, passei o verão de 1974 em Karamursel, na Turquia, ensinando e escrevendo um livro sobre terapia. Minha filha de 7 anos estava nos Estados Unidos, com a mãe dela. Embora eu goste de escrever, também acho que essa atividade é difícil, transmite um profundo sentimento de solidão e exige uma grande dose de autodisciplina. Eu ficava sentado diante da máquina de escrever, com o papel colocado no lugar, as margens marcadas e, de repente, meus pensamentos iam direto para a pequena Tracy Lynn. Imagine se ela sai de bicicleta pela rua e não olha? Espero que esteja sendo vigiada na piscina, porque tem uma tendência a ser afoita. Antes que eu percebesse, uma hora tinha se passado e eu a tinha gasto em preocupação. Aquilo tudo era em vão, naturalmente. Mas era mesmo? Enquanto eu pudesse passar meus momentos presentes me preocupando, não tinha que lutar com a dificuldade de escrever. Na verdade, era uma tremenda justificativa.

- Você pode evitar ter que correr riscos, usando sua preocupação como a razão para a imobilidade. Como você poderia agir, se está preocupado com o problema do momento? "Não posso fazer nada. Simplesmente, estou preocupado demais com..." Esse é um lamento comum e com um resultado que o mantém inativo e evitando o risco da ação.
- Você pode se definir como uma *pessoa* interessada, na medida em que se preocupa. Preocupação prova que você é um bom pai, um bom marido, ou um bom qualquer outra coisa. Um dividendo e tanto, embora desprovido de sadio raciocínio lógico.
- A preocupação é uma justificativa fácil para certos comportamentos autodestrutivos. Se você tem excesso de peso, sem dúvida alguma come mais quando está preocupado, daí tem uma razão sensacional para se apegar ao comportamento preocupado. Da mesma forma, você se vê fumando mais em situações de preocupação e pode usar a preocupação para evitar deixar de fumar. Esse mesmo sistema de recompensa neurótica aplica-se a áreas tais como casamento, dinheiro, saúde e tudo mais. A preocupação ajuda você a evitar as mudanças. É mais fácil preocupar-se com dores no peito do que correr o risco de descobrir a verdade e, então, ter que lidar imediatamente consigo mesmo.
- Sua preocupação o impede de viver. Uma pessoa que se preocupa fica sentada e pensa sobre tudo, enquanto uma pessoa ativa age. A preocupação é um meio inteligente de mantê-lo inativo e é claramente mais fácil, embora menos compensador, ficar se preocupando em vez de ser um tipo ativo, participativo.
- A preocupação pode causar úlceras, hipertensão, câimbras, tensão causadora de dores de cabeça, dores nas costas e outras reações afins. Embora tais reações não pareçam ser compensações, resultam em considerável atenção da parte

das outras pessoas e justificam, também, muita autopiedade, e há pessoas que preferem se lamentar a se sentir realizadas.

Agora que você compreende o sistema de apoio psicológico para a sua preocupação, pode começar a planejar alguns esforços estratégicos para libertar-se dos incômodos causadores de preocupação que vicejam nesse ponto fraco.

Algumas estratégias para pôr fim à preocupação

- Comece a encarar seus momentos presentes como tempo para viver, em vez de ficar obcecado pelo futuro. Quando perceber que está preocupado, pergunte a si mesmo: "O que eu estou tentando evitar, ao gastar este momento com preocupação?" Aí então comece a enfrentar o que quer que esteja evitando. O melhor antídoto para a preocupação é a atividade. Um cliente meu que sempre foi muito inclinado a preocupar-se contou-me uma recente vitória sobre a preocupação. Ele estava num *resort* e certa tarde foi andando até a sauna. Lá encontrou um homem que não conseguia tirar férias de suas preocupações. O outro homem enumerou todas as coisas com as quais o meu cliente deveria estar se preocupando. Mencionou a bolsa de valores, mas disse que não valia a pena incomodar-se com as flutuações a curto prazo, porque em seis meses haveria, virtualmente, um colapso, e com aquilo sim é que realmente deveriam se preocupar. Meu cliente tomou ciência de tudo com que deveria se preocupar e depois saiu. Jogou tênis durante uma hora, jogou bola com algumas crianças, participou com a esposa de uma partida de pingue-pongue de que ambos gostaram muito e, finalmente, cerca de três horas depois, voltou para um banho de chuveiro e uma sauna. Seu novo amigo ainda estava lá, se preocupando, e começou novamente a enumerar mais razões com as quais deviam se preocupar. Enquanto ali estivera, meu cliente havia passado seus momentos presentes de maneira excitante e viva, ao passo que o outro homem consumira os seus em preocupação. E nenhum dos dois homens, com seu comportamento, influíra no mercado de valores.

- Reconheça o caráter ridículo da preocupação. Pergunte a si mesmo, uma e outra vez: "Algo se alterará como resultado da minha preocupação a respeito?"
- Dê a si mesmo períodos cada vez menores para se preocupar. Fixe dez minutos pela manhã e dez à tarde como seus espaços para preocupação. Utilize esse período para se angustiar com todo desastre potencial que consiga encaixar nessa fração de tempo. Depois, usando sua capacidade para controlar seus próprios pensamentos, adie qualquer outra preocupação até a próxima "hora de preocupação". Logo você perceberá a insensatez de gastar qualquer tempo em semelhante desperdício e acabará por eliminar completamente sua zona de preocupação.
- Faça uma lista de tudo com que se preocupou ontem, na semana passada e mesmo no ano passado. Verifique se qualquer de suas preocupações resultou em algo produtivo para você. Avalie também quantas de suas preocupações se materializaram. Logo verá que a preocupação é, de fato, uma atividade duplamente prejudicial: nada faz para alterar o futuro, e a catástrofe imaginada frequentemente vem a ser algo insignificante, ou até mesmo benéfico, quando chega a acontecer.
- *Simplesmente preocupe-se!* Veja se isso é algo que você possa demonstrar quando se sentir tentado a preocupar-se. Isto é, pare, volte-se para alguém e diga: "Preste atenção em mim – vou me preocupar." Os outros ficarão confusos, uma vez que você provavelmente nem mesmo saberá demonstrar o que faz tão bem e com tanta frequência.
- Faça a si próprio esta pergunta eliminadora de preocupação: "Qual é a pior coisa que poderia acontecer a mim (ou a eles)

e qual é a probabilidade de sua ocorrência?" Você vai descobrir o absurdo de se preocupar dessa maneira.

- Escolha deliberadamente agir de alguma forma que esteja em direta oposição a suas habituais áreas de preocupação. Se você economiza compulsivamente para o futuro, preocupando-se sempre com a necessidade de ter bastante dinheiro para o dia de amanhã, comece a gastar seu dinheiro agora. Faça como o tio rico que escreveu em seu testamento: "Sendo um homem de juízo, gastei todo o meu dinheiro enquanto vivi."
- Comece a enfrentar seus medos com o pensamento e o comportamento positivos. Uma amiga minha recentemente passou uma semana numa ilha ao largo da costa de Connecticut. A mulher gosta de fazer longos passeios a pé, e logo descobriu que a ilha estava cheia de cães que viviam soltos. Ela decidiu lutar contra o medo e a preocupação de que eles a pudessem morder, ou mesmo estraçalhar-lhe os membros – o que seria a calamidade total. Levava uma pedra na mão (segurança) e decidiu que não mostraria nenhum sinal de medo quando os cães se aproximassem. Recusou-se mesmo a diminuir a marcha quando os cães rosnaram e vieram correndo na direção dela. Quando eles avançaram e encontraram alguém que se recusava a recuar, desistiram e saíram correndo. Embora eu não esteja advogando um comportamento perigoso, creio, realmente, que um desafio claro ao medo ou à preocupação constitui a forma mais eficaz de erradicá-los de sua vida.

Estas são algumas técnicas para pôr fim à preocupação em sua vida. Mas a arma de maior eficiência que você tem para eliminar a preocupação é sua determinação de banir esse comportamento neurótico de sua existência.

O momento presente é a chave para a compreensão de suas atividades de culpa e preocupação. Aprenda a viver agora e não desperdice seu tempo com pensamentos imobilizadores sobre o passado ou o futuro. Não há outro momento para viver, a não ser o presente, e todas as suas culpas e preocupações são sentidas neste fugidio agora.

Lewis Carroll, em *Alice através do espelho*, falou sobre o problema de viver o presente:

> "A regra é: complicação para amanhã, complicação para ontem... mas nunca complicação para hoje."
> "Mas alguma vez deve haver 'complicação para hoje', objetou Alice."

E como é para você? Alguma complicação para hoje? Se elas têm que ocorrer em algum momento, que tal agora?

6
A explicação do desconhecido

Só os inseguros lutam por segurança.

Você pode ser um especialista em segurança – um indivíduo que evita o desconhecido, preferindo sempre saber para onde está indo e o que pode esperar ao chegar lá. O treinamento que recebemos em nossa sociedade tende a encorajar a cautela, à custa da curiosidade; a segurança, à custa da aventura. Evite o que é questionável, fique nas áreas que você conhece, nunca vagueie pelo desconhecido. Essas mensagens precoces podem transformar-se numa barreira psicológica, que impede sua própria autorrealização e sua felicidade atual de numerosas maneiras.

Albert Einstein, um homem que devotou a vida à exploração do desconhecido, disse, num artigo intitulado "What I Believe", publicado no *Forum*, de outubro de 1930:

> A coisa mais bela que podemos experimentar é o mistério. Ele é a verdadeira fonte de toda arte e ciência.

Ele poderia ter dito, também, que é a fonte de todo o desenvolvimento e de tudo o que é excitante.

Mas gente demais equaciona o desconhecido em termos de perigo. O propósito da vida, pensam eles, é lidar com a certeza, e saber sempre para onde nos dirigimos. Só os imprudentes se arriscam a explorar as áreas imprecisas da vida e, quando o fazem, acabam sendo surpreendidos, feridos e, pior, descobrindo seu despreparo. Como a um jovem escoteiro, lhe foi dito para "estar preparado". Mas como é que podemos nos preparar para o desconhecido? É óbvio que não podemos! Portanto, evite-o e nunca acabará com um ovo arrebentado na cara. Vá com segurança, não se arrisque, siga os mapas da estrada – mesmo se for desinteressante.

Talvez você esteja ficando cansado de toda essa certeza, sabendo como será cada dia antes de vivê-lo. Você não pode crescer, se já conhece as respostas antes que as perguntas tenham sido formuladas. Provavelmente as ocasiões de que mais se lembra são aquelas em que se sentiu espontaneamente vivo, fazendo o que desejasse fazer e antecipando deliciosamente o misterioso.

Ouvimos as mensagens culturais da segurança ao longo de toda a vida. Começam com a família e são reforçadas pelos educadores. A criança aprende a evitar a experimentação e é encorajada a evitar o desconhecido. Não vá se perder. Dê as respostas certas. Fique com gente igual a você. Se você ainda se sente apegado a esses terríveis estímulos à segurança, chegou a hora de libertar-se. Deixe de lado a ideia de que não pode tentar um novo e duvidoso comportamento. Você pode, se escolher fazer isso. E o processo começa com a compreensão de seu condicionamento para evitar novas experiências.

Mente aberta a novas experiências

Se você acredita profundamente em si mesmo, não há atividade que esteja além de seu potencial. A gama inteira de experiência humana é sua para ser desfrutada, uma vez que você decida aventurar-se em territórios nos quais não dispõe de garantias. Pense nas pessoas que são consideradas geniais e que foram espetacularmente eficientes durante suas vidas. Não eram pessoas que só faziam bem um tipo de coisa. Não eram pessoas que evitavam o desconhecido. Benjamin Franklin, Ludwig van Beethoven, Leonardo da Vinci, Jesus Cristo, Albert Einstein, Galileu, Bertrand Russell, George Bernard Shaw, Winston Churchill, esses e muitos como eles foram pioneiros, aventureiros em regiões novas, incertas. Eram pessoas iguais a você, que se destacaram apenas porque estavam dispostos a atravessar as regiões que outros não ousaram palmilhar. Albert Schweitzer, outro homem da Renascença, disse uma vez: "Nada que é humano me é alheio." Você pode olhar para si mesmo com novos olhos e abrir-se a experiências que nunca nem mesmo considerou como parte de seu próprio potencial humano, ou pode continuar fazendo as mesmas coisas, da mesma maneira, até entrar em seu caixão. É um fato que os grandes homens não lembram a você pessoa alguma, e a grandeza deles é geralmente perceptível na capacidade de exploração e na audácia com que exploraram o desconhecido.

Abrir sua mente a novas experiências quer dizer desistir da noção de que é melhor tolerar algo familiar do que se esforçar para modificá-lo, porque a mudança é carregada de incerteza. Talvez você tenha adotado uma posição segundo a qual o eu (você) é frágil e facilmente destrutível se entrar em áreas nas quais nunca esteve antes. Isso é um mito. Você é um pilar de força e não vai desabar, nem se desintegrar, caso se defronte com algo novo. Na verdade, você tem uma possibilidade muito maior de evitar o colapso psicológico se eliminar um pouco da rotina e da monotonia de sua vida. O tédio enfraquece e é psicologicamente doentio. Perdendo o interesse pela vida, você se torna potencialmente destrutível. Você não vai escolher esse mitológico colapso nervoso se adicionar à sua vida um pouco do tempero da incerteza.

Pode ser também que você tenha adotado a mentalidade do "se é fora do comum, devo olhar de longe", que inibe sua abertura a novas experiências. Assim, se você vê surdos usando a linguagem de sinais, fica olhando com curiosidade, mas nunca tenta conversar com eles. Da mesma forma, quando encontra gente que fala uma língua estrangeira, em vez de esforçar-se e tentar de algum modo comunicar-se, você muito provavelmente se afasta e evita o vasto desconhecido da comunicação em outro idioma que não aquele que você fala. Há inúmeras atividades e pessoas que são consideradas tabus apenas porque são desconhecidas. Assim os homossexuais, travestis, deficientes físicos e mentais, nudistas e outros são postos na categoria dos obscuros. Você não tem muita certeza da maneira como deve se comportar e, portanto, os evita.

Talvez você também acredite que precisa ter uma razão para fazer determinada coisa; de outra forma, por que fazer? Bobagem! Você pode fazer o que quiser apenas porque quer fazê-lo e por nenhuma outra razão. Não precisa ter uma razão para qualquer coisa que faz. Procurar um motivo para tudo é o tipo de raciocínio que o afasta de novas e excitantes experiências. Quando criança, você podia brincar com um gafanhoto durante uma hora inteira, por nenhuma razão além de gostar de fazer isso. Ou podia subir num morro, entrar no mato para explorá-lo. Por quê? Porque queria. Mas como adulto, você tem que arranjar uma boa razão para fazer as coisas, e essa paixão pelas razões o impede de evoluir e de crescer. Porque liberdade é saber que você não tem que justificar nada perante ninguém, inclusive você mesmo, nunca mais!

Emerson, em 11 de abril de 1834, observou em seu diário:

> Quatro serpentes deslizando por um buraco, para lá e para cá, sem nenhum propósito que eu pudesse perceber. Não era para comer. Não era para amar... Apenas deslizando.

Você pode fazer qualquer coisa que queira porque quer, e por nenhuma outra razão. Esse tipo de raciocínio abrirá novas perspectivas de experiência e o ajudará a eliminar o medo do desconhecido, que você pode ter adotado como estilo de vida.

Rigidez e espontaneidade

Examine com cuidado sua espontaneidade. Você é capaz de aceitar alguma coisa nova, ou se apega rigidamente a seu comportamento habitual? Espontaneidade quer dizer capacidade de realizar tentativas, ao sabor do momento, só porque se trata de algo que lhe agrada. Pode ser até que você descubra que se trata de algo que não lhe agrada, mas que você gostou de tentar. É provável que venha a ser condenado por irresponsabilidade ou imprudência, mas que importância tem o julgamento dos outros quando você está tendo uma experiência tão maravilhosa, descobrindo o desconhecido? Há muitas pessoas em altas posições que acham difícil ser espontâneas. Vivem suas vidas segundo uma fórmula rígida, sem perceberem os absurdos que cegamente observam. Os democratas e os republicanos apoiam as declarações dos líderes máximos do partido e votam conforme a linha deste. Os membros do gabinete governamental que falam espontânea e honestamente são, muito frequentemente, ex-membros do gabinete. O raciocínio independente é desencorajado e há diretrizes oficiais sobre a maneira pela qual se deve pensar e falar. Homens que só dizem sim não são espontâneos. Temem desesperadamente o desconhecido, enquadram-se, fazem o que lhes dizem para fazer. Nunca desafiam, mas aderem rigidamente ao que deles se espera. Onde fica você, nesse tipo de dimensão? Consegue ser você mesmo, nesse terreno? É capaz de tomar, espontaneamente, as avenidas que nem sempre conduzem a algo seguro?

Os rígidos nunca crescem. Tendem a fazer tudo da mesma forma que sempre fizeram. Um colega meu, que ministra cursos de graduação para professores, pergunta frequentemente aos antigos mestres, que passaram trinta anos ou mais nas salas de aula: "Você ensinou durante trinta anos, ou ensinou um mesmo ano, trinta vezes?" E você, caro leitor, viveu realmente dez mil dias ou mais, ou viveu só um dia dez mil vezes, ou mais que isso? É uma boa pergunta para fazer a si mesmo, ao esforçar-se no sentido de obter mais espontaneidade em sua vida.

Preconceito e rigidez

A rigidez é a base de todo preconceito, que quer dizer prejulgamento. O preconceito baseia-se menos no ódio ou mesmo na antipatia por certas pessoas, ideias ou atividades, do que no fato de que é mais fácil e mais seguro ficar com aquilo que se conhece. Ou seja, gente que é como você. Seus preconceitos parecem trabalhar para você, mantendo-o longe das pessoas, das coisas e das ideias que são desconhecidas e, potencialmente, complicadas. Mas, na realidade, eles trabalham contra você, porque o impedem de explorar o desconhecido. Ser espontâneo significa eliminar seus prejulgamentos e permitir a si mesmo o encontro e o câmbio com novas pessoas e ideias. Os próprios prejulgamentos são uma válvula de escape para evitar as regiões obscuras ou enigmáticas e impedir o desenvolvimento. Se você não confia em ninguém que não consegue "manobrar", na realidade isso significa que você não confia em si próprio em terreno desconhecido.

A armadilha de sempre dispor de um plano

Não existe isso que se chama de espontaneidade planejada. É uma contradição. Todos conhecemos pessoas que seguem pela vida com um mapa da estrada e uma lista, incapazes de variar um pouquinho que seja o plano original. Um plano não é, necessariamente, nocivo, mas apaixonar-se pelo plano é uma neurose. Você pode ter um plano de vida para o que vai fazer aos 25 anos, aos 30, aos 40, aos 50, aos 70 etc. e então simplesmente consulta sua agenda para ver onde deveria estar, em vez de tomar uma nova decisão cada dia e ter em si mesmo uma fé bastante forte a ponto de poder alterar o plano. Não deixe que o plano se torne maior do que você.

Henry era um cliente meu que tinha 20 e poucos anos e sofria da neurose de ter um plano, perdendo, em consequência, muitas oportunidades estimulantes em sua vida. Quando tinha 22 anos, ofereceram-lhe um emprego em outro estado. Ficou aterrorizado com a ideia da mudança. Conseguiria dar-se bem na Geórgia? Onde moraria? E seus pais e amigos? O medo do desconhecido literalmente imobilizou Henry, e ele recusou o que poderia ter sido uma oportunidade de progresso, de trabalho novo e estimulante e um ambiente completamente novo, para permanecer onde estava. Foi essa experiência que trouxe Henry à terapia. Ele sentiu que sua conformidade rígida a um plano o estava impedindo de desenvolver-se e, contudo, tinha medo de liberar-se e tentar algo novo. Depois de uma sessão exploratória, revelou-se que Henry era um verdadeiro maníaco por planos. Tomava sempre o mesmo café da manhã, planejava as roupas que ia vestir com dias de antecedência, tinha as gavetas dos armários arrumadas perfeitamente, as peças separadas por cores e tamanhos. Mais ainda, impunha seu plano à família também. Queria que os filhos conservassem as coisas em determinados lugares e que sua esposa seguisse um rígido conjunto de regras que ele estabelecera. Em resumo, Henry era uma pessoa muito infeliz, se bem que muito organizada. Não tinha criatividade, senso de renovação nem calor humano. Era, de fato, ele próprio um plano, sendo seu objetivo na vida pôr cada coisa em seu devido lugar. Com a orientação psicológica, Henry começou a tentar alguma forma de vida espontânea. Viu seus planos como meios de manipular os outros e como fugas convenientes ao desvio na direção do desconhecido arriscado. Logo afrouxou o controle exercido sobre a família e permitiu às pessoas que fossem diferentes daquilo que ele havia esperado que fossem. Depois de vários meses, Henry tomou a iniciativa de candidatar-se a um emprego, no qual seria exigido que viajasse com frequência. Aquilo mesmo que ele temera no princípio passara a ser desejado. Embora Henry não seja de modo algum uma pessoa completamente espontânea, conseguiu, efetivamente, desafiar parte do raciocínio neurótico que apoiava sua planejada existência anterior. Continua esforçando-se diariamente e aprendendo a gostar da vida, em vez de vivê-la sob a forma de um ritual.

Segurança: variedades internas e externas

Há muito tempo você aprendeu na escola como escrever uma redação ou um ensaio. Ensinaram-lhe que precisava de uma boa introdução, um desenvolvimento bem-organizado e uma conclusão. Infelizmente, talvez você tenha aplicado a mesma lógica a sua vida e passado a ver o problema de viver como sendo uma redação. A introdução foi sua infância, na qual foi preparando-se para ser uma pessoa. O desenvolvimento é sua vida adulta, que é organizada e planejada, antecedendo a sua conclusão, que é a aposentadoria e o final feliz. Todo esse conjunto de pensamento organizado o impede de viver seus momentos presentes. Viver de acordo com esse plano pressupõe uma garantia de que tudo correrá bem para sempre. Segurança, o plano final, é para cadáveres. Segurança quer dizer saber aquilo que vai acontecer. Segurança quer dizer ausência de excitação, de riscos, de desafio. Segurança quer dizer ausência de crescimento, e ausência de crescimento significa morte. Além disso, segurança é um mito. Enquanto você for um ser vivente sobre a Terra e o sistema permanecer o mesmo, você nunca poderá ter segurança. E mesmo que não fosse um mito, seria uma horrível maneira de viver. A certeza das coisas elimina a exaltaçao – e o desenvolvimento.

A palavra segurança, como a usamos aqui, refere-se às garantias externas, à posse de coisas como dinheiro, uma casa e um carro, aos baluartes representados pelo emprego ou à posição na comunidade. Mas há uma espécie diferente de segurança que vale a pena perseguir, e essa é a segurança interior de confiar em si mesmo para enfrentar qualquer coisa que desça montanha abaixo. Essa é a única segurança duradoura, a única segurança real. As coisas podem desmoronar, uma depressão pode carregar o seu dinheiro, sua casa pode ser tomada, mas você, você pode permanecer uma rocha de autoestima. Pode acreditar tanto em si mesmo e em sua força interior que as coisas, ou as outras pessoas, serão encaradas apenas como acessórios agradáveis, mas supérfluos, em sua vida.

Tente este pequeno exercício. Imagine que agora mesmo, neste momento, enquanto está lendo este livro, alguém se jogasse sobre você, lhe tirasse toda a roupa e o carregasse num helicóptero. Sem aviso, sem dinheiro, nada, a não ser você mesmo. Imagine que fosse levado até o meio da China e que o deixasse cair num campo. Você se veria diante de uma nova língua, novos hábitos, novo clima e tudo que você tem seria a sua pessoa. Sobreviveria ou seria destruído? Seria capaz de fazer amigos, conseguir comida, abrigo e tudo mais, ou simplesmente ficaria lá caído, gemendo sobre o quanto é infeliz por tal catástrofe ter se abatido sobre você? Se precisa de segurança externa, iria perecer, porque todos os seus bens lhe foram retirados. Mas, se tem segurança interior e não receia o desconhecido, então sobreviveria. Portanto, a segurança pode ser definida outra vez como sendo o conhecimento que você tem de que pode controlar qualquer coisa, inclusive a falta de segurança exterior. Não se deixe enredar por essa espécie de segurança exterior, pois ela o priva de sua capacidade de viver, crescer e realizar-se. Lance um olhar para as pessoas sem segurança externa, gente que não tem tudo mapeado. Talvez estejam bem mais preparadas, pois pelo menos podem tentar coisas novas e evitar a armadilha de sempre ter que ficar do lado seguro.

James Kavanaugh, em sua obra *Will You Be My Friend?*, escreve expressivamente sobre segurança, em seu pequeno poema chamado "Some Day": ("Algum dia")

> Algum dia vou sair andando
> E serei livre
> E deixarei as pessoas estéreis
> Com sua segura esterilidade.
> Partirei sem deixar o novo endereço
> E atravessarei alguma selva desolada
> Na qual deixarei ficar o mundo.
> Depois sairei andando livre de cuidados
> Como um Atlas desempregado.

A realização como segurança

Mas o "sair andando" para "ser livre", como diz Kavanaugh, é difícil, enquanto você levar consigo a convicção de que precisa realizar algo. O medo do fracasso é, em nossa sociedade, um medo poderoso, inculcado na infância e muitas vezes carregado pela vida inteira.

Talvez você fique surpreso ouvindo isto, mas o fracasso não existe. É simplesmente a opinião de outra pessoa sobre a maneira como deveria ter sido praticado determinado ato. Desde que você acredite que nenhum ato precisa ser praticado da forma que foi determinada por outrem, então o fracasso torna-se impossível.

Pode haver, contudo, ocasiões em que você falha em alguma determinada tarefa, de acordo com seus próprios padrões. O importante, aqui, é não equacionar o ato em termos de sua autoestima. Não ter sucesso num esforço particular não significa fracassar como pessoa, mas simplesmente não ser bem-sucedido nessa prova em particular, nesse específico momento do presente.

Tente imaginar o uso do fracasso na descrição do comportamento de um animal. Pense num cachorro latindo durante 15 minutos e em alguém dizendo: "Ele realmente não late muito bem. Vou dar-lhe um conceito 'D'." Que absurdo! É impossível a um animal fracassar, porque não há dispositivo pelo qual possamos avaliar um comportamento natural. As aranhas tecem teias, não teias bem ou malsucedidas. Os gatos caçam ratos: se falham numa tentativa, simplesmente tentam outra vez. Não deitam e choram, lamentando-se por causa do rato que fugiu, nem têm um colapso nervoso porque fracassaram. O comportamento natural simplesmente é. Então, por que não aplicar a mesma lógica a seu próprio comportamento e libertar-se do medo do fracasso?

O impulso da realização deriva de três das mais autodestrutivas palavras de nossa cultura. Você as ouviu e usou milhares de vezes. Faça seu melhor! Essa é a pedra de toque da neurose da realização. Faça seu melhor em tudo que fizer. O que há de errado em fazer um medíocre passeio de bicicleta, ou sair para um giro regular pelo parque? Por que não pode haver algumas atividades em sua vida que você apenas cumpre, em vez de ter que desempenhá-las com o máximo de sua habilidade? A neurose do faça-seu-melhor pode impedi-lo de tentar novas atividades e de ter prazer nas antigas.

Em certa ocasião tratei uma estudante de 18 anos, chamada Louann, que estava imbuída da mania da realização. Era uma aluna classe A, e assim tinha sido desde que pusera os pés numa escola. Trabalhava longas horas tediosas em seus deveres escolares e, em resultado, não tinha tempo para ser gente. Era um verdadeiro computador de sabedoria livresca. E, contudo, era muito tímida com os rapazes, e nunca havia andado de mãos dadas, nem tido um encontro. Tinha desenvolvido um tique nervoso, que aparecia sempre que falava sobre esse aspecto de sua personalidade. Louann tinha posto toda a ênfase de seus esforços em ser uma estudante de sucesso, à custa de seu pleno desenvolvimento. Trabalhando no seu caso, perguntei-lhe o que era mais importante em sua vida: "O que você sabe, ou o que você sente?" Muito embora fosse a melhor aluna da classe, faltava-lhe paz interior e era, na realidade, muito infeliz. Começou a dar alguma importância a seus sentimentos e, pelo fato de ser uma excelente aprendiz, aplicou os mesmos padrões rigorosos à aprendizagem de novos comportamentos sociais, da mesma forma que fizera com seu trabalho escolar. A mãe de Louann telefonou-me um ano depois e disse que estava muito preocupada, porque a filha tinha tirado a primeira nota baixa de sua vida, numa classe de inglês para calouros na faculdade. Eu lhe disse que fizesse daquilo um grande acontecimento e que a levasse para jantar fora, celebrando o evento.

Perfeccionismo

Por que você tem que fazer tudo bem-feito? Quem está tomando nota disso para você? As famosas palavras de Winston Churchill sobre o perfeccionismo mostram com precisão quão imobilizante pode ser a busca constante do sucesso:

> A máxima "nada conta, senão a perfeição" pode soletrar-se como P-A-R-A-L-I-S-I-A.

Você pode paralisar a si mesmo com a tolice perfeccionista do faça-seu-melhor. Talvez você possa destinar-se algumas áreas significativas de sua vida nas quais realmente deseje fazer o melhor. Mas na grande maioria das atividades, fazer o melhor, ou mesmo fazer bem, representa um obstáculo para realizar coisas. Não deixe que o perfeccionismo o mantenha de lado, evitando atividades potencialmente agradáveis. Tente mudar o "Faça-seu-melhor" por "Faça", simplesmente.

Perfeição significa imobilidade. Se você criou padrões perfeitos para si, então nunca tentará coisa alguma e não fará muita coisa, porque a perfeição não é um conceito que se aplique a seres humanos. Deus pode ser perfeito, mas você, sendo uma pessoa, não precisa aplicar esses padrões ridículos a si mesmo e a seu comportamento.

Se você tem filhos, não cultive paralisia e ressentimento insistindo que eles façam o melhor. Em vez disso, converse com eles sobre as coisas de que eles parecem gostar mais e, talvez, possa dar-lhes algum estímulo para que se esforcem mais nessas áreas. Mas, em outras atividades, fazer é muito mais importante que ser bem-sucedido. Ensine-os a jogar voleibol, em vez de ficarem sentados dizendo: "Não sou bom nisso." Encoraje-os a esquiar, ou a cantar, ou a desenhar, ou a dançar, ou a fazer qualquer coisa, pelo fato de quererem fazê-la, não para evitar algo apenas porque podem não se sair bem naquilo. Não se deveria ensinar ninguém a ser competitivo, a tentar ou mesmo a fazer bem alguma coisa. Em vez disso, tente ensinar as lições da autoestima, do orgulho e do prazer nas atividades que são importantes para o indivíduo.

É fácil ensinar a uma criança a feia mensagem do equacionamento de seu próprio valor em termos de seus fracassos. Consequentemente, ela começará a evitar as atividades em que não se sobressai. Ou pior, ela pode desenvolver hábitos de baixa autoestima, de busca por aprovação, de culpa e todos os comportamentos dos pontos fracos que acompanham o sentimento de autorrejeição.

Se você equaciona seu valor com seus fracassos e sucessos, estará fadado a sentimentos de inutilidade. Pense em Thomas Edison. Se ele tivesse usado o fracasso em qualquer empresa como uma indicação de sua própria autoestima, depois da primeira tentativa em que fracassou teria desistido de si próprio, declarado que era um fracasso e cessado seus esforços para iluminar o mundo. O insucesso pode ser instrutivo. Pode ser um incentivo à exploração e ao trabalho. Pode mesmo ser encarado como um êxito, se mostrar o caminho para novas descobertas. Como disse Kenneth Boulding:

Recentemente fiz uma revisão da sabedoria popular e um dos provérbios que criei é *Nada prejudica mais que o sucesso*, porque você não aprende nada com ele. A única coisa com a qual sempre aprendemos é o fracasso. O sucesso apenas confirma nossas superstições.

Pense nisso. Sem o insucesso, nada podemos aprender e, contudo, aprendemos a valorizar o êxito como o único padrão aceitável. Tendemos a nos esquivar de todas as experiências que possam acarretar fracassos. O medo do fracasso é uma grande parte do medo do desconhecido. Qualquer coisa que não estale logo como um sucesso garantido deve ser evitada. E o temor do fracasso significa tanto o medo do desconhecido quanto o da desaprovação que acompanha o fato de você não fazer o seu melhor.

Alguns comportamentos típicos do medo do desconhecido em nossa cultura

Já discutimos alguns comportamentos típicos gerados pelo medo do desconhecido. A resistência a novas experiências, a rigidez, o preconceito, a escravidão aos planos, a necessidade de segurança exterior, o medo do insucesso e o perfeccionismo são todos subtítulos dessa grande área de autolimitação. O que se segue é uma relação dos exemplos específicos mais comuns dessa categoria. Você pode usá-la para uma conferência de avaliação de seu próprio comportamento:

- Comer as mesmas espécies de comida durante a vida inteira. Evitar as delícias de novos e exóticos paladares em favor do tradicional, e usar descrições como: "Sou uma pessoa de bife com batatas" ou "Sempre peço galinha". Enquanto todo mundo tem certas preferências e predileções, o fato de evitar comidas desconhecidas não passa de rigidez. Há pessoas que nunca comeram taco, nunca foram a um restaurante grego ou indiano, simplesmente porque ficam no terreno familiar daquilo a que estão acostumadas. Deixar de lado o terreno familiar pode ser a descoberta de um mundo gastronômico absolutamente excitante.

- Usar eternamente o mesmo tipo de roupas. Nunca tentar um estilo novo, nem vestir algo diferente. Rotular-se como uma pessoa que se veste de modo "conservador" ou "exagerado" e nunca variar o estilo do vestuário.
- Ler os mesmos jornais e revistas que apoiam a mesma posição editorial dia após dia e nunca admitir um ponto de vista contrário. Num estudo recente, um leitor, cuja posição política era bem conhecida, foi solicitado a ler um editorial que começava com opinião idêntica à sua. No meio do editorial, o ponto de vista mudava, e uma câmera fotográfica oculta revelou que os olhos do leitor também se desviaram para outra parte da página. O rígido leitor dessa experiência não podia nem mesmo considerar a possibilidade de um ponto de vista diferente.
- Ver os mesmos filmes (com títulos diferentes) durante a vida. Recusar-se a ver alguma coisa que possa apoiar uma crença filosófica ou política diferente, porque o desconhecido é desconcertante e não deve ser admitido.
- Morar na mesma vizinhança, cidade ou estado, apenas porque seus pais e os pais deles um dia escolheram esses lugares. Ter medo de um novo local, porque as pessoas, o clima, a política, a língua, os hábitos e tudo mais são diferentes.
- Recusar-se a ouvir ideias de que você não partilha. Em vez de levar em conta o ponto de vista da outra pessoa que fala: "Ah, nunca pensei nisso" – você insiste imediatamente em que ela é louca ou mal-informada. Esse é um modo de evitar o que é diferente, ou desconhecido, pela recusa de se comunicar.
- Ter receio de tentar uma nova atividade porque não pode desempenhá-la bem: "Acho que não me sairia muito bem. Vou ficar só olhando."

- A compulsão dos resultados, na escola ou no trabalho. As notas sendo mais importantes do que tudo mais. O boletim de capacidade significando mais do que o prazer do trabalho bem-feito. O uso das recompensas pelo desempenho como substitutos da tentativa de alguma coisa nova e desconhecida. Permanecendo nas áreas seguras de investigação porque "Sei que posso conseguir a melhor nota", em vez de arriscar-se a uma nota baixa por tentar uma nova disciplina. Preferir o emprego seguro, no qual sabe que terá sucesso, em lugar de participar de uma nova competição e correr o risco de fracassar.
- Evitar quem quer que você rotule de diferente, inclusive os "invertidos", os "comunas", os "esquisitos", os "gringos", os "crioulos", os "carcamanos", os "crentes", os "hippies", os "judeus", os "chinas" e qualquer outro rotulado de forma humilhante, o que serve de proteção contra o medo daquilo que não é familiar. Em vez de procurar conhecer essas pessoas, você as rotula com um epíteto insultuoso e fala sobre elas, em vez de falar com elas.
- Conservar o mesmo trabalho, embora não goste, não porque precisa dele, mas porque tem medo de penetrar no vasto desconhecido que é um trabalho novo.
- Manter um casamento que evidentemente não funciona, por medo do desconhecido e de uma vida solitária. Você não pode se lembrar de como é a vida sem estar casado, de modo que não sabe em que se estaria envolvendo. É melhor ficar com o familiar desagradável, do que se aventurar num território novo, potencialmente solitário.
- Passar as férias no mesmo lugar, no mesmo hotel, na mesma estação, todos os anos. Nesse caso, você sabe o que esperar, não precisa se arriscar em lugares novos, que poderiam – ou não – oferecer experiências agradáveis.
- Usar o desempenho e não o prazer como critério para tudo aquilo que faz, isto é, fazer apenas as coisas que faz bem e evitar aquelas em que pode fracassar, ou fazer mal.

- Medir as coisas em termos de dinheiro. Se custa mais, vale mais e, portanto, indica seu sucesso pessoal. O que é conhecido pode ser medido em função de dólares, enquanto o desconhecido não pode ser financeiramente avaliado.
- Esforçar-se pelo título importante, pelos automóveis vistosos, as etiquetas famosas em suas roupas e outros símbolos de status, muito embora você nem mesmo goste das coisas em si, ou do estilo de vida que representam.
- Incapacidade para alterar um plano, quando uma alternativa interessante se apresenta. Se você se afastar do mapa que tem na cabeça, pode perder a direção e o seu lugar na vida.
- Preocupar-se com as horas e deixar que os relógios dirijam a sua vida. Viver conforme um programa que o impede de tentar os novos e desconhecidos componentes da vida. Usar sempre um relógio (mesmo ao ir para a cama) e ser controlado por ele. Dormir, comer e amar de acordo com o relógio, independente da fome, do cansaço ou do desejo.
- Eliminar certos tipos de atividade que nunca tentou, e que podem incluir coisas "esquisitas" como meditação, yoga, astrologia, gamão, ginástica isométrica ou qualquer coisa sobre a qual você nada sabe.
- Encarar o sexo sem imaginação. Fazer sempre a mesma coisa, na mesma posição. Nunca tentar algo novo e exótico, por ser diferente e, portanto, talvez inaceitável.
- Esconder-se atrás do mesmo grupo de amigos e nunca derivar na direção de gente diferente, que representa mundos novos e desconhecidos. Encontrar-se regularmente com o mesmo grupo e com ele permanecer a vida inteira.
- Numa recepção a que comparece com sua esposa ou namorada, permanecer com essa pessoa a noite inteira, não porque deseja isso, mas porque se sente seguro.
- Esquivar-se pelo receio do que poderia acontecer se se aventurasse numa conversação com gente estranha, sobre assuntos estranhos. Pensar que essas pessoas devam ser mais

inteligentes, talentosas, hábeis ou fluentes e usar isso como uma razão para evitar uma nova experiência.
- Condenar-se a si próprio, se não tiver sucesso em todos os seus esforços.

Esses são apenas uns poucos exemplos de comportamento doentio, engendrado pelo temor do desconhecido. Você poderá, provavelmente, fazer a sua própria lista, mas em vez de fazer listas, por que não começar a desafiar a razão pela qual deseja viver cada dia da mesma forma que o anterior, sem possibilidade de desenvolvimento?

O sistema de apoio psicológico para conservação desses comportamentos

Aqui estão algumas das razões comuns que o impedem de perambular pelo delicioso desconhecido:

- Se ficar sempre como está, você nunca terá que pensar por si mesmo. Se tem um bom plano, simplesmente consulta suas anotações, em vez de consultar sua inteligência.
- Esquivar-se do desconhecido tem suas compensações intrínsecas. O temor do obscuro é forte, e enquanto você continua com o que já conhece, mantém esse temor a distância, não importa quanto isso lhe custe em termos de realização e desenvolvimento. É mais seguro evitar as áreas não mapeadas. Pense em Colombo. Todo mundo lhe dizia que ele despencaria com sua caravela pela beirada do horizonte. É mais fácil ser um dos muitos que percorrem o terreno conhecido do que um explorador, que tudo arrisca. O desconhecido é um desafio e os desafios podem ser ameaçadores.
- Você pode dizer que está protelando sua satisfaçao, coisa que ouviu ser rotulada como "comportamento maduro", e assim permanecer com o que é familiar, justificando-se com essa

posição. Sendo assim, é "maduro" e "adulto" protelar, mas na realidade é só por pânico e apreensão que você continua a ser como é, e evita papéis desconhecidos.

- Você pode sentir-se importante por ter se saído bem. Foi um bom menino, ou uma boa menina. Enquanto visualizar as coisas em termos de fracasso ou sucesso, pode equacionar sua autoestima com seus bons desempenhos e sentir-se bem. Mas, nesse caso, a coisa certa é apenas a opinião oficial de uma outra pessoa.

Algumas estratégias para conseguir enfrentar o misterioso e o desconhecido

- Faça esforços especiais para tentar coisas novas, mesmo que seja tentado a ficar com o que é familiar. Por exemplo, num restaurante, peça um prato novo. Por quê? Porque seria diferente e você poderia gostar.
- Convide para ir a sua casa um grupo de pessoas que tenham pontos de vista amplamente divergentes. Misture-se com os desconhecidos, em vez de ficar com os seus conhecidos habituais, com os quais pode prever tudo que irá acontecer.
- Desista de ter uma razão para tudo que faz. Quando alguém lhe perguntar por quê, lembre-se de que você não tem obrigação de dispor de uma resposta razoável e que satisfaça o outro. Pode fazer o que decidir apenas porque assim deseja.
- Comece a assumir alguns riscos que o tirarão de sua rotina. Talvez umas férias não planejadas, sem reservas nem mapas, nas quais você confia apenas em si para lidar com o que quer que aconteça. Faça uma entrevista para um novo emprego, ou fale com alguém que andou evitando porque estava com medo de não saber o que poderia acontecer. Vá para o trabalho por um caminho novo, ou vá jantar à meia-noite. Por quê? Só porque é diferente e você quer fazer isso.

- Ocupe-se com uma fantasia, na qual você se permite ter qualquer coisa que deseje. Sem limitação alguma. Você dispõe de todo o dinheiro para fazer o que quiser, por um período de duas semanas. Vai descobrir que quase tudo que é arquitetado pela sua mente, na realidade, pode ser alcançado. Não se trata de querer a lua ou algo inatingível, mas apenas aquilo que pode conseguir, se eliminar o medo do desconhecido e for à procura.
- Corra um risco que possa envolver alguma confusão pessoal, mas que lhe seja intensamente compensador. Durante vários anos, um colega meu falara a seus alunos e clientes sobre a necessidade de tentarem o desconhecido em suas vidas. Mas, sob muitos aspectos, seu conselho era hipócrita, uma vez que ele permanecia na mesma universidade, fazia o mesmo trabalho de orientação e vivia o mesmo estilo confortável de vida. Declarava que qualquer um podia enfrentar situações novas e diferentes, mas continuava a viver o que lhe era familiar. Um dia, ele decidiu morar seis meses na Europa, porque sempre desejara fazer aquilo. Ministrou dois cursos num programa estrangeiro de graduação em psicologia educacional, e aprendeu de primeira mão (por experiência e não verbalmente) que podia enfrentar o duvidoso. Depois de três semanas na Alemanha, em razão de sua segurança interior, teve tantas oportunidades para orientar trabalhos de equipe, atender clientes e pronunciar conferências quantas teria tido em Nova York, onde se sentia à vontade em seu ambiente familiar. Mesmo num remoto vilarejo da Turquia, onde viveu durante dois meses, esteve mais ocupado do que em Nova York. Por fim, por experiência própria, ficou sabendo que podia ir a qualquer lugar, em qualquer tempo, e agir com eficiência, não em função de circunstâncias externas, mas porque podia enfrentar o desconhecido, da mesma forma como enfrentava aquilo que conhecia, com sua própria força interior e capacidade.

- Sempre que você estiver numa situação em que evita o desconhecido, pergunte a si próprio: "Qual é a pior coisa que poderia me acontecer?" Provavelmente descobrirá que os temores do desconhecido são desproporcionais à realidade das consequências.
- Tente fazer algo idiota, como ir descalço até o parque ou mergulhar despido. Tente algumas das coisas que sempre evitou porque "Nunca se deve fazer uma coisa dessas". Abra seus horizontes pessoais a novas experiências que antes evitou porque eram bobas e fúteis.
- Lembre-se de que o medo do fracasso é, muito frequentemente, o medo da desaprovação de alguém ou do ridículo. Se deixar que os outros tenham suas próprias opiniões, que nada têm a ver com você, pode começar a avaliar seu comportamento em seus próprios termos, e não nos dos outros. Acabará vendo suas capacidades não como melhores ou piores, mas apenas como diferentes das outras.
- Faça uma tentativa para realizar algumas das coisas que sempre evitou com a frase: "Não sirvo mesmo para isso." Você pode passar uma tarde inteira pintando um quadro e divertir-se a valer. Se o produto final for menos que uma obra-prima, você não fracassou, passou metade de um dia tendo prazer. Na parede da minha sala de estar há uma pintura que é esteticamente horrível. Cada pessoa que me visita comenta, ou evita a custo comentar, como é mesmo ruim aquela pintura. Embaixo, no canto esquerdo, estão escritas as palavras: "Ao senhor, Dr. Dyer, eu dou o que não é o meu melhor." Veio de uma antiga aluna que tinha evitado pintar toda a sua vida, porque havia muito tempo lhe ensinaram que era péssima naquilo. Ela passou um fim de semana pintando apenas para seu próprio prazer e o quadro é um dos presentes que mais prezo.
- Lembre-se de que os antônimos de crescer são monotonia e morte. Assim, você pode resolver-se a viver cada dia de uma

nova maneira, sendo espontâneo e vivo, ou pode temer o desconhecido e continuar o mesmo – psicologicamente morto.

- Converse com as pessoas de sua vida que você sente serem as maiores responsáveis pelo medo que tem do desconhecido. Declare, em termos precisos, que pretende fazer coisas novas e verifique as reações delas. Pode descobrir que a incredulidade que demonstram é uma das coisas que você sempre temeu no passado e que, como resultado, preferiu a imobilidade àqueles olhares desaprovadores. Agora que você é capaz de enfrentar os olhares, declare sua independência do controle delas.
- Em vez do "Faça seu melhor em tudo" como o credo para você e seus filhos, tente: "Escolha as coisas que são importantes para você e esforce-se muito por elas, e, quanto ao resto em sua vida, apenas faça." Está certo não fazer o seu melhor! De fato, toda a síndrome do "Faça seu melhor" é um mito. Você nunca faz absolutamente o melhor que pode, nem ninguém faz isso. Sempre há margem para aperfeiçoamento, uma vez que a perfeição não é um atributo humano.
- Não deixe que suas convicções o mantenham estagnado. Acreditar em algo em razão da experiência do passado e apegar-se a essa crença é um meio de evitar a realidade. Só há o que existe agora, e a verdade do presente pode não ser a verdade do passado. Avalie seu comportamento não por aquilo em que você crê, mas pelo que você é e pelo que está experimentando no presente. Permitindo a si mesmo a experiência, em vez de colorir sua realidade com crenças, você descobrirá que o desconhecido é um lugar fantástico para se estar.
- Lembre-se, nada humano lhe é alheio. Você pode ser o que escolher ser. Grave isso em sua mente e lembre-se disso quando voltar a seu comportamento evasivo, tipicamente seguro.
- Fique atento ao fato de que evita o desconhecido, quando estiver fazendo isso. Nesse momento, comece um diálogo consigo mesmo e diga-se que tudo bem não saber para onde

vai a cada momento de sua vida. A consciência da rotina é o primeiro passo para mudá-la.

- Fracasse deliberadamente em alguma coisa. Você realmente se reduz como pessoa por perder um jogo de tênis ou pintar um mau quadro, ou é ainda um indivíduo valioso que apenas se divertiu com alguma atividade agradável?
- Converse com um membro de um grupo que tenha evitado no passado. Logo descobrirá que seus preconceitos, quando desafiados por você, o estão mantendo estagnado e desinteressante. Se você prejulga alguém, está impedindo a si mesmo de lidar honestamente com essa pessoa, visto que seu ponto de vista já foi estabelecido. Quanto mais gente diferente você encontra, mais provavelmente observará para si mesmo o quanto esteve perdendo e como foram tolos os seus receios. Com essa maneira de ver as coisas, o desconhecido se transformará numa área de exploração cada vez maior, em vez de ser algo a evitar.

Algumas reflexões finais sobre o temor do desconhecido

As sugestões precedentes representam algumas maneiras construtivas de lutar contra o medo do desconhecido. O processo todo começa com novas perspectivas quanto a seu comportamento de fuga, seguidas de ativos desafios a seu velho comportamento e do movimento em novas direções. Imagine só se os grandes inventores ou exploradores do passado tivessem temido o desconhecido. Toda a população do mundo ainda habitaria o vale do Tigre e do Eufrates. No desconhecido é que reside o progresso, tanto para a civilização quanto para o indivíduo.

Pense numa estrada com uma bifurcação. Numa direção está a segurança, na outra, o grande desconhecido não mapeado. Que caminho tomaria você?

Robert Frost respondeu a essa pergunta, em *The Road Not Taken*:

> Duas estradas separavam-se na floresta e eu –
> Eu escolhi a menos percorrida,
> E isso fez toda a diferença.

A escolha é sua. Seu ponto fraco do medo do desconhecido está esperando para ser substituído por novas atividades estimulantes, que trarão prazer a sua vida. Você não precisa saber para onde está indo – desde que esteja no seu caminho.

7
Rompendo a barreira das convenções

Não há regras, leis ou tradições que tenham aplicação universal... inclusive esta.

O mundo está cheio de "deveria" que as pessoas aplicam a seu comportamento sem avaliação, e o total desses "deveria" constitui um ponto fraco muito grande. Você pode ser guiado por um conjunto de regras e princípios que nem mesmo subscreve e, contudo, é incapaz de romper com eles e decidir por si mesmo o que funciona e o que não funciona para você.

Nada é absoluto. Não há regras ou leis que sempre façam sentido, ou que forneçam a maior quantidade de bem em todas as ocasiões. A flexibilidade é uma virtude muito maior e, no entanto, você pode achar difícil, na verdade impossível, quebrar uma tradição absurda. O enquadramento em sua sociedade ou meio cultural pode ser útil, às vezes, para se conseguir as coisas, mas levado ao extremo pode tornar-se uma neurose, especialmente quando a infelicidade, a depressão e a angústia são as consequências que você tem por obedecer aos "deveria".

Em momento algum, nem de forma alguma, está sendo sugerido que você se torne uma pessoa que despreze a lei, ou que infrinja as regras simplesmente porque acha que é isso que deve fazer. As leis são necessárias e a ordem é parte importante da sociedade civilizada. Mas a observância cega da convenção é algo inteiramente diferente. Na realidade, é uma coisa que pode ser bem mais destrutiva para o indivíduo do que a violação das regras. Frequentemente, as regras são tolas e as tradições já não têm mais nenhum significado. Quando é esse o caso e você é incapaz de funcionar eficientemente porque deve seguir regras sem sentido, então é hora de reconsiderar as regras e o seu comportamento.

Como Abraham Lincoln disse uma vez: "Nunca dispus de uma política que pudesse aplicar sempre. Simplesmente tentei fazer o que, a cada momento, fosse capaz de ter o maior significado." Ele não era escravo de uma política única, que devesse ser aplicada a todo caso em particular, mesmo que tivesse sido estabelecida com esse objetivo.

Um "deveria" é doentio apenas quando interfere no comportamento sadio e eficaz. Se você se vê fazendo coisas entediantes ou, de outra maneira, contraproducentes, que sejam o resultado de um "deveria", é sinal de que renunciou à sua liberdade de escolha e está permitindo o controle de si próprio por alguma força exterior. Um exame mais detido desse controle interno *versus* controle externo de si próprio será útil, antes de continuarmos a investigar esses errôneos imperativos que podem congestionar sua vida.

Área interna e área externa de controle

Já foi avaliado em bons 75 por cento o percentual de gente, em nossa cultura, mais orientada externa que internamente em sua personalidade. Isso quer dizer que as chances de que você se enquadre nessa categoria são maiores do que o contrário. Que significa ser "externo" em sua área de controle? Você é externo, essencialmente, se atribui a responsabilidade por seu estado emocional, em seus momentos presentes, a alguém ou alguma coisa fora de si próprio. Assim, se lhe fosse feita a pergunta: "Por que se sente mal?" e você respondesse com coisas como: "Meus pais me tratam mal", "Ela me ofendeu", "Meus amigos não gostam de mim", "Não tenho sorte" ou "É que as coisas não estão indo bem", estaria situado na categoria dos externos. Em contraposição, se lhe perguntassem por que está tão feliz e você respondesse: "Meus amigos me tratam bem", "Minha sorte mudou", "Ninguém me aborrece" ou "Ela veio me procurar", você ainda estaria colocado nessa disposição externa, atribuindo a responsabilidade pelo que sente a alguém ou alguma coisa situada fora de você.

A pessoa cuja área de controle é interna coloca a responsabilidade pelo que sente inteiramente em seus próprios ombros e é, de fato, uma pessoa rara em nossa cultura. Quando lhe fazem aquelas mesmas perguntas, responde com explicações internamente orientadas, tais como: "Digo a mim mesmo as coisas erradas", "Dou demasiada importância ao que os outros dizem", "Preocupo-me com o que os outros pensam", "Não sou bastante forte agora para evitar me sentir infeliz" e "Não tenho habilidade suficiente para me impedir de sofrer". Da mesma forma, quando a pessoa que dispõe de controle interno se sente bem, responde com diretas referências ao "eu", como por exemplo: "Eu me esforcei muito para ser feliz", "Eu fiz com que tudo trabalhasse a meu favor", "Eu digo a mim mesmo as coisas corretas", "Eu me encarrego de mim mesmo e foi aqui que escolhi ficar". Assim sendo, você tem ¼ das pessoas assumindo a responsabilidade por seus próprios sentimentos, e ¾ pondo a culpa em fontes exteriores. Onde você se encaixa? Praticamente, todas as tradições e todos os "deveria" são impostos por fontes exteriores, isto é, derivam de alguém ou de alguma coisa situada fora de você. Se você está carregado de "deveria" e é incapaz de romper com as convenções estabelecidas pelos outros, então está no pacote externo.

Um excelente exemplo desse tipo de raciocínio dirigido pelo exterior é uma cliente de quem cuidei recentemente. Vamos chamá-la de Bárbara. Sua queixa maior era um problema de obesidade, mas havia também uma porção de queixas menores. Quando começamos a discutir seu problema de peso, ela disse que sempre tivera peso em excesso porque tinha um problema de metabolismo e também porque, quando era criança, a mãe a obrigava a comer. O padrão de comer demais continuava agora, disse ela, porque o marido não lhe dava importância e os filhos não tinham consideração por ela. Tinha tentado tudo, lamentava-se – os Vigilantes do Peso, pílulas, uma porção de médicos e nutricionistas e até astrologia. A terapia seria seu último recurso. Se eu não pudesse fazê-la perder peso, disse, ninguém mais poderia.

Enquanto Bárbara contava sua história – e expunha seu próprio dilema –, ia ficando evidente por que ela não conseguia perder os quilos não desejados. Tudo e todos conspiravam contra ela – a mãe, o marido, os filhos, mesmo seu próprio corpo e até as estrelas. Os Vigilantes do Peso e os nutricionistas talvez fossem capazes de ajudar almas menos aflitas, mas no caso de Bárbara os fatores contra eram grandes demais.

Bárbara era um exemplo clássico de raciocínio externo. Eram sua mãe, seu marido, seus filhos e alguma parte incontrolável de seu próprio corpo que a tornavam gorda. O fato nada tinha a ver com as escolhas que ela própria fazia quanto a comer, ou a comer demais certo tipo de alimento, em determinadas ocasiões. Mais ainda, seus esforços para melhorar a situação eram tão dirigidos para o exterior quanto sua percepção do problema em si. Em vez de reconhecer que havia escolhido comer demais no passado e precisaria aprender a fazer novas escolhas se desejasse perder peso, Bárbara voltava-se para outras pessoas e coisas – as convenções aceitas pela sociedade para perda de peso. Quando todos os seus amigos foram para os Vigilantes do Peso, Bárbara foi. Cada vez que uma amiga descobria um novo médico especializado em dieta, Bárbara a seguia, procurando ajuda.

Depois de várias semanas de terapia, Bárbara começou a reconhecer que sua infelicidade e suas queixas eram resultado de suas próprias escolhas, não das ações dos outros. Começou reconhecendo que simplesmente comia demais, muitas vezes mais do que realmente desejava, e que não fazia exercício suficiente. Sua primeira decisão foi mudar os hábitos alimentares mediante pura autodisciplina. Ela podia manipular sua própria mente, e da próxima vez em que sentiu fome resolveu premiar-se com pensamentos sobre sua força interior, e não com um biscoito. Em vez de culpar o marido e os filhos por tratarem-na mal e a conduzirem à comida, começou a ver que tinha feito o papel de mártir durante anos, praticamente pedindo-lhes que a explorassem. Uma vez que Bárbara começou a exigir que a tratassem bem, descobriu que sua família não desejava outra coisa senão tratá-la assim e, em lugar de procurar conforto na comida, ela achou satisfação no relacionamento baseado no amor e no respeito mútuo.

Bárbara havia decidido até mesmo ficar menos tempo na companhia da mãe, a quem encarava como alguém que dirigia sua vida e a arruinava com quantidades exageradas de comida. Uma vez que conseguiu perceber que sua mãe não a controlava, e que podia ir vê-la quando decidisse, e não quando a mãe lhe dissesse que "deveria" ir e, também, que não era obrigada a comer determinado pedaço de bolo de chocolate só porque a mãe lhe dizia que comesse, Bárbara começou a ter prazer, em vez de ressentir-se, com o tempo que passavam juntas.

Por fim, Bárbara percebeu que a terapia nada tinha a ver com coisa alguma exterior a ela. Eu não poderia mudá-la. Ela é que tinha que modificar a si própria. Levou tempo, mas gradualmente, com esforço, Bárbara substituiu seus "deveria" exteriores por padrões interiores próprios. Agora, ela está não apenas mais magra, mas também mais feliz, e sabe que não é seu marido, nem seus filhos, nem a mãe, ou as estrelas, que a estão fazendo feliz. Sabe que é ela mesma, porque agora controla sua própria mente.

Os fatalistas, os deterministas e aqueles que acreditam na sorte pertencem ao grupo do exterior. Se você acredita que sua vida está traçada para você antecipadamente e que só precisa seguir os caminhos apropriados, então muito provavelmente está carregado com todos os "deveria" que o manterão preso ao seu mapa.

Você nunca poderá encontrar a autorrealização se persistir em deixar-se controlar por forças exteriores, ou se persistir acreditando que é controlado por tais forças. Ser uma pessoa expressiva não significa eliminar todos os problemas de sua vida. Significa transferir sua área de controle do exterior para o interior. Dessa forma, você se torna responsável por tudo aquilo que experimenta, emocionalmente. Você não é um robô, vivendo a vida num labirinto, cheio de normas e regulamentos estabelecidos pelos outros e que para você nem mesmo fazem sentido. Você pode encarar essas "regras" com mais severidade e começar a exercer algum controle interior sobre seu próprio raciocínio, seus sentimentos e comportamentos.

A culpa e o culto do herói: Extremos opostos do mesmo comportamento dirigido pelo exterior

A culpa é um instrumento cômodo que você pode usar sempre que não quiser assumir a responsabilidade por determinada coisa em sua vida. É a salvação da pessoa dirigida pelo exterior.

Toda culpa é uma perda de tempo. Não importam as falhas que você encontre em outra pessoa, apesar do muito que possa culpá-la, isso não mudará você. A única coisa que a culpa faz é manter o foco longe de você, quando estiver procurando razões exteriores para explicar sua infelicidade ou frustração. Mas a culpa, em si, é um ato tolo. Mesmo que tenha algum efeito, não será sobre você. Você pode conseguir fazer alguém se sentir responsável ao culpá-lo, mas não conseguirá mudar aquilo que faz você sentir-se infeliz. Você pode conseguir não pensar nisso, mas não vai conseguir mudar nada.

A tendência para transferir o foco para os outros pode ir até o extremo oposto, onde emerge sob a forma de culto do herói. Nesse caso, você pode descobrir-se observando os outros, para determinação de seus valores. Se Fulano faz isso, então eu também devo fazer. O culto do herói é uma forma de autorrepúdio. Torna os outros mais importantes que você e relaciona sua autorrealização com alguma coisa situada fora de você mesmo. Embora nada haja de autodestruidor em apreciar os outros e aquilo que realizam, essa atitude torna-se um ponto fraco quando você modela seu próprio comportamento pelos padrões dessas pessoas.

Todos os seus heróis são gente. São todos humanos. Fazem as mesmas coisas que você faz todos os dias. Sentem coceira nos mesmos lugares que você, têm mau hálito pela manhã, como você tem. (O único herói que vale a pena é um sanduíche de presunto com queijo, ou talvez uma berinjela à parmegiana.) Todos significam desperdício de seus esforços.

Todos os grandes heróis de sua vida nada lhe ensinaram e não são melhores do que você, em sentido algum. Políticos, atores, atletas, astros do rock, seu patrão, seu analista, seu professor, sua esposa, ou seja lá quem for, são apenas pessoas competentes naquilo que fazem – nada mais. E se você faz deles seus heróis e os eleva a posições superiores à sua, então você está colocado naquele pacote externo, no qual se atribui aos outros a responsabilidade por aquilo de bom que se sente.

Se você culpa num extremo e cultua o herói no outro, você se coloca em algum ponto desta Linha de focalização nos outros:

Culto do herói

Culpa L.F.O.

Você se comporta como um tolo se procura fora de si a explicação para a maneira como deve se sentir ou para o que deve fazer. Ter o crédito, bem como a responsabilidade, por si próprio é o primeiro passo para a eliminação desse ponto fraco. Seja seu próprio herói. Quando se libertar do comportamento de culpa e de culto do herói, estará saindo do lado de fora e passando para o lado de dentro do livro de registro. E do lado de dentro não há "deveria" universal, quer para você, quer para os outros.

Armadilha do certo *versus* errado

A questão do certo *versus* o errado, como aqui se configura, nada tem a ver com os conceitos religiosos, filosóficos ou morais do que é certo ou errado. Isso é discussão para outro lugar. O assunto aqui é você, e como suas noções de certo ou errado interferem com sua felicidade pessoal. Seus certos e errados são seus "deveria" universais. Você pode ter adotado algumas posições nocivas, que incluem a conceituação de certo como bom ou justo, enquanto errado é equacionado em termos de mau e injusto. Isso é tolice. Certos e errados, nesse sentido, não existem. A palavra certo subentende uma garantia de que, se você faz alguma coisa de determinada maneira, terá resultados positivos. Mas não há garantias. Você pode começar a pensar que qualquer decisão traz como resultado algo diferente, ou mais eficaz, ou legal, mas, no momento em que a situação se torna uma questão de certo *versus* errado, você se prende na armadilha do "Tenho que estar sempre certo, e quando as coisas ou as pessoas não estão certas, então me sentirei infeliz".

Pode ser que a sua necessidade de encontrar a resposta certa tenha algo a ver com a procura de segurança, que discutimos no capítulo sobre o medo do desconhecido. Isso pode ser parte de sua tendência para a dicotomia, ou seja, para dividir o mundo exatamente em extremos, como branco/preto, sim/não, bom/mau e certo/errado. Poucas coisas cabem sem esforço nessas categorias e pessoas muito inteligentes vagam pelas zonas indefinidas, raramente acabando por repousar seja no preto, seja no branco. Essa inclinação para estar certo evidencia-se muito claramente no casamento e em outros relacionamentos adultos. As conversas inevitavelmente transformam-se em contestações, que resultam em um dos parceiros estando certo e o outro errado. Você ouve isso a toda hora: "Você sempre pensa que está com a razão" e "Você nunca vai admitir que está errado". Mas aqui não há certo nem errado. As pessoas são diferentes e veem as coisas de diferentes perspectivas. Se um tem que estar certo, então uma quebra da comunicação é o único resultado previsível.

A única saída dessa armadilha é parar de pensar por padrões de certo *versus* errado. Como expliquei a Clifford, que brigava com a esposa diariamente sobre todo e qualquer assunto: "Em vez de tentar convencer sua esposa de como ela está errada, por que não tratar apenas de assuntos em que você não encontre nenhum "deveria" para ela? Enquanto for permitido a ela diferir de você, estarão sendo eliminados os incessantes argumentos, com os quais você, teimosamente, embora sem sucesso, insiste em demonstrar que está certo." Clifford conseguiu deixar de lado essa necessidade neurótica, bem como instilar de novo um pouco de comunicação e amor em seu casamento. Todos os certos e errados de qualquer tipo representam casos de "deveria", de um tipo ou de outro. E esses "deveria" interpõem-se em seu caminho, especialmente quando entram em conflito com a necessidade de uma outra pessoa de igualmente se afirmar.

A indecisão como uma transferência do raciocínio em termos de certo *versus* errado

Certa vez perguntei a um cliente se tinha dificuldade em tomar uma decisão e ele disse: "Bem... sim e não." Talvez você tenha dificuldade para tomar decisões, mesmo em relação a pequenas questões. Isso é uma consequência direta da inclinação para dividir tudo nas categorias do certo e do errado. A indecisão resulta do desejo de estar certo e a protelação de uma escolha o livra de enfrentar a ansiedade que você desenvolve toda vez que acha que está errado. Desde que você elimine o caráter de certo e errado de cada decisão (porque o certo pressupõe uma garantia), então a tomada da decisão passará a ser uma coisa à toa. Se você está tentando decidir quanto à escola certa para frequentar, pode permanecer imobilizado para sempre, mesmo depois de ter tomado a decisão, porque talvez tal decisão não fosse a certa. Em vez disso, mude o processo para: "Não existe a escola certa. Se eu escolher A, então os resultados prováveis serão estes, enquanto B provavelmente traria aqueles." Nenhum deles é certo, um é apenas diferente do outro e você não terá garantias, independentemente da escolha da escola A, B ou C que frequentar. Da mesma forma, pode acalmar sua neurose de indecisão visualizando todas as consequências potenciais como não sendo nem certas nem erradas, nem boas nem más, ou mesmo nem melhores ou piores, mas apenas diferentes. Se você comprar uma roupa que lhe agrada, vai ficar com tal aparência, que é simplesmente diferente (e não melhor) da que tem usando outra. Uma vez que você desista dos imprecisos e autodestrutivos certos e errados, vai achar a tomada de decisões uma simples questão de analisar as consequências que você prefere em determinado momento. E se você escolher lamentar-se a propósito da decisão, em vez de assumir o fato de que isso é perda de tempo (porque o mantém vivendo no passado), resolva-se, simplesmente, a tomar uma decisão diferente no futuro, que resultará naquilo em que a decisão anterior deixou de resultar. Nunca tentando, porém, enquadrá-la numa classificação de certo ou errado.

Nada é mais importante do que qualquer outra coisa. A criança que coleciona conchas não está fazendo algo mais certo ou mais errado do que o presidente da General Motors ao tomar uma decisão para a empresa. As decisões são apenas diferentes, nada mais!

Você pode acreditar que as ideias erradas são más e não deveriam ser mencionadas, enquanto as boas ideias devem ser encorajadas. Talvez você diga a seus filhos, a seus amigos ou a sua esposa: "Não vale a pena dizer ou fazer isso, se não é a coisa certa que se diga ou faça." Mas é aí que está o perigo. Essa posição autoritária conduzirá ao totalitarismo, quando estendida a proporções nacionais ou internacionais. Quem decide sobre o caráter certo das coisas? Essa é a pergunta que nunca pode ser respondida satisfatoriamente. A lei não decide se a coisa é errada, apenas se é legal. Há mais de um século, John Stuart Mill, escrevendo *Sobre a liberdade*, proclamou:

> Nunca podemos estar certos de que a opinião que procuramos sufocar seja uma opinião falsa e, mesmo que tivéssemos certeza, o fato de sufocá-la ainda seria um mal.

Sua capacidade não é medida por sua habilidade em fazer a escolha certa. A maneira pela qual você se conduz emocionalmente após qualquer opção é um barômetro muito melhor de sua integridade pessoal no presente, uma vez que uma escolha certa representa aqueles "deveria" que você está se esforçando para eliminar. Um novo tipo de raciocínio será útil por dois motivos: você banirá os "deveria" que não têm sentido e se tornará mais interno e achará a tomada de decisões menos difícil, sem as errôneas categorias de certo e errado.

A loucura dos "deveria", dos "preciso" e dos "tenho que"

Há uma palavrinha exata, cunhada por Albert Ellis, para indicar a tendência a incorporar os "deveria" a sua vida: é *musterbation*. Você faz isso sempre que adota comportamentos por que sente que deve adotá-los, muito embora preferisse se comportar de outra forma. Karen Horney, a brilhante psiquiatra, dedicou um capítulo inteiro de *Neurosis and Human Growth* a esse assunto, intitulando-o "The Tyranny of the Should". Comenta ela:

> Os "deveria" produzem sempre um sentimento de esforço, que é tanto maior quanto mais a pessoa tenta atualizar os "deveria" em seu comportamento (...) Além disso, em razão das exteriorizações, os "deveria" sempre contribuem para *perturbar as relações humanas*, em um sentido ou em outro.

Os "deveria" têm muita influência na sua vida? Você acha que deveria ser bom para seus colegas, responsável em relação a sua esposa, um apoio para seus filhos e sempre trabalhar muito? E, se em algum momento, você falha em qualquer um desses "deveria", censura-se severamente, daí partindo para o esforço e a perturbação que Karen Horney menciona anteriormente? Mas talvez esses "deveria" não sejam seus. Se, na realidade, pertencem aos outros e você apenas os tomou emprestados, então você está praticando o "vício do ter que".

Há tantos "não deveria" quantos "deveria", aqueles incluindo: você não deveria ser grosseiro, zangado, tolo, idiota, infantil, depravado, triste, provocador e muitos outros mais. Mas não é imperativo que você pratique o "vício do ter que". Nunca. Está certo que lhe falte compostura, ou compreensão das coisas. Você pode ser indigno, se escolher ser assim. Ninguém está tomando nota de seu comportamento, nem vai puni-lo por não ser alguma coisa que uma outra pessoa disse que você precisava ser. Além disso, você nunca poderá ser por muito tempo alguém que não deseja ser. Isso simplesmente não é possível. Portanto, qualquer "deveria" acabará por produzir tensão sobre você, uma vez que não lhe será possível atender as suas próprias expectativas. A tensão não resulta de seu comportamento pouco distinto, irresponsável, indiscreto ou o que mais seja, mas da imposição do "deveria".

A etiqueta como exemplo de "deveria"

A etiqueta social é um belo exemplo de aculturação inútil e doentia. Pense em todas as regrinhas sem significado que você tem sido encorajado a adotar apenas porque autoras como Emily Post, Amy Vanderbilt, ou Abigail van Buren escreveram que deveriam ser observadas. Coma o milho na espiga desse jeito; sempre espere que o anfitrião comece, antes de comer; apresente o homem à mulher; num casamento, sente desse lado da igreja; dê tanto de gorjeta; vista isso; use tais palavras. Não consulte a si mesmo, veja no livro. Embora as boas maneiras sejam certamente convenientes – simplesmente traduzem a consideração pelos outros –, cerca de 90 por cento de todas as diretrizes de etiqueta social são regras sem significado, que em algum momento foram estabelecidas arbitrariamente. Não existe um comportamento que seja apropriado para você, mas apenas aquilo que você decide que lhe é conveniente – desde que isso não torne difícil a situação para os outros. Você pode escolher como apresentar uma pessoa a outra, quanto dará de gorjeta, o que vai vestir, o que vai dizer, onde se sentará, como vai comer e assim por diante, baseando-se estritamente naquilo que deseja. Cada vez que cair na armadilha do "O que *devo* vestir" ou "Como *devo* fazer isso", você estará entregando uma fatia de si mesmo. Não quero com isso insinuar que seja um rebelde social, o que seria uma forma de busca de aprovação por intermédio do não conformismo, mas, ao contrário, apelo para que você seja autodirigido, em vez de deixar-se conduzir por outros em cada detalhe de sua vida. "Ser verdadeiro consigo mesmo" significa livrar-se da necessidade de um sistema de apoio exterior.

Alguns dos atos mais desprezíveis do comportamento humano jamais registrados foram praticados sob o disfarce do cumprimento de ordens. Os nazistas executaram seis milhões de judeus e assassinaram e maltrataram incontáveis milhões de outras pessoas porque essa era a "Lei". Mais tarde, depois da guerra, a responsabilidade por tais atos de barbárie foi rapidamente transferida para o alto escalão da hierarquia nazista até que, por toda a Alemanha, as únicas pessoas responsabilizadas por esses crimes odiosos foram Hitler e seus principais asseclas. Todos os demais haviam apenas seguido as ordens e a lei do Terceiro Reich.

Há alguns anos, na comarca de Suffolk, em Nova York, um porta-voz do governo local explicou por que as pessoas que tinham pagado, por engano, taxas excessivamente altas em seus impostos prediais não poderiam ser reembolsadas: "A lei diz que as contas de impostos não podem ser recalculadas, uma vez que estejam pagas. É a lei. Não posso evitar isso. Meu trabalho consiste em fazer cumprir a lei, não em interpretá-la." Na verdade, em outra época e em outro lugar, ele teria dado em excelente carrasco. Mas você conhece este estribilho. Você o ouve todo dia: "Não pense, apenas obedeça às regras, mesmo que sejam absurdas."

Em piscinas, quadras de tênis e outros lugares públicos, cerca de metade das normas não tem sentido algum. Recentemente, numa noite quente, perguntei a um grupo de adolescentes, sentados em volta de uma piscina, sem dúvida ansiosos para entrarem na água, por que estavam passando o tempo na beirada da piscina vazia. Eles responderam que ela era destinada aos adultos das 18 às 20 horas. Aquela era a norma, e apesar de não haver adultos querendo usá-la, a regra ainda estava sendo obedecida. Nenhuma flexibilidade, nenhuma capacidade de alterar a regra quando as circunstâncias o permitissem, apenas a obediência cega a uma norma que, naquele momento, não tinha uma razão lógica. Quando eu os encorajei a ver se não seria possível mudar as regras, recebi um telefonema da administração dizendo-me que estava promovendo insurreição.

Um dos melhores exemplos da cega obediência às regras – não importa quão idiotas possam ser – pode ser encontrado no meio militar. Um colega meu conta um excelente caso desse tipo de mentalidade. Quando servia em Guam, no Pacífico Sul, ele ficou espantado pela disposição demonstrada por muitos soldados em cumprirem normas que eram obviamente absurdas. Era permitido aos oficiais sentarem-se em bancos vermelhos, que ficavam em áreas cobertas, e de lá assistir ao filme ao ar livre. Na sessão de meia-noite, à qual os oficiais nunca compareciam, havia um soldado encarregado de não permitir que outras pessoas se sentassem nos bancos vermelhos. Assim, todas as noites, um grupo de marinheiros sentava-se na chuva, e um de seus colegas vigiava uma porção de bancos vermelhos vazios, para assegurar que a regra fosse cumprida. Quando meu colega perguntou a razão de se obedecer a uma determinação tão absurda, recebeu a resposta padronizada: "Eu não crio as regras, apenas as faço cumprir."

Hermann Hesse disse em *Demian*:

> Aquele que acha mais cômodo não ter que pensar por si mesmo e não ser seu próprio juiz acaba por submeter-se às proibições vigentes. Mas há outros que sentem em si mesmos sua própria lei, e consideram proibidas certas coisas que os homens de bem perpetram a todo instante, permitindo outras sobre as quais recai uma geral interdição. Cada qual tem que responder por si mesmo.

Se você se sente obrigado a obedecer a todas as regras, durante todo o tempo, está destinado a uma vida de servidão emocional. Mas nossa cultura ensina que é mau desobedecer, que você não deve fazer nada que seja contrário às regras. O importante é determinar por si mesmo quais são as que funcionam e são necessárias para a preservação da ordem em nossa cultura e quais as que podem ser infringidas sem prejuízo para você nem para os outros. Não há lucro em rebelar-se apenas pela rebeldia em si, mas há grandes compensações em ser você mesmo e em viver sua vida de acordo com seus próprios padrões.

A resistência à aculturação e às tradições quando elas o afetam negativamente

O seu progresso e o do mundo dependem de homens pouco razoáveis, e não de pessoas que se adaptam à sociedade e aceitam tudo o que aparecer. O progresso depende dos indivíduos inovadores, que rejeitam a convenção e modelam seu próprio mundo. A fim de passar da rejeição para a ação, você precisará aprender a resistir à aculturação e às muitas pressões para se conformar. Para que possa funcionar completamente, a resistência à aculturação é fator quase essencial. Alguns poderão encará-lo como um insubordinado, preço que você pagará por pensar por si mesmo. Pode ser que o rotulem de diferente, egoísta ou rebelde, e que incorra na desaprovação de muita gente "normal" e, por vezes, caia no ostracismo. Algumas pessoas não verão com bons olhos sua resistência às normas. Você ouvirá o velho argumento: "Imaginem se cada um decidisse obedecer apenas as regras que desejasse? Que espécie de sociedade teríamos então?" A resposta simples a dar, naturalmente, será que nem todos farão isso! A capacidade da maioria das pessoas de aderir aos apoios externos e aos "deveria" não lhes permite assumir tal atitude.

Nada do que falamos aqui tem a ver com anarquia. Ninguém deseja destruir a sociedade, mas muitos de nós gostaríamos de dar ao indivíduo mais liberdade dentro dela, liberdade em relação aos "preciso" sem sentido e aos tolos "deveria."

Mesmo leis e regras sensatas não terão aplicação a todo tipo de circunstância. Estamos lutando pela opção, isto é, pela a capacidade de nos libertarmos da mentalidade escrava da constante observância dos "deveria". Você não tem que ser sempre como a sua cultura espera que seja. Se você se sente incapaz de agir de outro modo, então você está sendo um seguidor, um membro de um rebanho que permite que os outros determinem o seu caminho. A condução de sua vida envolve flexibilidade e constantes avaliações pessoais quanto ao bom funcionamento da regra no seu momento presente. Na verdade, frequentemente é mais fácil acompanhar, fazer cegamente aquilo que se diz que se faça; mas, uma vez que você reconheça que a lei existe para servir a você e não para fazer de você um escravo, pode começar a eliminar o comportamento do vício do "preciso" fazer.

Se você vai aprender a resistir à aculturação, deverá se tornar indiferente. Outros continuarão preferindo obedecer, mesmo que isso os prejudique, e você precisará aprender a deixar que eles façam sua escolha. Nenhum aborrecimento, apenas suas próprias convicções. Um colega meu estava na Marinha, destacado para um porta-aviões ancorado em São Francisco, na ocasião em que o presidente Eisenhower estava visitando o norte da Califórnia em uma missão política. Foi-lhes ordenado que formassem de maneira a escreverem, com seus corpos, as palavras EI, IKE, de modo que o presidente pudesse olhar para baixo, de seu helicóptero, e ler a mensagem. Meu amigo decidiu que a ideia era maluca e deliberou não fazer aquilo, porque a atitude entrava em conflito com o que acreditava. Mas em vez de promover uma revolta, simplesmente saiu de circulação durante a tarde e deixou que os demais participassem daquele ritual humilhante. Escapuliu da chance única de ser o pingo do i no EI. Não pretendeu desmerecer os que haviam feito outra escolha, não criou nenhuma disputa sem sentido, apenas encolheu os ombros e deixou que cada um fizesse o que quisesse.

A resistência à aculturação quer dizer tomar decisões pessoais e cumpri-las de modo tão eficiente e tranquilo quanto possível. Nada de carros-chefes, nem de demonstrações hostis, quando estes não poderão ter utilidade alguma. As regras, tradições e políticas inúteis nunca desaparecerão, mas você não precisa ser parte delas. Simplesmente encolha os ombros, enquanto os demais vão em frente, movendo-se como carneiros. Se desejam se comportar dessa maneira, ótimo para eles, mas não é o seu caso. Criar uma grande confusão é quase sempre o caminho mais certo para provocar ira e dar origem a mais obstáculos para a sua vida. Você descobrirá numerosas circunstâncias do dia a dia em que é mais fácil contornar as regras tranquilamente do que começar um movimento de protesto. Pode decidir ser a pessoa que deseja ser ou aquela que os outros desejam que seja. A decisão é sua.

Praticamente, todas as novas ideias que resultaram em modificação da nossa sociedade foram, em algum momento, escarnecidas, e muitas foram também ilegais. Todo o progresso envolve o desafio de velhas regras que já não têm aplicação. As pessoas ridicularizaram os Edisons, os Henry Fords, os Einsteins e os Irmãos Wright – até o dia em que eles tiveram sucesso. Você também enfrentará desprezo quando começar a resistir a políticas sem significado.

Alguns comportamentos típicos de "deveria"

A relação dos comportamentos de "tenho que" poderia encher um livro inteiro. Aqui está uma amostra dos exemplos mais comuns dessas ações, tal como vêm à tona em nossa cultura:

- Acreditar que há um lugar para tudo e que tudo deve ficar em seu lugar. A síndrome da organização significa que você não se sente confortável se as coisas não estiverem em sua localização adequada.

- Perguntar "O que devo vestir" constantemente, como se houvesse apenas uma forma adequada de se vestir, determinada pelas outras pessoas. Calças brancas e cores claras só são usadas no verão. A lã é *sempre* um tecido de inverno; e outros "deveria" "controlados pelas estações" que se infiltram em sua vida. (Na obra *Havaí*, James Michener descreve os naturais da Nova Inglaterra que chegaram ao clima tropical do Havaí e, ao começar o mês de outubro, embora a temperatura se mantivesse nos 30 graus, tiravam dos armários, como de hábito, as roupas de inverno e vestiam-se desconfortavelmente durante seis meses... Por quê? Porque esperava-se que assim o fizessem.) Ser escravo dos ditames dos críticos da moda e usar apenas "o que é *in*" porque, afinal de contas, você *tem que* estar enquadrado.
- Aceitar a noção de que certas bebidas devem ser tomadas com determinadas comidas. Vinho branco deve acompanhar peixe e caça. Vinho tinto só vai com carne bovina. Deixar-se aprisionar pelas regras estabelecidas por alguém sobre o que comer com o quê.
- Transferir a outros a culpa de suas ações. "Na verdade, a culpa é dela, foi ela quem nos atrasou." "Não me culpe, foi ele quem fez isso."
- Sentir-se obrigado a comparecer a um casamento ou mandar um presente, mesmo que não goste das pessoas. Simplesmente, não poder ignorar os convites, ainda que deseje fazer isso. Você não gosta de ter que comprar o presente, mas mesmo assim enfrenta o processo todo, porque é assim que se supõe que as coisas devam ser feitas. Da mesma forma, assistir a funerais aos quais preferiria não ir, mas aos quais comparece porque se espera que o faça. Obrigar-se a estar presente a essas ocasiões formais para mostrar que sente ou que respeita, ou que tem as emoções apropriadas.
- Comparecer a serviços religiosos de que não gosta e nos quais não acredita, porque essa é a atitude que se espera de você e você quer fazer o que é certo.

- Dar títulos às pessoas que trabalham para você, o que implicitamente os eleva a uma posição mais alta do que a sua. Como você chama o seu dentista? Se o chama de doutor, isso corresponde, na realidade, apenas a um título profissional? Você diz carpinteiro Jones, ou bombeiro Smith? Se o chama assim por uma questão de respeito à sua posição, o que o faz pensar que a posição dele é mais elevada que a sua? Se ele é pago para servi-lo, por que recebe um título, enquanto você é chamado pelo nome?
- Ir para a cama quando chega a hora, e não quando está cansado.
- Praticar sexo apenas de uma ou duas maneiras, porque essas são as únicas aceitáveis, ou só participar de atividades sexuais quando todas as condições forem favoráveis, como, por exemplo, quando as crianças estiverem dormindo, você não estiver cansado, o quarto estiver escuro, você estiver em sua própria cama e assim por diante.
- Escolher funções na vida diária porque a cultura assim o exige. As mulheres lavam os pratos, os homens despejam o lixo. Trabalho de casa é para mulher, trabalho externo é para o marido. Os meninos fazem isso, as meninas, aquilo.
- Obedecer a tolas regras domésticas e tradições que não funcionam para sua família, tais como pedir licença para deixar a mesa, comer à mesma hora que a família quando é inconveniente proceder assim, ou determinar horas de dormir que não têm nenhuma razão lógica.
- Seguir as determinações de todos os avisos, quer tenham sentido, quer não: Não falar! Proibida a entrada! Não fazer coisa alguma! Nunca desafiar um aviso, ou mesmo admitir que, para início de conversa, ele não deveria estar ali. As pessoas criam os avisos, mas também cometem enganos.
- Conservar por anos a fio as etiquetas dos colchões porque nelas se diz que não devem ser removidas, sob risco de punição legal.

- Sempre jantar no domingo com sua mãe, embora preferisse não ir. Afinal, é uma tradição, e mesmo que ninguém goste dela, inclusive sua mãe, você precisa preservar a tradição.
- Começar a ler um livro sempre pela primeira página e ler cada palavra até o fim, mesmo que metade delas não interesse. Terminar de ler um livro de que não está gostando porque já está na metade e, se leu a metade, precisa ler até o fim.
- Acreditar que mulheres nunca fazem convites aos homens. Afinal, esse é o papel masculino. Ou que não podem tomar a iniciativa de telefonar, de abrir a porta para um homem, de pagar a conta ou outras incontáveis e absurdas tradições que não servem a nenhum propósito real.
- Mandar cartões de festas e não gostar de fazer isso, mas fazer porque sempre fez e porque isso é esperado de você.
- Esforçar-se por obter boas notas na escola, ou obrigar seus filhos a fazerem isso. Aprender não para sua satisfação pessoal, mas pelos números que, finalmente, aparecerão nos registros.
- Perguntar sempre: "Ele(a) é a pessoa certa para mim?" e estar habitualmente confuso(a) na procura da pessoa certa.
- Ir a toda parte com seu parceiro, porque essa é a atitude esperada, muito embora ambos preferissem estar em lugares diferentes naquele momento.
- Consultar um guia para tudo, porque cada coisa deve ser feita de uma determinada maneira. Não ser capaz de distinguir entre os manuais que transmitem informação útil e aqueles que apenas lhe dizem como as coisas devem ser.
- Perguntar-se se é esse o vestido certo, o chapéu, o automóvel, a mobília, o molho de salada, o aperitivo, o livro, a escola, o trabalho etc.? Ficar ansioso ao procurar o item adequado e, em resultado, fazer parte do conjunto da dúvida e da indecisão.
- Atribuir aos prêmios, crachás, títulos, honrarias e todas as insígnias de mérito maior importância do que a sua própria avaliação daquilo que realiza.

- Dizer: "Eu nunca poderia ser tão grande quanto..."
- Aplaudir, da plateia, quando não gostou do desempenho.
- Dar gorjeta quando o serviço é ruim.
- Ter o comportamento de torcedor de clube, o qual fica louco por causa da vitória ou da derrota de seu time, vivendo artificialmente em função do bom ou do mau desempenho dos atletas.

Um exame das razões comuns do "vício do tenho que"

Algumas das razões que você tem para se apegar aos seus "deveria" estão detalhadas a seguir. Tais razões, como as que atuam em todos os pontos fracos, são principalmente autodestrutivas, mas, apesar disso, constituem em si mesmas determinado sistema de apoio.

- Você pode encontrar conforto em ser um "bom menino" ou uma "boa menina", seguindo todos os seus "deveria". Pode dar-se umas palmadinhas nas costas por ser obediente. Esse é um dividendo regressivo, através do qual você recua até um período anterior de desenvolvimento, quando era recompensado com aprovação cada vez que se comportava bem, o que significava depender de outro alguém para estabelecer suas regras de conduta.
- Sua obediência aos "deveria" exteriores permite-lhe atribuir a responsabilidade por sua situação aos "deveria", em vez de a si mesmo. Enquanto os "deveria" forem a razão lógica para o que você é (ou não é), pode evitar os riscos que estariam envolvidos em confiar em si próprio para mudar. Assim, seus "deveria" o impedem de crescer. Por exemplo, Marjorie tem na cabeça que sexo antes do casamento é um tabu. Ela tem 34 anos e, até agora, nunca teve uma experiência sexual, em função desse "deveria" que aprendeu.

Mas Marjorie não tem paz interior. Gostaria de ter uma relação sexual e, nesse campo, está muito pouco satisfeita consigo. Mais ainda, é possível que Marjorie nunca se case e o seu "deveria" (neste caso "não deveria") a terá impedido de desfrutar do sexo por toda a sua vida. Quando se vê confrontada com essa possibilidade, ela estremece diante da ideia, mas assim mesmo o seu "não deveria" ainda continua lá. Marjorie tem efeitos reveladores de seu "deveria". Ela é incapaz de permanecer durante a noite na mesma casa que seu namorado, com medo de ser julgada pelos outros. Assim, experimenta constantes inconvenientes, em decorrência de seus "deveria", tendo que voltar para a casa da mãe à noite. Apegando-se a eles, livra-se da arriscada tarefa de testar a si própria no assustador ato do envolvimento sexual. Mas sua resposta é sempre: "Eu não deveria fazer isso." Em resumo, seus "deveria" trabalham contra sua felicidade pessoal.

- Os seus "preciso" tornam possível que você manobre os outros. Ao dizer a alguém que essa é a maneira como determinada coisa deveria ser feita, você pode fazer com que a pessoa a faça da forma que você deseja que ela seja feita.
- É mais fácil manter um "deveria" quando lhe falta confiança em si mesmo. Enquanto a sua imagem pessoal se desvanece, o "deveria" torna-se o baluarte.
- Você pode permanecer farisaico quanto a seu comportamento e conservar sua hostilidade quando os outros não se enquadram nos "deveria" que você estabeleceu para si e para o restante do mundo. Desse jeito você se reforça em sua mente à custa de outros que não obedecem aos padrões das regras.
- Você pode conseguir aprovação pelo fato de conformar-se. Sente-se bem por enquadrar-se, que é o que toda vida lhe foi dito que *deveria* fazer. Aquela velha necessidade de procurar aprovação se insinua aqui também.

- Enquanto você transferir o foco para os outros e viver mediante os seus sucessos ou fracassos, não tem que trabalhar consigo mesmo. Ter heróis pode reforçar sua baixa estima e lhe permitir escapar do problema de ter que se esforçar. Enquanto os heróis puderem ser a causa de seus bons sentimentos, ou responsáveis pelos maus, não há razão para que você assuma tal responsabilidade. Seu valor próprio, nesse caso, é realmente o valor alheio e, por isso, é fugaz e transitório. Depende de todas essas grandes pessoas e da forma como vêm até você.

Algumas estratégias para a remoção de alguns de seus "deveria"

Em princípio, sua tarefa de limpeza dessa região envolve a aceitação de riscos, resolvendo ser diferente daquilo que lhe ensinaram como sendo apropriado, quando isso não funcionar em seu benefício. Aqui estão algumas táticas que serão úteis para libertá-lo de seus hábitos de "tenho que":

- Comece com uma visão de seu comportamento pessoal. Estude os dividendos neuróticos anteriormente descritos. Depois, pergunte a si mesmo por que razão está se sobrecarregando com tantos "deveria". Pergunte-se se realmente acredita neles, ou se apenas se acostumou a comportar-se dessa forma.
- Relacione todas as regras com as quais você se conforma e que simplesmente parecem não ter aplicação. Aqueles comportamentos convencionais estúpidos dos quais você se queixa, mas de que aparentemente não pode se esquivar. Depois, estabeleça suas próprias regras de conduta, que tenham para você o máximo de significação. Escreva-as, mesmo que, neste momento, não acredite que seja capaz de observá-las.

- Estabeleça suas próprias tradições. Por exemplo, se você sempre decorou sua árvore na véspera do Natal e se acha melhor fazer isso três dias antes, comece uma nova tradição natalina – uma tradição que tenha sentido para você.
- Promova um entendimento com seus parentes e amigos sobre as regras de conduta que todos vocês obedecem e das quais você não gosta. Talvez consiga estabelecer algumas novas regras que pareçam mais razoáveis a todos. Vai descobrir que as velhas normas ainda estão em uso apenas porque ninguém pensou seriamente em desafiá-las no passado.
- Mantenha um diário de internos e externos. Escreva como referências "externas" aquelas em que você atribui aos outros a responsabilidade por seus sentimentos. Veja se você pode transferir-se para o lado das "internas", mediante alguns novos atos de coragem. Mantenha um registro de seu sucesso em passar para o lado interno.
- Verifique quantas regras você impõe aos outros. Pergunte-lhes se de fato precisam de tais diretrizes, ou se se comportariam da mesma maneira sem elas. Talvez você venha a saber que poderiam contribuir com uma orientação mais eficiente e mais flexível.
- Assuma o risco de desafiar uma regra ou política que gostaria de eliminar. Mas esteja preparado para lidar, sem hostilidade, com as consequências de sua atitude. Por exemplo, se você sempre acreditou que uma mulher não deveria convidar um homem para sair e está sem programa para um fim de semana, telefone para um homem e veja o que acontece. Ou devolva uma peça de roupa defeituosa, mesmo que a norma seja *não se restitui o dinheiro*, e desafie essa prática para valer, jurando ir até a direção, se necessário. Não seja guiado por políticas alheias, cujo resultado final é você ser a vítima.
- Pense em decisões como tendo consequências diferentes, de preferência as tidas como certas ou erradas. Ao tomar de-

cisões, elimine a noção de certo e errado e diga que uma ou outra está OK, cada uma trazendo diferentes consequências. Confie em si mesmo para tomar a decisão, em lugar de pôr sua fé em algum tipo de garantia externa. Satisfaça a si próprio, em vez de observar um padrão exterior.

- Tente viver seus momentos presentes e faça com que suas normas e seus "deveria" apenas se apliquem a esse tempo. Em lugar de pressupor que os mesmos são universais, reconheça-os como tendo aplicação apenas ao presente.
- Recuse-se a partilhar com quem quer que seja seu comportamento destinado a romper com as regras. Ele é só para você, que não deseja se colocar numa posição de busca de aprovação, na qual a razão para resistir à aculturação é a conquista de atenção e, portanto, de adulação.
- Liberte-se dos papéis que você está aceitando representar na vida. Seja o que você quer ser, em vez do que pensa que deve ser pelo fato de ser homem, mulher, de meia-idade, ou seja lá o que for.
- Recuse-se, num determinado segmento de uma conversação, a focalizar-se nos outros. Pratique, por períodos cada vez mais longos, deixar de projetar censura, ou falar sobre uma outra pessoa, acontecimento ou ideia de maneira queixosa ou procurando achar defeito.
- Pare de esperar que os outros mudem. Pergunte-se por que os outros deveriam ser diferentes apenas porque isso lhe agradaria mais. Reconheça que cada pessoa tem o direito de ser o que escolher, mesmo que você se sinta irritado com isso.
- Prepare uma lista de censura, na qual você anotará, minuciosamente, tudo aquilo de que não gosta a seu respeito. Poderia ser algo assim:

Coisas de que não gosto a meu respeito e em minha vida	*A quem e a que cabe responsabilizar*
Sou gordo demais	Metabolismo, mãe, *fast food*, hereditariedade
Enxergo mal	Pais, avós, Deus, genética, trabalho caseiro
Sou péssimo em matemática	Professores do primário, irmã, genes matemáticos deficientes, mãe
Não tenho namorado/namorada	Sorte, fico nervoso(a), pais, não posso usar maquiagem
Sou alto demais	Genética, Deus, mãe
Sou infeliz	A economia, o índice Dow-Jones, divórcio, meus filhos me odeiam, doença
Meus seios são pequenos demais	Mãe, genética, sorte, não fui bem-nutrida na infância, Deus, Satã
Meu cabelo tem a cor errada	Indústria de cosméticos, hereditariedade, amiga, o sol
A situação do mundo me incomoda	Presidentes, radicalismos, a humanidade
Meus vizinhos não prestam	A vizinhança, "aquele tipo de gente", o planejamento urbano
Meus resultados no tênis	O vento, o sol, a rede é muito alta/baixa, as distrações, minhas câimbras, meu braço machucado, perna etc.
Não me sinto bem	Meu metabolismo, minha menstruação, meu médico, a comida, o calor, o frio, o vento, a chuva, o pólen, qualquer coisa

Some o total de suas censuras e veja se está diferente agora, depois que distribuiu apropriadamente a falha e a culpa por todas as pessoas e aspectos que são responsáveis pelos seus sentimentos. Isso não é incrível? Você ainda é a mesma pessoa. Quer culpe ou não, você permanece como é, a menos que *faça* algo construtivo para corrigir aquilo de que não gosta. Pode usar isto como um exercício de percepção da futilidade de atribuir culpa:

- Declare, em voz alta, que acabou de atribuir culpa e que está se esforçando para eliminar esse comportamento. Ao definir isso como uma meta, estará tomando consciência de suas inclinações nessa direção.
- Decida que toda e qualquer infelicidade que você escolha nunca será o resultado da ação de outra pessoa, mas, antes, será consequência de seu próprio comportamento. Lembre-se sempre de que qualquer infelicidade decorrente de causas externas reforça sua própria escravidão, desde que se pressuponha que você não tem controle sobre si mesmo ou sobre os outros, mas que os outros têm controle sobre você.
- Quando alguém o estiver censurando, pergunte-lhe polidamente: "Você gostaria de saber se quero ouvir o que está me dizendo agora?" Ou seja, ensine os outros a não usarem você como um receptáculo de censura, e comece a rotular as censuras e a mania que os outros têm de criticar, de modo que lhe fique fácil reconhecer o hábito em si próprio. Pode rotular isso de uma forma branda, tal como: "Você acabou de atribuir a George a responsabilidade pela maneira como se sente. Pensa mesmo que isso é verdade?" ou "Você vive dizendo que se ao menos a bolsa subisse, você seria mais feliz. Na verdade, você deixa que essas coisas controlem muito sua vida." O seu reconhecimento das censuras e dos "deveria" dos outros o ajudará a eliminar de sua vida o mesmo comportamento.
- Volte às listas dos "deveria" examinadas antes neste capítulo. Tente substituir esses velhos hábitos por algum comportamento novo e diferente – talvez um jantar tarde da noite, ou a mudança de sua posição sexual, uma roupa que lhe agrade. Comece a confiar em si e dê menos crédito a esses "preciso" exteriores.
- Lembre-se de que o que incomoda você não é o que as outras pessoas fazem, e sim sua reação a isso. Em vez de dizer: "Eles não deviam fazer isso", diga: "Queria saber por que me incomodo com o que eles estão fazendo."

Algumas reflexões finais sobre o comportamento do "deveria"

Ralph Waldo Emerson escreveu, em 1838, na obra *Literary Ethics*:

> Os homens moem e moem, no moinho de um truísmo, e nada resulta senão aquilo que lá foi posto. Mas no momento em que abandonam a tradição por um raciocínio espontâneo, então a poesia, a graça, a esperança, a virtude, a anedota inteligente, todas correm em auxílio deles.

Que pensamento bonito! Fique com a tradição e terá a certeza de ser sempre o mesmo, mas despreze-a e o mundo será seu, para usar tão criativamente quanto queira.

Torne-se o juiz de sua conduta e aprenda a depender de si mesmo para tomar decisões imediatas. Deixe de procurar uma resposta numa existência de regras e tradições. Entoe o seu próprio cântico de felicidade da maneira que você escolher, sem pensar em como se esperaria que ele fosse.

8
A armadilha da justiça

Se o mundo fosse organizado de forma que tudo tivesse de ser justo, nenhum ser vivo poderia sobreviver um dia sequer. Os pássaros seriam proibidos de comer os vermes e o interesse pessoal de cada um teria que ser atendido.

Somos condicionados a procurar justiça na vida e, quando ela não aparece, tendemos a sentir raiva, ansiedade ou frustração. Na verdade, seria igualmente produtivo procurar a fonte da juventude, ou algum mito semelhante. A justiça não existe. Nunca existiu, nem nunca existirá. O mundo, simplesmente, não funciona dessa maneira. Os tordos comem os vermes. Isso não é justo para os vermes. As aranhas comem moscas. Isso não é justo para as moscas. Os pumas matam coiotes. Os coiotes matam texugos. Os texugos matam ratos. Os ratos matam percevejos. Os percevejos... Você só precisa olhar a natureza para perceber que não há justiça no mundo. Furacões, inundações, macaréus, secas, tudo isso é injusto. É um conceito mitológico, essa história de justiça. O mundo e as pessoas que estão nele continuam sendo injustos a cada dia. Você pode escolher ser feliz ou infeliz, mas isso nada tem a ver com a falta de justiça que vê a seu redor.

Isso não representa uma visão amarga da humanidade e do mundo, mas sim uma descrição exata de como é o mundo. A justiça é simplesmente um conceito que quase não tem aplicabilidade, sobretudo naquilo que diz respeito a suas próprias escolhas de autorrealização e felicidade. Mas inúmeras pessoas tendem a exigir que a justiça seja parte inerente de nossas relações com as outras pessoas. "Isso não é justo." "Você não tem o direito de fazer isso, se eu não tenho" e "*Eu* faria isso com você?" Essas são frases que costumamos usar. Procuramos justiça e usamos a falta dela como justificativa para a infelicidade. A exigência de justiça não é um comportamento neurótico e só se transforma num ponto fraco quando você se pune com uma emoção negativa quando deixa de ver a evidência da justiça que tão futilmente exige. Nesse caso, o comportamento autodestruidor não é exigir justiça, mas a imobilização que pode resultar de uma realidade sem justiça.

Nossa cultura promete justiça. Os políticos referem-se a ela em todos os discursos de suas campanhas. "Precisamos de igualdade e justiça para todos." Contudo, dia após dia, século após século, a falta de justiça continua. Pobreza, guerra, moléstia, crime, prostituição, drogas e assassinatos persistem, geração após geração, na vida pública e privada. E, se se pode tomar como guia a história da humanidade, irão continuar.

A injustiça é constante, mas você, em sua nova e infinita sabedoria, pode decidir lutar contra essa injustiça e recusar-se a ser reduzido a um estado de imobilidade emocional por causa dela. Você pode esforçar-se ajudando a eliminar a injustiça e pode decidir que não será psicologicamente derrotado por ela.

O sistema legal promete justiça. "Os povos exigem justiça" e alguns deles realmente trabalham para que ela ocorra. Mas, em geral, a justiça não se dá. Os que têm dinheiro não são condenados. Os juízes e os policiais são frequentemente comprados pelos poderosos. Um presidente e um vice-presidente dos Estados Unidos são perdoados ou levam um tapinha na mão por delitos evidentes. Os pobres enchem as cadeias e não têm possibilidade alguma de vencer o sistema. Não é justo. Mas é verdade. Spiro Agnew fica mais rico depois de sonegar seu imposto de renda. Richard Nixon é isentado de culpa e seus puxa-sacos cumprem poucos meses de pena, em confinamento especial, enquanto os pobres e os membros de grupos minoritários apodrecem nas prisões, esperando julgamento, esperando uma chance. Uma visita a qualquer tribunal local ou delegacia de polícia provará que as pessoas de influência dispõem de um conjunto de regras especiais, embora isso seja incansavelmente negado pelas autoridades. Onde está a justiça? Em parte alguma! Sua decisão de lutar contra isso pode ser, de fato, algo admirável, mas sua escolha em se deixar aborrecer por isso é tão neurótica quanto a culpa, a busca de aprovação ou qualquer outro dos comportamentos autoflageladores que constituem seus pontos fracos.

"Isso não é justo!" – O estribilho das relações inúteis

A exigência de justiça pode penetrar seus relacionamentos pessoais e impedi-lo de se comunicar de forma útil com as outras pessoas. O estribilho do "Isso não é justo" é um dos mais comuns – e destruidores – lamentos feitos por uma pessoa contra outra. Para que você possa considerar algo injusto, terá que comparar a si próprio com outro indivíduo, ou com grupo de indivíduos. Sua disposição mental funciona mais ou menos assim: "Se eles podem fazer isso, eu também posso." "Não é justo que você tenha mais do que eu." "Mas eu não consegui fazer isso, por que é que você conseguiu?" E por aí vai. Nesse caso, você está determinando o que lhe convém com base na conduta de uma outra pessoa. Os outros, não você, estão encarregados de suas emoções. Se você se aborrece por não ser capaz de fazer algo que alguém mais fez, então você deu aos outros o controle sobre si. Sempre que se comparar a alguém, você estará fazendo o jogo do "Isso não é justo" e passando da autoconfiança para o raciocínio externo dirigido pelos outros.

Uma das minhas clientes, uma jovem e atraente mulher chamada Judy, é um bom exemplo desse raciocínio autodestrutivo. Judy queixava-se de seu casamento infeliz de cinco anos. Uma noite, na terapia, ela representou uma discussão conjugal para o grupo. Quando o jovem, que fazia o papel de seu marido, corretor de seguros, lhe disse alguma coisa desagradável, ela imediatamente reagiu com "Por que você disse isso? Eu nunca lhe digo coisas assim". Quando ele mencionou os dois filhos do casal, Judy disse: "Isso não é justo. Eu nunca incluo as crianças numa discussão." Quando o desenvolvimento de seus papéis os conduziu a um possível programa de diversão para a noite, o raciocínio de Judy foi, mais uma vez: "Isso não é justo. Você sai sempre, enquanto eu tenho que ficar em casa com as crianças."

Judy conduzia seu casamento como quem mantém um registro contábil. Um para você, um para mim. Tudo deve ser equitativo. Se eu ajo dessa maneira, você também deve agir assim. Não era de admirar que se sentisse magoada e ressentida a maior parte do tempo, pois ela estava mais interessada em corrigir injustiças imaginárias do que em avaliar e talvez melhorar seu casamento.

A procura de justiça de Judy era um beco sem saída neurótico. Ela avaliava o comportamento do marido à base de seu próprio comportamento, e sua felicidade à base do comportamento do marido. Se ela parasse com a incessante vigilância e começasse a perseguir as coisas que desejava sem ter que estar em débito em relação ao outro, então seu relacionamento melhoraria de forma significativa.

A justiça é um conceito exterior – uma forma de evitar encarregar-se de sua própria vida. Em vez de pensar em qualquer coisa como sendo injusta, você pode decidir quanto ao que realmente quer e então dedicar-se a planejar estratégias para atingi-lo, independentemente do que qualquer outra pessoa no mundo queira ou faça. O fato é que cada um é diferente do outro e nenhuma reclamação porque os outros têm coisas melhores do que você resultará em alguma mudança pessoal positiva. Você precisa eliminar as referências ao alheio e jogar fora os binóculos que focalizam aquilo que as demais pessoas fazem. Algumas trabalham menos e ganham mais dinheiro. Outros são promovidos por favoritismo, quando você tem a capacidade. Sua esposa e filhos continuarão a fazer tudo de modo diferente de você. Mas se você focalizar a si mesmo, em lugar de comparar-se com os outros, então não terá oportunidade de se aborrecer com a falta de equidade que observa. O pano de fundo para praticamente todas as neuroses consiste em fazer o comportamento dos outros mais significativo do que o seu. Se você vai levando as sentenças: "Se ele pode fazer isso, eu também devia poder", estará conduzindo sua vida segundo os termos de outra pessoa e nunca criará vida própria.

Ciúme: Exibição suplementar da "exigência de justiça"

John Dryden chamou o ciúme de "a icterícia da alma". Se seu ciúme se interpõe em seu caminho e cria qualquer soma de imobilidade emocional, então você pode estabelecer como meta a eliminação desse raciocínio inútil. O ciúme é, na realidade, a exigência de que alguém o ame de determinada maneira, com você dizendo "Isso não é justo" quando isso não acontece. Deriva de uma falta de confiança em si, simplesmente porque é uma atividade dirigida por outra pessoa. Permite que o comportamento dos outros seja a causa de seu desconforto emocional. As pessoas que realmente gostam de si mesmas não escolhem ter ciúmes, nem permitem a si próprias serem perturbadas quando alguém mais não age com justiça.

Você nunca pode prever como alguém a quem ama vai reagir diante de outro ser humano, mas se eles escolherem carinho e amor entre si, você só poderá sentir a imobilidade do ciúme se vir que as decisões deles têm algo a ver com você. A escolha é sua. Se um parceiro ama outra pessoa, não está sendo "injusto". Se você rotula a situação de "injusta", provavelmente vai acabar tentando descobrir por quê. Um exemplo perfeito é uma cliente minha, que ficou furiosa porque o marido tinha um caso. Ela ficou obcecada, tentando entender o porquê, e perguntava constantemente: "Onde foi que eu errei?", "Que há de errado comigo?", "Eu não era boa o bastante para ele?" e perguntas semelhantes, indicativas de falta de confiança em si. Helen pensava a cada momento na injustiça da infidelidade do marido e chegou mesmo a cogitar ter um caso também, como uma forma de contrabalançar as coisas. Chorava muito e oscilava entre a raiva e a tristeza.

O raciocínio de Helen que a leva à infelicidade decorre de seu desejo de justiça, que a sufoca nesse relacionamento. Transformou a escolha do marido, de se ocupar com sexo, na razão para o seu aborrecimento e, ao mesmo tempo, usou o comportamento dele como uma razão lógica para fazer algo que provavelmente desejava fazer havia muito tempo – mas que não fez porque não era justo. A insistência dela numa justiça estrita significaria que, se fosse ela a primeira a ter um caso, então o marido deveria fazer a represália. A condição emocional de Helen não melhorará até que ela se convença de que a decisão do marido foi tomada independentemente dela, e que ele podia ter um milhão de razões pessoais, todas elas sem relação com a esposa, para suas explorações sexuais. Talvez ele apenas quisesse fazer algo diferente, talvez amasse outra pessoa ou talvez desejasse provar a própria virilidade, ou afastar a velhice. Fosse qual fosse a razão, nada tinha a ver com Helen, que deveria ter visto o caso como um relacionamento entre duas pessoas e não contra ela. Apenas Helen teve de lidar com seu aborrecimento, e ela podia optar por continuar a ferir-se com o ciúme autoflagelador, perante o qual ela era menos importante que o marido ou a amante dele, ou reconhecer que o caso amoroso de uma outra pessoa nada tem a ver com o valor pessoal dela.

Alguns comportamentos típicos de "exigência de justiça"

O comportamento de "procura de equidade" é evidente, praticamente, em todas as áreas da vida. Se você é apenas um pouco perceptivo, poderá vê-lo aparecendo aqui e ali, em você mesmo e nos outros. Eis aqui alguns dos exemplos mais comuns desse comportamento:

- Queixar-se de que outros ganham mais dinheiro executando o mesmo trabalho.
- Dizer que não é justo que os artistas famosos ganhem os salários que ganham e aborrecer-se com isso.
- Irritar-se porque os outros nada sofrem com infrações, enquanto você sempre é apanhado. Desde os que correm em excesso nas autoestradas até o perdão de Nixon, você insiste em que a justiça deve prevalecer.
- Frases como: "Será que eu trataria você assim?", nas quais presume-se que todos são exatamente iguais a você.
- Sempre retribuir quando alguém lhe faz um favor. Se você me convida para jantar, então eu lhe devo pelo menos uma garrafa de vinho. Esse tipo de comportamento é frequentemente justificado como sendo de boas maneiras, ou polidez, mas na realidade significa simplesmente uma forma de manter equilibrados os pratos da balança da justiça.
- Retribuir o beijo de alguém, ou dizer: "Eu também gosto de você", em vez de aceitar o beijo e manifestar seus sentimentos na hora em que tiver vontade. O pressuposto é o de que não é justo ouvir: "Eu gosto de você" ou receber um beijo sem fazer uma retribuição.
- Praticar sexo com alguém por obrigação, muito embora você não queira, porque na realidade não é justo deixar de cooperar. Assim, você age por um sentimento de justiça, em vez de fazer aquilo que gostaria de fazer.

- Insistir em que as coisas tenham consistência. Lembre-se da frase de Emerson: "Uma tola consistência é o espantalho das pequenas mentalidades." Se você sempre quer que as coisas sejam "certas", está fazendo parte da categoria das "pequenas mentalidades".
- Numa discussão, insistir por uma decisão nítida, que exige que os vencedores estejam certos e que os perdedores admitam que estavam errados.
- Usar o argumento da justiça para conseguir aquilo que quer: "Você saiu noite passada, não é justo que eu fique em casa." E depois se aborrecer, em função da falta de justiça.
- Dizer que não é justo com as *crianças*, os *pais* ou os *vizinhos* e, em consequência, fazer coisas que preferiria não fazer e ficar ressentido com isso. Em vez de atribuir a confusão toda à falta de justiça, tente enfrentar sua própria inabilidade para decidir por si mesmo o que é mais apropriado para você.
- O jogo do: "Se ele pode fazer isso, eu também posso", no qual você justifica alguma coisa com o comportamento de uma outra pessoa. Essa pode ser a racionalização neurótica para enganar, roubar, flertar, mentir, atrasar-se ou qualquer coisa que você preferiria não admitir em seu próprio sistema de valores. Na estrada, cortar a frente de outro motorista porque ele fez isso com você, ou apressar-se para ultrapassar outro que esteja lento, para fazê-lo andar mais devagar ainda, porque ele também fez isso com você, ou deixar alta a luz dos faróis, porque os carros que vêm em direção contrária estão fazendo isso – literalmente arriscando sua vida porque seu senso de justiça foi violentado. Essa é a rotina do: "Ele me bateu, eu bato nele", largamente empregada pelas crianças, que viram esse comportamento milhares de vezes em seus próprios pais, e que é a causa da guerra, quando levada a seu ridículo extremo.
- Gastar num presente a mesma importância que outra pessoa gastou em um para você. Pagar cada favor com outro, de

valor igual. Manter equilibrada a folha da contabilidade, em vez de fazer aquilo que, na hipótese, você gostaria de fazer. Afinal, "É preciso que haja justiça".

E aí estão eles, numa breve excursão pela Via da Justiça, na qual você e aqueles que o cercam se sentem internamente perturbados – muitas vezes levemente, mas mesmo assim perturbados – em função da frase imprestável que guardam na cabeça, dizendo que as coisas devem ser justas.

Algumas das razões psicológicas para apegar-se às suas "exigências de justiça"

As compensações por esse tipo de comportamento são geralmente autodestrutivas, pelo fato de manterem o foco fora da realidade, dirigido para alguma espécie de mundo de sonho, que nunca vai existir. As razões mais comuns para a persistência do raciocínio e do comportamento envolvendo "exigência de justiça" são:

- Você pode se sentir satisfeito consigo mesmo por ser uma pessoa honrada. É uma maneira de se fazer sentir superior e melhor. Enquanto você insistir num sistema mitológico de justiça para todas as coisas, e tiver o cuidado de manter seu balanço contábil equilibrado, irá se apegar ao sentimento do "mais santo que você" e usará seus momentos presentes com presunção, em vez de viver uma vida útil.
- Você pode desistir de ser responsável por si mesmo e justificar sua imobilidade transferindo a responsabilidade para aquelas pessoas e acontecimentos que não são justos. Um bode expiatório para sua falta de habilidade de ser e sentir aquilo que escolher. Dessa maneira, você pode evitar os riscos e as mudanças. Enquanto a injustiça for a causa de seus problemas, você nunca poderá mudar até que ela seja eliminada, o que, naturalmente, nunca ocorrerá.

- A injustiça pode atrair para você atenção, piedade e autocomiseração. O mundo foi injusto com você e agora você e todo mundo em volta precisam ter pena de você. Essa é uma outra grande técnica para evitar a mudança. A atenção, a piedade e a autocomiseração são suas recompensas, e você as usa para se apoiar, em vez de assumir a responsabilidade de si mesmo e eliminar o comportamento comparativo.
- Você pode justificar todo tipo de comportamento imoral, ilegal e inconveniente, fazendo com que sua ação seja da responsabilidade de uma outra pessoa. Se ele pode fazer isso, eu também posso. Esse é um belo sistema de racionalização para qualquer comportamento.
- Essa atitude lhe fornece um sensacional álibi para ser inútil. "Se eles não vão fazer nada, então eu também não vou." Uma manobrazinha inteligente para justificar o fato de ser preguiçoso demais, de estar cansado demais ou demasiado assustado.
- Fornece-lhe assunto para conversação e ajuda-o a evitar falar sobre si mesmo com as pessoas que o cercam. Queixe-se de todas as injustiças do mundo e coisa nenhuma é realizada, mas pelo menos você matou esses momentos e talvez tenha escapado de lidar mais honesta e pessoalmente com cada um dos outros.
- Enquanto você tiver um conceito de justiça, pode sempre tomar a decisão justa.
- Você pode manipular os outros, sobretudo seus filhos, lembrando-lhes de que estarão sendo injustos com você se não forem exatamente como você é e se não mantiverem um registro preciso de todo o toma lá dá cá no relacionamento. Uma forma cômoda de conseguir o que se quer.
- Pode justificar um comportamento vingativo, porque tudo deve ser justo. Isso é uma manobra para sair-se bem com todo tipo de atividade manipuladora e desagradável. A vin-

gança é justificável, porque tudo deve ser justo e equilibrado. Da mesma forma que você deve pagar um favor, deve retribuir uma mesquinharia.

Aí está o sistema psicológico de manutenção do apego às exigências de justiça. Mas esse sistema de apoio não é inabalável. Adiante estão alguns métodos estratégicos para alijar esse tipo de raciocínio e eliminar o ponto fraco da exigência de justiça.

Algumas estratégias para desistir da fútil insistência na justiça

- Relacione tudo aquilo que, em seu mundo, você considera injusto. Use sua lista como um guia para uma ação pessoal útil. Faça a si mesmo esta importante pergunta: "As iniquidades desaparecerão se eu me aborrecer?" Obviamente não. Ao atacar o raciocínio errôneo que acarreta seu aborrecimento, você estará se encaminhando para escapar à armadilha da justiça.
- Quando você se apanhar dizendo: "Será que eu faria isso com você?", ou alguma frase semelhante, mude-a para: "Você é diferente de mim, embora eu ache difícil aceitar isso neste momento." Isso irá facilitar, em vez de impedir, a comunicação entre você e a outra pessoa.
- Comece a ver sua vida emocional como algo independente daquilo que alguém mais faz. Isso o libertará das cadeias do sofrimento toda vez que os outros se comportarem de maneira diferente daquela que você desejava que se comportassem.
- Tente visualizar cada decisão em perspectiva, não como uma monumental mudança de vida. Carlos Castaneda chama de sábio um homem que:

Vive para agir, não para pensar sobre a ação, não para pensar sobre o que pensará quando tiver acabado de agir... Ele sabe que sua vida toda se extinguirá depressa demais; ele sabe, porque vê, que nada é mais importante do que coisa alguma... Assim, um homem de sabedoria sua e arqueja e, se alguém olha para ele, o vê igual a qualquer homem comum, salvo pelo fato de que a loucura de sua vida está sob controle. Nada sendo mais importante do que qualquer outra coisa, um homem sábio escolhe um ato qualquer e o executa como se para ele tivesse importância. Sua loucura controlada faz com que diga que o que faz tem importância, e o leva a agir como se tivesse, e, contudo, ele sabe que não tem; assim, quando ele realiza seus atos, recolhe-se em paz e, quer seus atos tenham sido bons ou maus, produtivos ou não, isso não é, de forma alguma, parcela de seu interesse.

- Substitua a frase: "Isso não é justo" por: "É uma pena" ou "Eu preferiria...". Assim, em vez de insistir em que o mundo seja diferente do que é, você começa a aceitar a realidade – mas não necessariamente a aprová-la.
- Elimine as referências comparativas exteriores. Tenha suas metas, independentemente do que Fulano, Sicrano ou Beltrano façam. Disponha-se a ser o que quiser, sem comparar-se com o que os outros têm ou não têm.
- Corrija-se em voz alta, quando usar uma frase como: "Sempre aviso a você quando vou me atrasar, então por que você não me avisou?" para "Eu teria me sentido melhor se você tivesse me ligado". Assim, você elimina a noção errônea de que a razão do outro para ligar é ficar mais parecido com você.
- Em vez de estar pagando a alguém, trazendo-lhe vinho ou um presente em troca de um jantar ou de uma recepção, espere até sentir vontade e então mande-lhe uma garrafa de vinho, com um bilhete dizendo: "Só porque acho que você é uma

excelente pessoa." Não há necessidade de equilibrar a balança com trocas recíprocas; apenas faça alguma coisa amável porque você, e não uma ocasião especial, acha necessário.

- Gaste em qualquer presente o montante de dinheiro que desejar e não seja influenciado pelo que foi gasto com você. Elimine convites baseados em obrigação e justiça. Decida quem você irá ver por padrões interiores, em vez de exteriores.
- Estabeleça os padrões de conduta, em sua família, com base naquilo que acha adequado para você. Encoraje todos a fazerem o mesmo. Depois, veja se não é inteiramente possível fazer isso sem interferirem uns nos direitos dos outros. Se achar que sair três noites por semana é o que deseja, mas não pode fazer porque alguém tem que tomar conta das crianças, a "justiça" não deve entrar na tomada de sua decisão. Talvez você possa fazer alguma espécie de combinação com alguém para ficar com as crianças, ou levar os meninos, ou seja lá o que for que represente um acordo mutuamente satisfatório. Mas apelar para a rotina do "Isso não é justo" conduzirá certamente a um ressentimento geral – e também à permanência em casa. Seja um agente, não um queixoso em matéria de injustiça, porque para cada injustiça que você sofrer haverá uma resolução que não exigirá, de forma alguma, sua imobilidade.
- Lembre-se de que a vingança é apenas uma outra maneira de ser controlado pelos outros. Faça o que você, não eles, decidir que deve fazer.

Essas são apenas umas poucas sugestões iniciais que o ajudarão a ser mais feliz, libertando-se da necessidade de comparar-se com os outros e de usar o status das outras pessoas como um barômetro de sua própria felicidade. Não é a injustiça que conta, é o que você faz a respeito dela.

9
Ponha fim ao adiamento – agora

Não é preciso nem uma gota de suor para
deixar de fazer qualquer coisa.

Você é um protelador? Se é como a maioria das pessoas, a resposta é sim. Mas provavelmente preferiria não viver com toda a ansiedade que acompanha o adiamento das coisas como forma de vida. Você pode se ver adiando muitas tarefas que desejaria realizar, mas, por alguma razão, está sempre deixando de fazer. Protelar constitui uma faceta bastante cansativa da vida. Se o seu caso é sério, não se passa um dia sem que você diga: "Eu sei que devia fazer isso, mas chegarei lá mais tarde." Seu ponto fraco de "adiamento" é difícil de ser atribuído a forças exteriores. É tudo seu – tanto a protelação quanto o desconforto que sofre em resultado dela.

A protelação é o que há de mais próximo de um ponto fraco universal. Muito poucas pessoas podem dizer honestamente que não são proteladoras, apesar do fato de que, com o tempo, isso se torna doentio. Tal como em todos os pontos fracos, nada há de doentio quanto ao comportamento propriamente dito. Protelar, de fato, é algo que não existe. Você apenas adia, e aquelas coisas que deixa de fazer, na verdade, apenas não estão feitas, em vez de adiadas. É somente a reação emocional que acompanha isso e a imobilização que constituem o comportamento neurótico. Se você sente que adia os compromissos e que gosta disso, sem nenhuma culpa como consequência, nenhuma ansiedade ou aborrecimento, então continue com a praxe, de todo jeito possível, e passe por cima deste capítulo. Contudo, para a maioria das pessoas, a protelação é uma fuga quanto a viver, tão plenamente quanto possível, os momentos presentes.

Esperando, desejando e talvez

Três frases neuróticas do protelador compõem o sistema de apoio para a manutenção do comportamento procrastinador:

> "Espero que as coisas deem certo."
> "Desejaria que as coisas fossem melhores."
> "Talvez dê certo."

Aí temos as delícias do adiador. Enquanto você disser talvez, ou espero, ou desejo, pode usar essas palavras como uma razão lógica para não fazer nada no momento atual. Todo desejar e esperar são uma perda de tempo – a insensatez dos residentes no reino das fadas. Nenhuma porção de um ou de outro jamais realizou coisa alguma. São apenas condições convenientes de fuga à decisão de arregaçar as mangas e desempenhar as tarefas que você decidiu que são bastante importantes para fazerem parte das atividades de sua vida.

Você pode fazer qualquer coisa que se decida a realizar. É forte, capaz e nem um pouco inseguro. Mas, ao adiar os compromissos para uma ocasião futura, está cedendo ao escapismo, à dúvida em relação a si mesmo e, mais importante ainda, à autodecepção. Sua zona de adiamento representa um movimento na direção oposta à condição de ser forte em seu momento presente e no sentido da esperança de que tudo melhorará no futuro.

Aqui está uma frase que pode manter você inerte em seus momentos presentes: "Vou esperar e as coisas melhorarão." Para alguns isso se transforma num modo de vida – estão sempre adiando as coisas para um dia que talvez nunca chegue.

Mark, um novo cliente meu, chegou queixando-se de seu casamento infeliz. Tinha 50 e poucos anos e estava casado havia quase trinta. Quando começamos a conversar sobre seu casamento, tornou-se claro que as queixas de Mark eram antigas. "Nunca foi bom, mesmo no começo", disse ele a certa altura. Perguntei a Mark o que o fizera continuar, durante todos aqueles anos de miséria. "Fiquei esperando que tudo melhorasse", confessou. Quase trinta anos de esperança, e Mark e a esposa continuavam infelizes.

Enquanto íamos falando mais sobre a vida e o casamento de Mark, ele admitiu uma situação de impotência que acontecia havia pelo menos uma década. Perguntei se ele procurara alguma vez ajuda para esse problema. Não, apenas tinha evitado cada vez mais o sexo, esperando que o problema se resolvesse por si mesmo. "Eu estava certo de que as coisas haviam de melhorar", Mark fez ecoar seu comentário inicial.

Mark e seu casamento eram um caso clássico de inércia. Ele evitava seus problemas e justificava sua atitude dizendo: "Se eu esperar e nada fizer, talvez a coisa se resolva sozinha." Mas ele aprendeu que nada se resolve sozinho. As coisas permanecem exatamente como são. Na melhor hipótese, mudam, mas não ficam melhores. As coisas em si mesmas (circunstâncias, situações, acontecimentos, gente) não melhorarão sozinhas. Se sua vida está melhor, é porque você fez algo construtivo para deixá-la melhor.

Vamos examinar mais de perto esse comportamento protelatório e ver como eliminá-lo, com algumas resoluções bastante simples. Esse é um ponto que você pode limpar sem muito "trabalho mental" pesado, tendo em vista que só você o criou para si mesmo, sem nenhum dos reforços culturais que são a marca registrada de tantos outros pontos fracos.

Como funciona o adiamento

Donald Marquis definiu adiamento como "a arte de estar em dia com o ontem". A isso eu acrescentaria "e de evitar o hoje". É assim que funciona: você sabe que há certas coisas que quer fazer, não porque os outros determinaram, mas porque representam escolhas deliberadas que você fez. Contudo, muitas delas nunca são realizadas, a despeito do fato de você dizer a si mesmo que o serão. A decisão de fazer no futuro algo que você poderia fazer agora é um substituto aceitável para efetivamente fazê-lo, permitindo-lhe iludir-se com a convicção de que realmente não se compromete pelo fato de não fazer aquilo que se dispôs a realizar. É um sistema cômodo, que funciona mais ou menos assim: "Eu sei que devo fazer isso, mas estou com medo de não fazer direito, ou de não gostar de fazer. Sendo assim, vou dizer a mim mesmo que farei isso no futuro, e então não terei que admitir que não vou fazer. E assim fica mais fácil aceitar a mim mesmo." Esse é o tipo de raciocínio conveniente, embora falso, que pode ser utilizado quando você se vê diante do problema de fazer algo que é desagradável ou difícil.

Se você é uma pessoa que vive de uma maneira e diz que vai viver de outra no futuro, tais afirmações são vazias. Você é simplesmente uma pessoa que está sempre adiando os compromissos, sem nunca conseguir realizá-los.

É claro que há graus de protelação. É possível adiar as coisas até certo ponto e então completar uma tarefa bem em cima de seu prazo. Novamente aqui temos uma forma comum de autodecepção. Se você se dá um mínimo absoluto de tempo para executar o seu trabalho, então pode justificar resultados sofríveis, ou um desempenho que fica aquém do melhor, dizendo a si mesmo: "Simplesmente não tive tempo bastante." Mas você tem tempo de sobra e sabe que pessoas ocupadas é que fazem as tarefas. Mas se gastar seu tempo queixando-se de tudo aquilo que tem que fazer (protelação), então não terá tempo, no momento presente, para fazer o que tem que ser feito.

Certa vez tive um colega que era especialista em protelação. Estava sempre ocupado, livrando-se de encargos e falando sobre o mundo de coisas que tinha para fazer. Quando ele falava, os outros ficavam cansados só de imaginar o ritmo da vida dele. Mas um olhar de perto revelava que meu colega, na verdade, fazia muito pouco. Tinha um milhão de projetos na cabeça e nunca chegava a trabalhar em nenhum deles. Imagino que todas as noites, antes de pegar no sono, ele se iludia com a promessa de que amanhã acabaria de fazer determinado trabalho. De que outro modo poderia adormecer com o seu sistema de autodecepção intacto? Talvez soubesse que não acabaria nada, mas, enquanto jurasse que acabaria, seus momentos presentes estariam salvos.

Você não é, necessariamente, aquilo que diz ser. O comportamento é um barômetro muito melhor daquilo que você é do que as palavras. O que você faz em seus momentos presentes é o único indicador do que você é como pessoa. Emerson escreveu:

> Não diga coisas. Aquilo que você é se sobrepõe a você enquanto tal, e ressoa tanto que eu não consigo ouvir o que você diz em contrário.

Da próxima vez que você disser que fará algo, sabendo que não vai, guarde essas palavras na lembrança. São um antídoto para a protelação.

Os que criticam e os que fazem

A protelação como estilo de vida é uma técnica que você pode usar para evitar agir. Uma pessoa que não age é, muito frequentemente, um crítico, isto é, alguém que fica sentado e observa os que agem, depois se expande filosoficamente sobre como os outros estão fazendo tudo. É fácil ser um crítico, mas para agir é preciso que haja esforço, risco e mudança.

O crítico

Nossa cultura está cheia de críticos e chegamos a pagar para ouvi-los.

Enquanto você se observa e às pessoas à sua volta, tome nota de quanto, das relações sociais, é dedicado à crítica. Por quê? Simplesmente porque é, sem dúvida alguma, mais fácil falar sobre a maneira pela qual alguém mais fez determinada coisa do que ser aquele que faz. Observe os verdadeiros campeões, aqueles que mantiveram um alto nível de qualidade e realização ao longo de determinado período, tais como os Henry Aarons, os Johnny Carsons, os Bobby Fishers, as Katharine Hepburns, os Joe Louises e outras pessoas desse calibre, campeões em todos os sentidos. Eles ficam sentados dardejando críticas ferozes nos outros? Os verdadeiros realizadores deste mundo não têm tempo para criticar. Estão muito ocupados realizando, trabalhando e ajudando os não tão talentosos, em vez de serem seus críticos.

A crítica construtiva pode ser útil. Mas se você escolheu o papel de observador e não de realizador, não está se desenvolvendo. Mais ainda, você pode estar usando sua crítica para absolver-se da responsabilidade por sua própria ineficiência, projetando-a sobre aqueles que, realmente, estão se esforçando. Você pode aprender a ignorar quem se compraz achando defeito e os críticos autonomeados. Sua primeira estratégia será o reconhecimento desses mesmos comportamentos em si próprio e a decisão de eliminá-los inteiramente, de modo que possa ser um realizador, em vez de um crítico que protela os compromissos.

Tédio: Um dividendo do adiamento

A vida nunca é tediosa, mas algumas pessoas escolhem ficar entediadas. O conceito de tédio vincula-se à inabilidade para utilizar os momentos presentes de uma forma que leve à realização pessoal. O tédio é uma escolha, algo que você atrai sobre si, e é outro dos itens autoderrotistas que você pode eliminar de sua vida. Quando você protela, está usando seus momentos presentes para não fazer nada, como uma alternativa a fazer alguma coisa. Não fazer nada conduz ao tédio, e a tendência é atribuir o tédio ao ambiente. "Esta cidade é realmente chata" ou "Que conferencista chato!" A cidade ou o conferencista, em particular, nunca são chatos, você é que está entediado, e pode eliminar isso fazendo, nesse momento, algo com sua mente ou com sua energia.

Samuel Butler disse: "O homem que se deixa entediar é mesmo mais desprezível do que o que o entedia." Ao usar sua mente de novas maneiras criativas, você pode garantir a si mesmo que nunca mais escolherá o tédio. A escolha, como sempre, é sua.

Alguns comportamentos típicos de adiamento

Eis aqui algumas áreas nas quais o adiamento é uma escolha muito mais fácil do que a ação:

- Permanecer em um emprego no qual você se encontra preso e sem capacidade de progredir.
- Apegar-se a um relacionamento que se tornou amargo. Permanecer casado (ou solteiro) e ficar esperando que tudo melhore.

- Recusar-se a trabalhar nas dificuldades de relacionamento, tais como sexo, timidez ou fobias. Esperar que as mesmas melhorem, em vez de tentar fazer algo de construtivo a respeito.
- Não enfrentar o problema de vícios como o alcoolismo, drogas, remédios ou fumo. Dizer: "Vou deixar, quando estiver pronto", sabendo, porém, que está adiando o assunto porque tem dúvida quanto a poder fazê-lo.
- Adiar tarefas cansativas, ou braçais, tais como as de limpeza, consertos, costura, jardinagem, pintura e outras semelhantes – considerando-se que se incomode, realmente, com o fato de serem elas executadas ou não. Se você esperar bastante, talvez o trabalho acabe se fazendo sozinho.
- Evitar uma confrontação com outras pessoas, tais como uma autoridade, um amigo, um amante, um vendedor ou um serviçal. Pelo fato de esperar, você acaba não tendo que fazer a coisa, embora talvez a confrontação melhorasse o relacionamento, ou o serviço.
- Ter medo de mudar de posição geográfica. Você permanece no mesmo lugar a vida inteira.
- Protelar a passagem de um dia, ou de uma hora, com seus filhos, coisa de que talvez gostasse, porque tem trabalho demais ou está atolado em assuntos sérios. Da mesma forma, deixar de sair uma noite para jantar, ou para ir ao teatro, ou a um acontecimento esportivo, na companhia de seus entes queridos e usar o chavão do "Estou ocupado" para protelar isso eternamente.
- Decidir começar sua dieta amanhã ou na semana que vem. É mais fácil adiar isso do que desistir, e, assim, você diz: "Farei isso amanhã" – que, naturalmente, nunca chegará.
- Usar o sono ou o cansaço como razão para adiamentos. Você já notou como se sente cansado quando está, na realidade, na iminência de fazer algo desconfortável ou difícil? Um pouco de fadiga é um tremendo instrumento protelador.

- Ficar doente quando se vê diante de uma tarefa inquietante ou incômoda. Como é que você poderia fazer isso agora, quando se sente tão mal? Como o cansaço mencionado antes, essa é uma excelente técnica para protelação.
- O ardil do: "Não tenho tempo para fazer isso", com o qual você justifica o fato de não fazer alguma coisa em razão de sua agenda estar tomada, na qual há sempre lugar para o que você realmente quer fazer.
- Planejar constantemente aquelas férias, ou aquela viagem dos sonhos. No ano que vem encontraremos o nirvana.
- Tornar-se crítico e usar sua capacidade de crítica aos outros para disfarçar sua própria recusa em fazer algo.
- Recusar-se a fazer um exame médico, quando suspeita que tenha alguma disfunção. Pelo fato de adiar o exame, você não tem que lidar com a realidade de uma possível doença.
- Recear a iniciativa de uma aproximação com alguém de quem gosta. É isso que você quer, mas prefere esperar, desejando que as coisas se encaminhem por si mesmas.
- Entediar-se em algum momento de sua vida. Isso é apenas uma forma de protelar algo, usando o acontecimento entediante como justificativa para não fazer algo mais excitante.
- Planejar, mas nunca pôr em prática, um programa regular de exercícios. "Vou começar isso logo... na semana que vem."
- Viver toda a sua vida em função de seus filhos, sempre deixando de lado sua própria felicidade. Como podemos ter férias, quando temos que nos preocupar com a educação das crianças?

Razões para continuar o adiamento

A razão lógica para o adiamento compõe-se de uma parte de autoengano e de duas partes de fuga. Aqui estão as mais importantes compensações para o apego ao adiamento:

- É mais do que evidente que a protelação permite a você fugir das atividades desagradáveis. Pode haver coisas que você tenha receio de fazer, ou coisas que uma parte de você deseja fazer e a outra não. Lembre-se, nada é preto ou branco.
- Você pode se sentir bem com seu sistema de autodecepção. Mentindo a si próprio, você evita ter que admitir que não é um "fazedor", nesse particular momento presente.
- Você pode permanecer exatamente como é pelo resto da vida, enquanto protelar. Assim elimina a mudança e todos os riscos que a acompanham.
- Pelo fato de se sentir entediado, você tem alguém ou alguma coisa mais para culpar pelo seu estado de infelicidade, desse modo transferindo a responsabilidade para longe de si e atribuindo-a à atividade entediante.
- Ao criticar, você pode se sentir importante à custa dos outros. É um modo de usar os desempenhos alheios como degraus para elevar-se a seus próprios olhos. Mais autoengano.
- Ao esperar que tudo melhore, você pode culpar o mundo por sua infelicidade – as coisas parecem nunca se resolver bem para você. É uma grande estratégia para nada fazer.
- Você pode evitar sempre a possibilidade de fracassar, evitando todas as atividades que envolvam algum risco. Dessa maneira, nunca tem que enfrentar suas dúvidas sobre si próprio.
- Desejando que as coisas aconteçam – fantasias de Papai Noel – você se permite voltar a uma segura e protegida meninice.
- Você pode ganhar a simpatia dos outros e ter pena de si mesmo, pela ansiedade em que vive, como resultado de não fazer aquilo que gostaria de ter feito.
- Você pode justificar um desempenho descuidado ou abaixo do aceitável, para qualquer coisa, se a adiar bastante e então se permitir um insignificante lapso de tempo para realizá-la: "Mas eu simplesmente não tive tempo!"

- Adiando tudo, você pode acabar conseguindo que alguém mais faça o que deve ser feito em seu lugar. Assim, a protelação torna-se uma maneira de manipular os outros.
- Adiando tudo, você ilude a si próprio com a crença de que você é diferente daquilo que realmente é.
- Ao evitar uma tarefa, você pode escapar ao sucesso. Se não for bem-sucedido, você estará evitando ter de sentir-se bem consigo mesmo e aceitar toda a permanente responsabilidade que acompanha o sucesso.

Agora que você já tem uma visão das razões que o levam a protelar, pode começar a fazer algo para eliminar esse ponto fraco autodestrutivo.

Algumas técnicas para eliminar o comportamento protelador

- Tome a decisão de viver 5 minutos de cada vez. Em lugar de pensar nas tarefas a longo prazo, pense no agora e tente usar um período de 5 minutos fazendo aquilo que deseja e recusando-se a adiar o que lhe traga satisfação.
- Sente-se e comece a fazer algo que esteve adiando. Comece uma carta ou um livro. Vai descobrir que muito do seu adiamento é desnecessário, pois muito provavelmente achará o trabalho agradável, uma vez que desista da protelação. O simples fato de começar o ajudará a eliminar a ansiedade em torno do projeto inteiro.
- Pergunte a si mesmo: "Qual é a pior coisa que poderia me acontecer se eu fizesse agora mesmo o que estou adiando?" A resposta é, em geral, tão insignificante, que pode forçar você à ação. Avalie seu medo e não terá razão de apegar-se a ele.
- Estabeleça para si um intervalo determinado de tempo (digamos, quarta-feira, das 22 horas às 22h15), que você dedicará exclusivamente à tarefa que esteve adiando. Vai descobrir

que os 15 minutos de esforço são frequentemente o bastante para fazê-lo transpor o obstáculo da protelação.

- Pense em si como alguém demasiado importante para viver ansioso devido ao que tem que fazer. Assim, da próxima vez em que se sentir desconfortável com a ansiedade trazida pelo adiamento, lembre-se de que as pessoas que se prezam não se magoam dessa forma.
- Examine cuidadosamente o seu presente. Decida o que está evitando, em seus momentos presentes, e comece a enfrentar o medo de viver de verdade. Protelar significa substituir o presente pela ansiedade em torno de um acontecimento futuro. Se o acontecimento passa a ser o agora, a ansiedade, por definição, irá embora.
- Deixe de fumar... agora! Comece sua dieta... neste momento! Abandone a bebida... neste segundo! Ponha este livro de lado e faça algum esforço, como seu projeto inicial de exercício. É assim que se enfrentam problemas... com ação imediata! Faça! A única coisa que o detém é você, bem como as escolhas neuróticas que você fez porque não acredita que é tão forte quanto realmente é. É tão simples... faça, simplesmente!
- Comece a usar sua mente de forma criativa para aquilo que, anteriormente, constituía circunstâncias entediantes. Numa reunião, modifique o momento desinteressante com uma pergunta oportuna, ou faça sua mente divagar de forma estimulante, tal como compondo um poema, memorizando 25 números de trás para frente, apenas pelo simples exercício de treinar a memória. Decida que nunca mais ficará entediado.
- Quando alguém começar a criticá-lo, pergunte: "Acha que estou precisando de um crítico agora?" Ou, ao se ver fazendo uma crítica, pergunte à pessoa que estiver em sua companhia se ela deseja ouvir sua crítica e, em caso afirmativo, por quê? Isso o ajudará a passar da coluna da crítica para a da realização.

- Examine seriamente sua vida. Você está fazendo o que escolheria fazer se soubesse que teria seis meses de vida? Se não, é melhor começar a fazer, porque, falando em termos relativos, isso é tudo que tem. Dado que o tempo é eterno, 30 anos ou seis meses não fazem diferença. Toda a sua vida não passa de um nada. Protelar qualquer coisa não faz sentido.
- Tenha coragem para empreender uma atividade que esteve evitando. Um ato de coragem pode eliminar todo esse medo. Pare de dizer a si mesmo que tem que fazer bem as coisas. Lembre-se de que fazer é muito mais importante.
- Decida que não ficará cansado até o momento anterior àquele em que for para a cama. Não se permita usar a fadiga ou a doença como forma de fugir a qualquer coisa ou adiá-la. Você pode descobrir que ao eliminar a razão para a doença ou a exaustão – ou seja, a rejeição de uma tarefa – os problemas físicos desaparecem "magicamente".
- Elimine as palavras "esperar", "desejar" e "talvez" de seu vocabulário. São os instrumentos da protelação. Se vir que tais palavras se insinuam, substitua-as por novas frases. Troque: "Espero que as coisas se resolvam" por "Farei com que isso aconteça".
  "Desejaria que as coisas fossem melhores" por "Farei algo para ter a certeza de me sentir melhor".
  "Talvez dê certo" por "Vou fazer dar certo".
- Mantenha um registro de seu comportamento crítico ou queixoso. Ao anotar tais ações, você obtém dois resultados: verá como o comportamento crítico aparece em sua vida – a frequência, os padrões e as pessoas relacionados com o fato de você criticar –; vai também parar de criticar, porque será um trabalho enorme ter que escrever o registro.
- Se você está adiando algo que envolve outras pessoas (uma atitude, um problema sexual, um novo trabalho), tenha uma conversa com todos os interessados e pergunte-lhes suas opiniões. Tenha coragem de falar de seus próprios temores

e veja se está protelando por motivos que só existem em sua cabeça. Conseguindo o auxílio de um confidente para ajudá-lo quanto a sua protelação, estará fazendo um esforço conjunto. Logo se dissipará muito da ansiedade que acompanha a protelação, pelo fato de partilhar também essa ansiedade.

- Faça com os seus entes queridos um contrato, pelo qual se obriga a cumprir o que prometeu, mas que pode estar protelando. Faça com que cada parceiro guarde uma cópia desse contrato e estabeleça penalidades para os casos de não cumprimento. Quer se trate de assistir a um jogo de futebol, de jantar fora, de férias, ou da ida ao teatro, você achará essa estratégia útil e pessoalmente compensadora, uma vez que estará participando de acontecimentos que também acha agradáveis.

Se deseja que o mundo mude, não se queixe a esse respeito. Faça alguma coisa. Em vez de usar seus momentos presentes com todo tipo de ansiedade imobilizadora em relação ao que está adiando, cuide desse incômodo ponto fraco e viva agora! Seja alguém que faz, não alguém que deseja, espera, critica.

10
Declare sua independência

Em qualquer relacionamento no qual duas pessoas se tornam uma, o resultado final é duas meias pessoas.

Deixar o ninho psicológico é uma das tarefas difíceis da vida. A víbora da dependência intromete-se no nosso dia a dia de muitas maneiras, e sua completa extirpação torna-se mais difícil pelas numerosas pessoas que se beneficiam da dependência psicológica dos outros. Independência psicológica significa liberdade total quanto a todas as relações obrigatórias e ausência de comportamento dirigido pelos outros. Significa tornar-se livre de ter que fazer algo que, de outra maneira, não se escolheria fazer, se não existisse o relacionamento. A questão de abandonar o ninho é especialmente difícil, porque nossa sociedade nos ensina a corresponder a certas expectativas em relacionamentos especiais, que incluem pais, filhos, autoridades e entes queridos.

Abandonar o ninho significa viver e escolher os comportamentos que desejar. Não quer dizer rompimento, em sentido algum da palavra. Se você gosta da maneira como interage com quem quer que seja, e se isso não interfere em suas metas, então isso constitui algo que você pode considerar precioso, em vez de querer mudar. A dependência psicológica, por outro lado, significa que você tem relacionamentos que não envolvem escolha, nos quais você é obrigado a representar algo que não deseja e se ressente da maneira pela qual é forçado a se conduzir. Esse é o ponto central desse ponto fraco e é parente próximo da procura de aprovação discutida no capítulo 3. Se você quer alguma espécie de relacionamento, isso não o torna doentio. Mas se ele constitui uma necessidade, ou se você é forçado a ele e, depois, ressente-se, então está numa área autodestrutiva. É a obrigação que constitui um problema, e não o relacionamento. Obrigação gera culpa e dependência, enquanto a escolha estimula o amor e a independência. Não há escolha numa relação psicologicamente dependente e, em consequência, sempre haverá indignação e mal-estar em tal aliança.

Ser psicologicamente independente envolve a condição de não precisar dos outros. Eu não disse querer os outros, mas precisar. No momento em que você precisa, torna-se vulnerável, um escravo. Se a pessoa de quem você precisa vai embora, muda de ideia, ou morre, você é forçado à imobilidade, desaba, ou mesmo morre. Mas a sociedade nos ensina a ser psicologicamente dependentes de muitas pessoas, a partir dos pais, e pode ser que você se surpreenda com sua dependência quanto a muitos relacionamentos importantes. Enquanto você sentir que deve fazer alguma coisa porque é isso que se espera de você em determinado relacionamento, e que o fato de fazer cria qualquer ressentimento, ou o de não fazer qualquer sentimento de culpa, pode ter certeza de que tem trabalho para executar nesse ponto fraco.

A eliminação da dependência começa com sua família, com a maneira pela qual seus pais lidaram com você quando criança e com a forma pela qual você lida hoje com os seus filhos. Quantas frases de dependência psicológica você carrega hoje na mente? Quantas delas impõe a seus filhos?

A armadilha da dependência na educação das crianças e a família

Walt Disney produziu, há anos, um filme soberbo, chamado *Bear Country*. Acompanhava uma ursa e seus dois filhotes através dos primeiros meses da vida das crias. A mamãe-ursa ensinou os filhotes a caçar, pescar e subir nas árvores. Ensinou-lhes a se protegerem quando estivessem em perigo. Um dia, a mamãe-ursa, por suas próprias razões instintivas, decidiu que era hora de ir embora. Obrigou os filhotes a subirem numa árvore e, sem mesmo olhar para trás, partiu. Para sempre! Em sua mente de ursa, ela achava que sua responsabilidade materna havia acabado. Não tentou manipulá-los, forçando-os a visitá-la em sábados alternados. Não os acusou de serem ingratos, nem ameaçou ter um colapso nervoso se eles a desapontassem. Simplesmente deixou que eles se fossem. Por todo o reino animal, a função dos pais é a de ensinar aos rebentos as habilidades necessárias à vida independente e depois afastar-se. Conosco, seres humanos, o instinto ainda continua a ser o mesmo, isto é, o da independência, mas a necessidade neurótica de possuir e de viver a própria vida por intermédio dos filhos parece dominar, e a meta de criar um filho para ser independente é subvertida na ideia de criá-lo para apegar-se a ele.

O que você deseja para seus filhos? Gostaria que tivessem o máximo de autoestima e autoconfiança, que fossem livres de neuroses, ajustados e felizes? É claro que sim. Mas como você pode contribuir para que tal resultado seja realmente alcançado? Somente sendo você mesmo. As crianças aprendem pelo comportamento de seus modelos. Se você é cheio de culpa e tem uma vida frustrada, mas diz a seus filhos para não serem assim, então está vendendo um produto estragado. Se você exibe uma autoestima baixa, então ensinará a seus filhos que adotem para si uma atitude idêntica. Mais significativo ainda, se você faz seus filhos serem mais importantes do que você, não os está ajudando, apenas os ensina a pensarem nos outros antes de em si mesmos e a ficarem na retaguarda, enquanto permanecem frustrados. Que ironia! Você não pode incutir autoconfiança em seus filhos; eles devem adquiri-la vendo você mesmo praticá-la. Somente tratando a si próprio como a pessoa mais importante e não se sacrificando sempre pelos filhos é que você lhes ensinará a terem autoconfiança e fé neles mesmos. Se você é alguém que se sacrifica, está dando o exemplo de um comportamento de autossacrifício. E o que significa esse comportamento? Pôr os outros antes de si mesmo, não gostar de si, procurar aprovação e outros comportamentos errôneos. Enquanto agir para o bem dos outros é muitas vezes admirável, se isso é feito à custa de si próprio, você está apenas ensinando a outros o mesmo tipo de comportamento gerador de ressentimento.

Desde muito cedo as crianças querem fazer as coisas sozinhas: "Eu posso fazer isso!", "Veja só, mamãe, eu posso fazer isso sem ninguém me ajudar", "Vou comer sozinho". Os sinais sempre aparecem. E embora haja uma grande soma de dependência nos primeiros anos, há também o nítido impulso na direção da autonomia, quase desde o primeiro dia.

Aos 4 anos, a pequena Roxanne vai sempre procurar mamãe e papai quando se machuca, ou quando precisa de qualquer espécie de apoio emocional. Ela já mostra sua personalidade aos 8 e aos 10 e, embora queira ser considerada uma menina grande ("Eu vou abotoar o meu casaco!"), também quer ter o apoio de pais carinhosos ("Veja, mamãe, arranhei o joelho e está sangrando."). Seu conceito pessoal está sendo desenvolvido por intermédio das impressões de seus pais e de outras pessoas importantes em sua vida. De repente, Roxanne tem 14 anos. Volta para casa chorando em decorrência de uma briga com o namorado e corre para o quarto batendo a porta. A mãe vai atrás e pede-lhe que diga o que houve, na sua maneira habitual de pessoa interessada. Mas agora ela ouve de Roxanne, em termos muito claros: "Não quero falar sobre isso. Me deixe só." Em vez de a mãe compreender que essa pequena cena é prova de que ela tem sido atenta e que a pequena Roxanne, que sempre contou à ela todos os seus problemas, agora está lidando com eles sozinha (independência emocional), fica desesperada. Ela não está preparada para a desvinculação, para deixar Roxanne resolver seus problemas do seu modo, com independência. Ainda vê Roxanne como uma criancinha. Mas se persistir e forçar o assunto, estará preparando uma forte dose de ressentimento da parte de Roxanne.

O desejo do filho de sair do ninho é forte, mas quando o sentimento de posse e de sacrifício constituiu o lubrificante da máquina familiar, o ato natural de partir transforma-se numa crise. Abandonar o ninho numa atmosfera psicologicamente sadia não envolve nem crise, nem agitação; é a consequência natural de viver adequadamente. Mas quando a culpa e o medo do desapontamento cobrem o abandono do ninho, permanecem pela vida inteira, algumas vezes a ponto de tornarem o casamento uma relação de paternidade, em vez de ser uma relação que dois indivíduos partilham em igualdade de condições.

Quais são, portanto, suas metas como pai ou mãe, bem como quanto a conseguir um relacionamento presente em bases corretas com seus próprios pais? É certo que a família é uma unidade importante no processo de desenvolvimento, mas ela não deve se constituir numa unidade permanente. Não deveria ser um vínculo de culpa e neurose quando seus vários membros procuram a independência emocional. Talvez você tenha ouvido pais dizerem: "Tenho o direito de transformar meus filhos no que quiser." E qual é o resultado dessa atitude de dominação? Ódio, ressentimento, raiva e um frustrante sentimento de culpa, quando a criança cresce. Quando você examina relacionamentos corretos entre pai e filho, aos quais não se vinculam requisitos, ou obrigações, vai descobrir pais que tratam os filhos como amigos. Se uma criança derrama o molho de tomate na mesa, não há a rotina do: "Por que você não presta atenção no que faz? Você é tão desajeitado!" Em vez disso, verá o mesmo tipo de reação que ocorreria diante de um amigo, se derramasse algo: "Posso ajudar?" Nenhuma agressão pelo fato de serem propriedade dos pais, mas uma atitude de respeito pela dignidade da criança. Vai descobrir também que pais adequados estimulam a independência e nao a dependência, e não fazem cenas diante dos desejos normais de autonomia.

Diferenças entre famílias que enfatizam a dependência e as que enfatizam a independência

Nas famílias focalizadas na independência, o movimento no sentido de alguém pensar por si mesmo é visto como algo normal, em vez de constituir um desafio à autoridade de alguém. O apego e a carência não são estimulados. Da mesma forma, não se exige que um filho deva sujeição eterna, simplesmente porque é membro de uma família. O resultado é a formação de membros de família que querem permanecer juntos, mas não se sentem obrigados a isso. Existe, também, o respeito à privacidade, em lugar da exigência de se partilhar tudo. Nesse tipo de família, a mulher tem sua vida própria, além de ser mãe e esposa. Ela mostrará aos filhos como viver uma vida útil, em vez de viver para e em função da vida deles. Os pais sentem que serem felizes é de vital importância, porque sem felicidade não haverá harmonia na família. Daí que os pais podem afastar-se sozinhos uma vez ou outra, não se sentindo obrigados a estar sempre presentes por causa dos filhos. A mãe não é uma escrava, porque não deseja que seus filhos (especialmente as meninas) se tornem escravos. E também não deseja ser uma. Não acha que precisa estar sempre presente para atender a todas as necessidades de seus filhos. Sente que pode apreciá-los melhor, e vice-versa, quando é capaz de sentir-se realizada e contribuir para a família, a comunidade e a cultura, em pé de igualdade com os homens.

Nesse tipo de família não existe a manipulação sutil, mediante culpa ou ameaças, para manter os filhos dependentes e responsáveis perante seus pais. Quando os filhos amadurecem, os pais não querem que os netos os visitem por obrigação. Além disso, estão ocupados demais tendo uma vida útil à sua própria maneira para ficarem sentados esperando que os filhos e os netos apareçam e lhes deem uma razão para viver. Pais assim não acreditam que tenham obrigação de poupar os filhos de todas as dificuldades que tiveram, porque reconhecem que a própria ação de resolver uma dificuldade foi o que lhes deu autoconfiança e autoestima. Não desejam roubar aos filhos experiências tão preciosas.

Esses pais compreendem o desejo dos filhos de lutarem por si, assistidos mas não dominados por um pai ou mãe interessado, como algo sadio e que não deve ser negado. O livro *Demian*, de Herman Hesse, fala sobre a variedade de rumos à independência:

> Cedo ou tarde, cada um de nós tem que dar aquele passo que o desliga de seus pais e de seus mestres e sentir um pouco a aspereza da solidão, embora em sua maioria não possa suportar por muito tempo e volte para a submissão. Eu mesmo não me separara de meus pais e do mundo familiar, do mundo "luminoso" de minha bela infância, com luta violenta, mas com paulatino afastamento, pausado e quase imperceptível. Tal separação me entristecia e provocava, às vezes, horas muito amargas em minhas visitas ao lar.

Você pode fazer com que todas as visitas de volta ao lar sejam experiências agradáveis, se tiver um firme controle de sua luta pessoal para tornar-se independente de seus pais. E se você dá a seus filhos o exemplo de respeito pessoal e de autovalia, eles, por sua vez, deixarão o ninho sem tensão nem agitação por parte de todos os interessados.

Dorothy Canfield Fisher resumiu isso perfeitamente em *Her Son's Wife*:

> Mãe não é uma pessoa em que se apoiar, mas uma pessoa que torna o apoio desnecessário.

Assim é que deve ser. Você pode fazer com que o abandono do ninho seja um fato natural ou algo carregado de trauma, que perseguirá o filho e o relacionamento como um fantasma, para sempre. Mas um dia você também foi criança, e se aprendeu bem a rotina da dependência psicológica, então talvez ao casar tenha substituído um relacionamento de dependência por outro.

Dependência psicológica e crise matrimonial

Talvez você tenha resolvido o problema de sua dependência de seus pais, e talvez seu relacionamento com os próprios filhos esteja também sob controle. Pode ser que você reconheça a necessidade que seus filhos têm de independência e a esteja estimulando. Mas talvez ainda haja um problema de dependência em sua vida. Se você é uma dessas pessoas que deixaram uma relação de dependência com os pais e estabeleceram outra quando se casaram, então tem um ponto fraco que precisa ser trabalhado.

Louis Anspacher escreveu sobre o casamento na América:

> O casamento é aquela relação entre um homem e uma mulher na qual a independência é igual, a dependência é mútua e a obrigação recíproca.

Aí estão elas, as duas palavras feias, dependência e obrigação, que justificam a situação do casamento e a taxa de divórcio nos Estados Unidos. O fato simples é que a maioria das pessoas não gosta do casamento e, embora possa suportá-lo, ou sair dele, as consequências psicológicas persistem.

Um relacionamento baseado no amor, como foi dito antes, é aquele no qual cada parceiro permite ao outro ser aquilo que escolher, sem expectativas nem exigências. É uma simples associação de duas pessoas que se amam tanto que cada uma delas nunca poderia esperar que a outra fosse algo que ela não escolheria para si própria. É uma união baseada na independência e não na dependência, mas uma espécie de relação tão rara em nossa cultura que é quase mitológica. Imagine uma união com a pessoa que você ama, na qual cada um de vocês puder ser aquilo que desejar. E agora considere a realidade da maior parte dos relacionamentos. Como essa sombria dependência se insinua e polui a coisa toda?

Um casamento típico

O fio que enreda a maioria dos casamentos é o do domínio e da submissão. Embora os papéis possam ser trocados regularmente, sendo diferentes em diversas situações matrimoniais, o fio, contudo, está presente. Um parceiro domina o outro, como condição da aliança. A história de um casamento típico e de seus pontos de crise psicológica desenvolve-se mais ou menos como a do casal imaginário que se segue:

Na época do casamento, o marido tem 23 anos e sua esposa, 20. Ele tem uma educação ligeiramente melhor e conseguiu, como meio de vida, uma posição de prestígio, enquanto a mulher trabalha como secretária, como escriturária, ou talvez uma profissão dominada por mulheres, como professora ou enfermeira. Ela trabalha para ocupar seu tempo, até que possa ser mãe. Depois de quatro anos de casamento, têm dois ou três filhos, e a mulher trabalha em casa como mãe e esposa. Seu papel é o de tomar conta da casa, dos filhos e do marido. Do ponto de vista do trabalho, sua posição é a de um servidor doméstico e a condição é subalterna. O trabalho do homem é considerado mais importante, principalmente porque ele traz para casa o dinheiro para o sustento da família. Os sucessos dele tornam-se os sucessos da esposa e os contatos sociais do marido constituem os amigos de ambos. A ele é dado um status maior no lar e o papel da mulher é, frequentemente, o de tornar a vida dele o mais confortável que ela puder. A mulher gasta a maior parte do dia no convívio das crianças, ou conversando com as mulheres da vizinhança que se encontram na mesma armadilha psicológica. Quando o marido tem uma crise no emprego, isso se torna a crise dela e, falando de modo geral, qualquer observador imparcial veria que nesse arranjo há um membro dominante e um submisso. A mulher aceitou e talvez tenha procurado esse tipo de relacionamento, porque é tudo que ela sempre conheceu. Seu casamento é modelado pelo de seus pais e de outros que ela conheceu, enquanto crescia. E, na maioria das vezes, a dependência dela em relação ao marido apenas substituiu sua dependência em relação aos pais. O homem, por sua vez, procurou uma mulher de fala mansa, delicada, e que pudesse reforçar o fato de que ele era o provedor do pão e o cabeça em todas as interações. Assim, ambos conseguiram aquilo que procuravam e que tinham visto durante a vida toda, em termos de funcionamento matrimonial.

Depois de vários anos de casamento, talvez quatro ou sete, começa a desenvolver-se uma crise. O parceiro submisso começa a sentir-se preso numa armadilha, sem importância e descontente porque não está dando uma contribuição significativa. O homem encoraja a esposa a ser mais ela mesma, mais positiva, a conduzir sua própria vida e parar de sentir pena de si própria. Essas são as primeiras mensagens que entram em conflito com o que ele queria, quando se casou. "Se você quer trabalhar, por que não procura um emprego?" ou "Volte para a escola". Ele a encoraja a procurar novos derivativos, a parar de ser tão piegas. Em suma, a ser algo diferente daquilo com que ele se casou, aquele ser submisso e doméstico. A mulher, até então, sempre tinha entendido que qualquer infelicidade sentida pelo marido fosse culpa dela: "Onde é que eu errei?". Se ele está infeliz ou frustrado, ela acha que não foi como deveria ter sido, ou que não deve ser mais tão bonita quanto era antes. A parceira submissa recai em seu típico estado de espírito subserviente e entende que todos os problemas do homem estão centralizados na pessoa dela.

A essa altura do casamento, o homem anda muito ocupado com promoções no emprego, contatos sociais e esforços profissionais. Está fazendo carreira e uma esposa lamurienta é alguma coisa que não pode tolerar. Em razão das muitas oportunidades que tem de lidar com um grande número de pessoas (coisa que foi negada ao parceiro submisso), está passando por uma mudança. Tornou-se ainda mais arrogante, exigente e intolerante com as fraquezas alheias, inclusive em sua família. Daí as advertências que faz à submissa esposa para que "trate de se controlar". É também nessa ocasião que o marido pode procurar por sexo fora do casamento. Ele tem muitas oportunidades e busca conviver com mulheres mais estimulantes. Algumas vezes, a parceira submissa faz algumas experiências por conta própria. Pode apresentar-se para um trabalho voluntário, matricular-se na escola, fazer terapia psicológica, ter um caso ela própria, sendo a *maioria* dessas atividades entusiasticamente apoiada pelo marido.

Talvez a parceira submissa comece a ter novas perspectivas de seu comportamento. Vê a própria subserviência como algo que escolheu a vida toda, não apenas no casamento. Seu comportamento de busca por aprovação foi agora desafiado, e ela começa a se colocar no caminho de maior responsabilidade pessoal pela eliminação de toda dependência em seu mundo, inclusive a de seus pais, seu marido, seus amigos e mesmo de seus filhos. Começa a ganhar autoconfiança. Pode aceitar um emprego e iniciar novas amizades. Começa a enfrentar o marido dominador e para de admitir todo o tratamento injusto que tem sido o lote que lhe coube desde que o casamento começou. Exige igualdade, não está mais satisfeita de esperar por mais tempo para que a mesma lhe seja concedida. Simplesmente se apodera disso, insistindo na partilha das obrigações domésticas, inclusive do cuidado das crianças.

Essa nova independência e a passagem do raciocínio externo para o interno, por parte da mulher, não são facilmente aceitas pelo marido. Ele se sente ameaçado, a ansiedade penetrando-lhe na vida num momento em que não pode enfrentar isso. O que menos lhe faz falta é uma esposa rebelde, muito embora ele a tenha encorajado a sair mais sozinha e a pensar em si própria. Não esperava criar um monstro, muito menos um que fosse desafiar sua supremacia já estabelecida. Ele pode reagir com uma forte dose de imposição, o que sempre funcionou para colocar a parceira submissa em seu lugar, no passado. Argumenta contra o absurdo de trabalhar fora, e o fato dela gastar a maior parte do seu salário com acompanhantes para as crianças. Salienta o que há de ilógico na crença dela de que não é igual. Na realidade, ela é adulada: "Você não tem que trabalhar, tem tudo o que precisa; só o que tem a fazer é tomar conta de uma casa e ser a mãe de seus filhos." Tenta a culpa: "As crianças vão sofrer", "Não posso ter esse aborrecimento." Talvez a ameace com divórcio ou, como último recurso, com o suicídio, e frequentemente isso dá resultado. A esposa diz a si mesma: "Céus, quase destruí tudo!", e volta a seu papel de submissão. A pesada dose de domínio serviu para lembrar-lhe o seu lugar. Mas se ela se recusa a regredir, o próprio casamento pode estar ameaçado. Seja como for, há uma nítida crise. Se a esposa persiste em substituir a submissão pela confiança em si, o marido, que precisa dominar alguém, pode deixá-la por uma esposa mais jovem, que se manterá numa atitude de medo e subserviências, e assim ele a colocará em posição de dependência e a transformará num objeto. Por outro lado, o casamento pode sobreviver à crise e uma mudança interessante pode ocorrer. Porém o fio de domínio e submissão ainda prossegue em sua trama pelo casamento, pois é o único tipo de casamento que ambos reconhecem. Com frequência, o marido assume então o papel submisso, pelo medo de perder alguma coisa que lhe é cara, ou de que depende. Fica mais tempo em casa, aproxima-se mais das crianças (por um sentimento de culpa pelo abandono de antes), pode dizer coisas como: "Você não precisa mais de mim" ou "Você está mudando, não é mais a garota com quem me casei e não estou certo de gostar dessa sua nova versão". Ele se tornou mais submisso, pode começar a beber e passar a lamentar-se, pela necessidade de manipular a esposa, ou de reconquistar a superioridade há muito perdida. A esposa agora está fazendo carreira, ou encaminhando-se para isso; tem seu próprio círculo de amigos e está desenvolvendo interesses exteriores próprios. Talvez esteja tendo um caso, num gesto retaliador de autoafirmação, mas, pelo menos, está se sentindo bem pelo fato de receber algum aplauso e reconhecimento por suas realizações. Contudo, o fio ainda permanece ali e há uma pesada ameaça de crise. Enquanto um dos parceiros tiver que ser mais importante que o outro, ou que o medo do divórcio for o que mantenha os dois juntos, a dependência continuará a ser a pedra de toque da aliança. O parceiro dominante, seja ele o homem ou a mulher, não fica satisfeito tendo por cônjuge um escravo. O casamento pode continuar no sentido legal, mas qualquer amor ou comunicação entre os dois parceiros foi destruído. Aqui é comum o divórcio, mas se isso não acontece, duas pessoas começam a marchar por caminhos separados dentro do casamento – não há sexo, aposentos separados, um padrão de comunicação baseado em indiferença mútua, em lugar de compreensão.

É também possível uma conclusão diferente, se ambas as partes resolverem fazer uma reavaliação de si mesmas e de seu relacionamento. Se ambas se esforçam por libertar-se de pontos fracos e amar uma à outra no sentido de permitir que o outro parceiro escolha sua própria autorrealização, então o casamento pode florescer e progredir. Com duas pessoas cheias de confiança em si, que gostem bastante uma da outra para estimular a independência, em lugar da dependência, mas que possam ao mesmo tempo partilhar a felicidade com a pessoa amada, o casamento pode ser algo estimulante. Mas quando duas pessoas tentam fundir-se numa só, ou uma tenta de qualquer maneira dominar a outra, esta centelha que há dentro de cada um de nós luta por uma das grandes necessidades humanas: a independência.

A duração não é uma indicação de sucesso no casamento. Muitas pessoas permanecem casadas por medo do desconhecido, ou por inércia, ou simplesmente porque essa é a coisa a fazer. Num casamento de sucesso, em que ambos os parceiros sentem amor verdadeiro, cada um está disposto a deixar que o outro escolha por si, em lugar de dominar. Não há a discussão constante, que é motivada pela necessidade de pensar e falar pelo outro parceiro, e de exigir que ele faça o que dele é esperado. A dependência é a serpente no paraíso do casamento perfeito. Cria padrões de domínio e submissão e, finalmente, destrói os relacionamentos. Esse ponto fraco pode ser eliminado, mas essa nunca será uma batalha fácil, visto que o poder e o controle estão em jogo e poucos desejam perdê-los sem luta. Mais importante ainda, dependência não deve ser confundida com amor. O fato de se deixar alguns espaços numa união, ironicamente, consolida os casamentos.

Você é tratado da maneira que ensinou aos outros como tratá-lo

A dependência não é algo que acontece simplesmente em razão do contato com gente dominadora. Constitui, como todos os comportamentos de pontos fracos, uma escolha. Você ensina as pessoas a dominarem-no e a tratá-lo da maneira pela qual sempre foi tratado. Há muitos esquemas que mantêm o processo de dominação e os mesmos só são repetidos se dão resultado. Dão resultado se mantêm você na linha e numa posição dependente no relacionamento. Aqui estão algumas das estratégias comuns para a manutenção da trama de domínio e controle no casamento:

- Todas as maneiras de berrar, gritar e levantar a voz. Isso manterá você na linha, se é uma pessoa suave que gosta das coisas tranquilas e fáceis.
- Comportamento de ameaça, tal como: "Vou embora, vou pedir o divórcio."
- Insinuação de culpa: "Você não tinha o direito de...", "Não compreendo como você pode ter feito semelhante coisa". Se culpa é o seu ponto fraco, então você pode ser mantido em submissão com tais afirmações.
- O uso da ira e de comportamento explosivo, tal como atirar ou socar objetos, praguejar.
- O ardil da doença física. Ter um ataque do coração, dor de cabeça, problemas nas costas, ou outro tipo de reação, quando um dos parceiros não se comporta da maneira que o outro deseja. Você pode ser manipulado dessa maneira, se tiver ensinado ao seu parceiro que se comportará bem quando ele estiver doente.
- O tratamento do silêncio. Deixar de falar e mostrar-se deliberadamente amuado são estratégias soberbas que um dos

parceiros pode empregar para manobrar o outro na direção do comportamento adequado.

- A rotina das lágrimas, na qual você chora para ajudar a outra pessoa a sentir-se culpada.
- A encenação de ir embora. Simplesmente levantar-se e sair do lugar é uma boa maneira de manipular um parceiro no sentido de assumir ou de abandonar determinado comportamento.
- O estratagema do: "Você não me ama" ou "Você não me compreende" como meio de conseguir o que deseja e de manter a dependência no relacionamento.
- O esquema do suicídio: "Se você não fizer o que eu quero, então eu me mato" ou "Se você me deixar, eu acabo com tudo".

Todas as estratégias comportamentais citadas representam métodos que mantêm a outra pessoa no papel desejado no casamento. São usadas quando dão resultado. Se um dos parceiros se recusa a ser manipulado por elas, o outro não continuará a usá-las. É apenas quando um companheiro reage bem a esses ardis que o outro adquire o hábito de usá-los. Se você tem as reações adequadas de submissão, está ensinando ao outro aquilo que irá tolerar.

Se você é levado de um lado para o outro, é porque emitiu sinais de que aceita ser conduzido. Você pode aprender a ensinar aos outros a tratá-lo da maneira pela qual deseja ser tratado. Vai exigir tempo e esforço, porque foi preciso bastante tempo para ensinar aos outros como você queria ser tratado até agora. Mas você pode fazer mudanças, seja no trabalho, na família, num restaurante, no ônibus, em qualquer lugar em que receba um tratamento ordinário que lhe desagrade. Em vez de dizer: "Por que você não me trata melhor?" comece a dizer: "O que eu estou fazendo para ensinar os outros a me tratarem dessa maneira?" Ponha o foco em si mesmo e comece a mudar essas reações.

Alguns comportamentos comuns de dependência e de encorajamento de dependência

- Sentir-se incapaz de abandonar o ninho, ou abandoná-lo com ressentimentos de ambos os lados.
- Sentir-se solicitado ou obrigado a visitar, telefonar, receber socialmente, servir de motorista e outros semelhantes.
- Pedir licença ao cônjuge para fazer qualquer coisa, inclusive gastar dinheiro, ter autoridade para falar ou usar o carro.
- Invasões de privacidade, tais como mexer nas gavetas e nos escritos guardados pelas crianças.
- Frases como: "Eu nunca poderia dizer a ele como me sinto, ele não iria gostar."
- Cair em depressão e imobilização após a morte de um ente querido.
- Sentir-se preso a um emprego em particular e nunca se aventurar espontaneamente fora dele.
- Ter expectativas sobre o que um cônjuge, um pai ou um filho deverá ser.
- Sentir-se embaraçado com o comportamento do filho, cônjuge ou genitor, como se o que eles são seja parte daquilo que você é.
- Permanecer em *treinamento* a sua vida inteira, para um trabalho ou posição. Nunca sair da fase de treinamento pelo fato de não confiar em si.
- Sentir-se magoado pelo que os outros dizem, sentem, pensam ou fazem.
- Só se sentir feliz ou bem-sucedido se seu companheiro se sente assim.
- Receber ordens de alguém.
- Permitir que alguém mais tome as decisões por você, ou pedir sempre conselhos, antes de decidir.
- "Você tem uma dívida comigo, veja o que fiz por você." As obrigações que acompanham a condição de dependente.

- Deixar de fazer alguma coisa na frente de um pai ou de uma pessoa autoritária, porque eles não aprovariam. Não fumar, não beber, não praguejar, não tomar sorvete de creme, ou seja lá o que for, em razão de seu papel submisso.
- Desistir da vida quando um ente querido morre ou fica seriamente doente.
- Usar linguagem comedida perto de uma pessoa dominadora, para que ela não se aborreça com você.
- Mentir persistentemente sobre seu comportamento e ter que distorcer a verdade, para que "eles" não fiquem zangados com você.

A compensação psicológica da dependência

As razões de apego a esse comportamento autodeformante não são muito complicadas. Você pode conhecer as motivações para ser dependente, mas será que sabe como são destrutivas? A dependência pode parecer inofensiva, mas é o inimigo de toda felicidade e autorrealização. Aqui estão os dividendos mais comuns por se conservar num estado de dependência:

- O fato de ser dependente pode mantê-lo sob a custódia protetora dos outros e lhe dar os benefícios de criança pequena, de não ser responsável por seu próprio comportamento.
- Por permanecer dependente, você pode culpar os outros por seus insucessos.
- Se você depende de outros, não precisa empreender o difícil trabalho da mudança, nem assumir os seus riscos. Você está garantido por repousar nos outros, que assumirão a responsabilidade por você.
- Você pode se sentir satisfeito consigo mesmo, porque está sendo agradável aos outros. Aprendeu que a maneira de ser bom é agradando à mamãe, e agora muitas mamães simbólicas manipulam você.

- Pode evitar a culpa que escolhe quando se comporta de uma forma afirmativa. É mais fácil comportar-se bem do que eliminar o sentimento de culpa.
- Não precisa tomar decisões nem escolher por si mesmo. Você se modela por um genitor, cônjuge, ou alguém de quem depende. Enquanto pensar o que eles pensam, ou sentir o que eles sentem, não há necessidade do difícil trabalho de determinar como pensará ou o que sentirá.
- Deixando de lado tudo mais, é simplesmente mais fácil ser um seguidor do que um líder. Pode fazer o que lhe for dito e evitar dificuldades, muito embora não goste da maneira como se sente, por ser um seguidor. Ainda é mais fácil do que enfrentar todos os riscos que acompanham o fato de ser você mesmo. A dependência é desagradável porque faz você ser menos do que uma pessoa completa, de funcionamento independente. Mas não há dúvida de que é mais fácil.

Um sumário dos meios de libertar-se da dependência

- Escreva uma declaração de independência, na qual definirá para si mesmo como deseja se comportar em todos os relacionamentos, sem eliminar os acordos, mas riscando qualquer manipulação sem representação: "Eu, uma pessoa, a fim de ter uma união mais perfeita etc."
- Converse com cada pessoa de que você se sinta psicologicamente dependente. Declare seus objetivos de viver com independência, explique como se sente quando faz coisas levado por um sentimento de obrigação. Essa é uma excelente estratégia inicial, porque o outro pode nem mesmo ter percebido como você se sente, sendo um dependente.
- Dê a si mesmo metas de 5 minutos, para saber como é que vai lidar com gente que domina sua vida. Tente um tiro direto: "Não, não quero", e faça um teste da reação por parte da outra pessoa.

- Marque uma sessão de planejamento com seu parceiro dominante, num momento em que não se sinta ameaçado. No decorrer dessa sessão, explique que algumas vezes se sente manipulado e submisso e que gostaria de estabelecer um sinal não verbal para mostrar à outra pessoa como está se sentindo, quando sobrevém essa sensação, mas que não deseja discuti-la no momento. Um simples puxão de orelha, ou o polegar posto na boca, para mostrar que está se sentindo dominado num determinado momento.
- Quando estiver sendo empurrado psicologicamente, diga ao parceiro como se sente e depois demonstre a maneira como desejaria se comportar.
- Lembre-se de que pais, cônjuges, amigos, patrões, filhos e outros, com frequência, desaprovarão seu comportamento, e que isso nada tem a ver com quem ou o que você é. É fato comum em qualquer relacionamento que você possa incorrer em desaprovação. Se você a esperar, não será afetado por ela, e dessa maneira poderá quebrar muitos dos laços de dependência que o escravizam emocionalmente.
- Mesmo que você esteja evitando deliberadamente as pessoas dominadoras (pais, cônjuge, patrão, filho), ainda assim está sendo controlado por eles em sua ausência, caso sinta-se emocionalmente imobilizado por causa deles.
- Se estiver se sentindo obrigado a visitar determinadas pessoas, pergunte a si mesmo se queria que os outros o visitassem apenas porque se sentem forçados a fazê-lo. Se a resposta for não, estenda cortesia semelhante àqueles que está tratando dessa maneira e discuta o assunto com eles. Isto é, inverta a lógica e veja como é realmente humilhante uma relação obrigatória.
- Tome a decisão de escapar de sua posição de dependência fazendo trabalho voluntário, lendo, contratando uma acompanhante para as crianças (mesmo que não esteja em condições de fazê-lo), arranjando um emprego que até mesmo nem seja bem-pago. Por quê? Simplesmente porque a remu-

neração de sua própria autoestima elevada vale qualquer preço que possa custar, em termos de dinheiro ou de tempo.

- Insista na independência financeira sem qualquer restrição ou prestação de contas a quem quer que seja. Você será um escravo se tiver que pedir dinheiro. Se isso for impossível, providencie ganhar o seu próprio dinheiro, de qualquer forma criativa que possa imaginar.
- Deixe os outros à vontade! Fique à vontade! Pare de dar ordens! Pare de receber ordens!
- Reconheça seu desejo de privacidade e de não ter que partilhar com os outros tudo que sente e experimenta. Você é um ser individual, e único. Se acha que tem que partilhar tudo, então não tem escolha e, com certeza, é um dependente.
- Deixe que o quarto de uma criança pertença a ela. Dê-lhe uma área que ela possa controlar e, desde que não seja prejudicial à saúde, permita-lhe tomar decisões sobre a maneira de organizá-la. Uma cama arrumada não é nem um pouco mais sadia, psicologicamente, do que uma desarrumada, muito embora você possa ter aprendido o contrário.
- Numa recepção, confraternize com pessoas afastadas de seu parceiro. Não se sinta na obrigação de permanecer com essa pessoa o tempo todo. Separe-se dele e voltem a juntar-se quando a festa acabar. Você duplicará seu saber e experiência.
- Se você quer ir a um cinema e seu parceiro prefere jogar tênis, faça isso. Permita a si mesmo mais tempo sozinho e os momentos que tiverem juntos serão mais felizes e estimulantes.
- Faça pequenas viagens sozinho, ou com amigos, sem se sentir preso a seu parceiro. Irá se sentir mais apegado a ele quando voltar, ao mesmo tempo que valorizará sua própria independência.
- Tenha em mente que não é responsabilidade sua fazer a felicidade dos outros. Eles que se façam felizes. Assim, você pode realmente gozar da companhia dos outros, mas se achar que sua missão é fazê-los felizes, então você é um dependente,

que também se sentirá deprimido quando a outra pessoa assim estiver. Ou, pior, vai se sentir como se fosse você o responsável por isso. Você é responsável por suas próprias emoções e assim cada uma das outras pessoas. Ninguém tem o controle de seus sentimentos, salvo você mesmo.
- Lembre-se de que o hábito não é razão para fazer coisa alguma. Só porque você sempre foi submisso aos outros não é justificativa suficiente para permitir que isso continue.

O interesse da vida e da paternidade efetivas é a independência. Igualmente, a marca registrada de um casamento verdadeiro é um mínimo de fusão e um máximo de autonomia e de autoconfiança. E embora você possa ter um medo real de romper os relacionamentos dependentes, se perguntasse àqueles dos quais depende emocionalmente, iria descobrir, com surpresa, que eles admiram, sobretudo, as pessoas que pensam e agem por si mesmas. Mas, ironia: você consegue mais respeito por ser independente especialmente daqueles que se esforçam mais para mantê-lo submisso.

O ninho é um belo lugar em que a criança pode se desenvolver, mas o abandono do ninho é ainda mais belo e pode ser visto assim por aquele que o abandona, da mesma forma que por quem estiver observando a decolagem.

11
Adeus à ira

O único antídoto para a ira é a eliminação da frase interior: "Se ao menos você fosse mais parecido comigo."

O seu pavio é muito curto? Você pode aceitar a ira como parte de sua vida, mas reconhece que ela não atende a nenhum fim útil? Talvez tenha justificado seu comportamento explosivo dizendo coisas como: "É apenas humano" ou "Se eu não me manifestar, vou guardando a ira e terei uma úlcera". Mas a cólera é provavelmente uma parte de si da qual você não gosta e, nem é preciso dizer, da qual ninguém mais gosta.

A ira não é "apenas humana". Você não precisa tê-la e ela não serve a propósito algum que tenha algo a ver com o fato de ser uma pessoa feliz e realizada. É um ponto fraco, uma espécie de influência psicológica, que torna você incapaz, da mesma maneira que o faria uma doença física.

Vamos definir a palavra *ira*. Tal como a usamos neste capítulo, refere-se a uma reação imobilizadora, experimentada quando qualquer expectativa não se concretiza. Assume a forma de raiva, hostilidade, de ataque a alguém ou mesmo de imponente silêncio. Não é simples aborrecimento ou irritação e, mais uma vez, a palavra-chave é imobilidade. A ira é imobilizante e é, em geral, o resultado do desejo de que o mundo e as pessoas nele fossem diferentes.

A ira é uma escolha, da mesma forma que é um hábito. É uma reação relacionada à frustração, na qual você se comporta de formas que preferiria não se comportar. Na verdade, a ira excessiva é uma forma de insanidade. Você fica insano sempre que não pode controlar seu comportamento. Portanto, quando você está zangado e perde o controle, está temporariamente insano.

Não há compensação psicológica para a ira e, como a definimos aqui, ela é algo debilitante. No campo fisiológico, pode causar hipertensão, úlceras, urticárias, palpitações do coração, insônia, cansaço e até problemas cardíacos. No sentido psicológico, a ira acaba com as relações amorosas, interfere com a comunicação, conduz ao sentimento de culpa e à depressão e, de modo geral, apenas atrapalha. Você pode não acreditar, uma vez que sempre ouviu dizer que manifestar a ira é mais sadio do que mantê-la recalcada dentro de si. Sim, manifestar a ira é, de fato, uma alternativa mais sadia do que suprimi-la. Mas há uma hipótese ainda mais sadia – não sentir ira alguma. E, nesse caso, você não será confrontado com o dilema de deixá-la sair ou mantê-la.

Como todas as emoções, a ira é resultado do raciocínio. Não é algo que simplesmente lhe acontece. Ao enfrentar circunstâncias que não se desenrolaram no sentido que você desejaria, você diz a si mesmo que as coisas não deveriam ser assim (frustração) e então escolhe uma reação familiar de ira, que atende a um propósito (veja a seção das razões, adiante, neste capítulo). E, enquanto você considerar a ira como parte daquilo que significa ser humano, tem uma razão para aceitá-la e para evitar esforçar-se quanto a ela.

Não hesite em externar sua ira, manifeste-a de formas não destrutivas – se você ainda está decidido a tê-la. Mas comece a pensar em si próprio como alguém que pode aprender a pensar de maneira diferente, quando se sente frustrado, de modo que a ira imobilizante possa ser substituída por emoções mais positivas. Aborrecimento, irritação e desapontamento são sentimentos que muito provavelmente você continuará a experimentar, pois o mundo nunca será aquilo que você quer que seja. Mas a ira, essa reação emocional nociva diante dos obstáculos, pode ser eliminada.

Você pode defender a ira porque ela funciona para você obter o que quer. Veja bem: você quer dizer que levantando a voz ou parecendo zangada ajudará a impedir sua filha de 2 anos de brincar na rua, onde pode se machucar, então levantar a voz constitui excelente estratégia, que só se transformará em ira quando você ficar zangada de verdade, quando ficar vermelha e aumentarem as batidas cardíacas; quando sair batendo nas coisas e, de modo geral, ficar imobilizada durante algum tempo. Selecione, por todos os meios, as estratégias pessoais que possam reforçar o comportamento apropriado, mas não assuma todos os malefícios internos que as acompanham. Você pode aprender a pensar assim: "Esse comportamento que ela está tendo é perigoso para ela mesma. Quero fazê-la compreender que não tolerarei que brinque na rua. Vou levantar a voz para demonstrar como me sinto a esse respeito, mas não vou sair por aí espumando de raiva."

Considere uma típica mãe que não consegue dirigir essa demonstração controlada de ira. Está constantemente aborrecida com o mau comportamento repetido dos filhos e parece que, quanto mais aborrecida fica, mais eles se comportam mal. Ela os castiga, manda que fiquem no quarto, grita constantemente e quase sempre demonstra estado de irritação ao lidar com as crianças. Sua vida de mãe é uma batalha. Ela só sabe falar aos gritos e, a cada noite, sente-se emocionalmente arruinada, esgotada por um dia no campo de batalha.

Assim, por que as crianças não se comportam bem, quando sabem o quanto a mamãe decide se aborrecer toda vez que eles aprontam? Porque a ironia da ira é que ela nunca contribui para modificar os outros; apenas aumenta o desejo da outra pessoa de controlar a que fica zangada. Agora escute as crianças mencionadas, presumindo-se que pudessem manifestar sua própria razão lógica para o mau comportamento:

– Viu o que temos que fazer para deixar a mamãe fora de si? Tudo o que você precisa fazer é dizer isto, ou fazer aquilo, e você já a tem sob controle e logo ela tem um daqueles ataques. Talvez você tenha que ficar algum tempo preso no quarto, mas veja só o que consegue! O completo domínio emocional dela por preço tão baixo. Uma vez que temos tão pouco poder sobre ela, vamos fazer isso mais vezes e vê-la ficar em pedaços com nosso comportamento.

A ira, quando usada em qualquer tipo de relacionamento, quase sempre encorajará a outra pessoa a continuar a agir como vinha agindo. Embora o provocador possa parecer assustado, sabe também que pode fazer a outra pessoa explodir sempre que quiser e, portanto, exercer o mesmo tipo de autoridade vingativa que a pessoa zangada pensa ter.

Toda vez que você escolhe a ira como reação ao comportamento de alguém, nega a essa pessoa o direito de ser aquilo que escolhe ser. Dentro de sua cabeça está a frase neurótica: "Por que você não pode ser mais parecido comigo? Assim eu estaria gostando de você agora, em vez de estar zangado." Mas os outros nunca serão, o tempo todo, como você queria que eles fossem. Na maioria das vezes, as pessoas e as coisas não caminham como você gostaria que caminhassem. O mundo é assim, e não existe possibilidade de mudá-lo. Assim, toda vez que escolher a ira, quando se defrontar com alguém ou alguma coisa que não lhe agrada, está se decidindo a sofrer ou a ser de alguma forma imobilizado pela realidade. Ora, é uma tolice aborrecer-se com coisas que nunca irão se modificar. Em vez de escolher a ira, pode começar a pensar nos outros como tendo o direito de serem diferentes daquilo que você teria preferido. Você pode não gostar disso, mas não precisa zangar-se. A ira apenas os encorajará a continuarem a ser como são, e trará como resultado toda a tensão física e a tortura mental descritas anteriormente. A escolha é, realmente, sua, entre a ira ou a nova opinião sobre o que o ajudará a eliminar a necessidade da ira.

Talvez você se veja no campo oposto, isto é, como alguém que sente forte dose de ira, mas que nunca teve coragem de manifestá-la. Você a recalca e nunca diz nada, preparando-se para aquelas dolorosas úlceras e vivendo o presente com uma grande soma de ansiedade. Mas esse não é o oposto do indivíduo que esbraveja e se enfurece. Você tem em mente as mesmas frases, dizendo que as pessoas e as coisas deveriam ser como queria que fossem. Se fossem, raciocina, você não se sentiria irado. Essa é uma lógica errada e sua eliminação é o segredo para libertar-se de sua tensão. Embora deseje aprender a manifestar a ira recalcada, em vez de acumulá-la, a meta definitiva é aprender a pensar de maneiras novas e que não criarão a ira. Pensamentos secretos tais como: "Se ele quer agir como um louco, não vou escolher me aborrecer por isso. Ele, e não eu, é o dono de seu tolo comportamento." Ou: "As coisas não estão seguindo o caminho que acho que deveriam seguir. Embora não goste disso, não vou me imobilizar."

Aprender a expressar a ira através de corajosos comportamentos novos, discutidos por todo este livro, constitui o seu primeiro passo. Depois, raciocinando das novas maneiras, que o ajudarão a passar do lado de fora para o lado de dentro da razão e da saúde mental, recusando-se a ser o dono do comportamento de qualquer outra pessoa – eis o passo final. Você pode aprender a não dar ao comportamento e às ideias das outras pessoas o poder de aborrecê-lo. Através de um alto conceito de si mesmo e da recusa a deixar que os outros o controlem, você não se magoará agora com ira.

É impossível ficar zangado e rir ao mesmo tempo. A ira e o riso excluem-se mutuamente e você tem o poder de escolher um ou outro.

O riso é o sol da alma e sem sol nada pode viver ou crescer. Como disse Winston Churchill:

> Acredito que você não pode lidar com as coisas mais sérias do mundo a menos que compreenda as mais divertidas.

Talvez você encare a vida com demasiada seriedade. Talvez a característica isolada mais significativa das pessoas sadias seja o seu simpático senso de humor. Ajudar os outros a escolherem o riso e aprender a observar a incongruência de quase todas as situações da vida é um excelente remédio para a ira.

No rol das coisas, aquilo que você faz e o fato de estar ou não zangado tem tanta importância quanto um copo de água jogado nas Cataratas do Niágara. Quer você escolha o riso ou a ira, isso não significará muito – excetuando o fato de que o primeiro encherá o seu momento presente de felicidade, e a última o desperdiçará, enchendo-o de miséria.

Você encara a si mesmo e sua vida tão seriamente que não pode recuar um passo e verificar o absurdo de considerar qualquer coisa com tanta solenidade? A ausência de riso é um indicador de patologia. Quando sentir a tendência para ser exageradamente sóbrio a respeito de si mesmo e do que faz, lembre-se de que este é o único tempo de que dispõe. Por que gastar o seu presente ficando zangado, quando rir faz tanto bem?

O riso pelo prazer de rir. Essa é sua própria justificativa. Não precisa ter uma razão para rir. Ria, apenas. Observe a si mesmo e os outros neste mundo louco e depois decida se vai viver carregando ira ou desenvolvendo um senso de humor que dará a você e aos outros um dos presentes mais valiosos de todos – o riso. É tão bom!

Algumas causas comuns de ira

Você pode encontrar ira em ação o tempo todo. Os exemplos de pessoas experimentando vários graus de imobilidade, de um ligeiro aborrecimento até a raiva cega, estão por toda parte. Ela é como um câncer, embora um câncer aprendido, que se insinua em todas as interações humanas. Adiante estão algumas das mais comuns situações nas quais as pessoas escolhem a ira.

- Ira no automóvel. Os motoristas gritam com os outros praticamente por tudo. Um comportamento que aumenta as pulsações quando alguém está dirigindo devagar, ou depressa demais, quando não faz sinal, ou faz sinal errado, muda de faixa, ou comete uma série de enganos. Como motorista, você pode experimentar grande dose de raiva e de imobilidade emocional, em razão do que diz a si mesmo sobre a maneira como os outros deveriam dirigir. Da mesma forma, os engarrafamentos de trânsito são ideais para ataques de ira e hostilidade. Os motoristas berram com os passageiros e praguejam contra os motivos da demora. Todo esse comportamento é o resultado de um único pensamento: "Isso não devia estar acontecendo e, já que está, vou me aborrecer e ajudar os outros a também escolherem a infelicidade."
- Ira nos jogos competitivos. O bridge, o tênis, o pôquer e uma variedade de outros jogos são excelentes causadores de úlceras. As pessoas se aborrecem com os parceiros ou com os oponentes, por não fazerem o que acham certo ou por infrações das regras. Podem atirar coisas, como uma raquete de tênis, pelo fato de terem cometido um erro. Embora sair

correndo ou atirar algum objeto seja mais sadio do que bater nas pessoas ou gritar com elas, isso ainda representa barreiras ao pleno gozo do momento presente.

- Ira contra o que está fora de lugar. Muitas pessoas sentem raiva de um indivíduo ou de uma coisa que considerem estar fora de lugar. Por exemplo, um motorista no trânsito pode decidir que o pedestre ou o ciclista não devia estar ali e tentar tirá-lo da estrada. Esse tipo de ira pode ser extremamente perigoso e muitos dos chamados acidentes são, na realidade, o resultado de tais incidentes, nos quais a raiva não controlada tem sérias consequências.
- Ira contra os impostos. Não há dose de ira que jamais consiga mudar as leis tributárias de nosso país, mas as pessoas se enfurecem da mesma forma, porque os impostos não são como gostariam que fossem.
- Ira porque os outros se atrasam. Se você espera que as outras pessoas funcionem de acordo com os seus horários, escolherá a ira quando elas não agem assim, e justificará a sua imobilização com: "Tenho o direito de estar aborrecido. Ele me fez esperar meia hora."
- Ira diante da desorganização ou relaxamento dos outros. Apesar do fato de que a sua raiva provavelmente irá encorajar os outros a continuarem se comportando da mesma maneira, você pode persistir na escolha da ira.
- Ira em relação a objetos inanimados. Se você bate com o osso da canela, ou martela o polegar, reagir com um grito pode ser terapêutico, mas sentir raiva verdadeira e fazer algo como dar um soco na parede não é apenas fútil, mas também doloroso.
- Ira pela perda de objetos. Não há porção de raiva que faça aparecer uma chave perdida, ou uma carteira, mas isso provavelmente impedirá que você se ocupe numa busca eficiente.

- Ira por acontecimentos mundiais além de seu controle. Talvez você não aprove a política, as relações exteriores ou a economia, mas sua ira e a subsequente imobilização não irão mudar coisa alguma.

As numerosas faces da ira

Agora que já vimos algumas das ocasiões nas quais você poderia escolher a ira, vejamos algumas das formas tomadas pela ira.

- Insultar ou expor ao ridículo, verbalmente, o cônjuge, os filhos, os entes queridos, ou amigos.
- Violência física – espancar, dar pontapés, bater com violência em objetos ou pessoas. Levado a extremos, esse comportamento conduz a crimes de violência, que são quase sempre cometidos sob a influência de ira imobilizante. Assassinatos e agressões não acontecem a menos que as emoções estejam fora de controle e a ira tenha conduzido à insanidade temporária. Acreditar que a ira é normal, ou aceitar as teorias psicológicas que o encorajam a reconhecer sua ira e dar vazão a ela, pode ser potencialmente perigoso. Da mesma maneira, a televisão, os filmes e os livros que popularizam a ira e a violência e as apresentam como normais solapam tanto o indivíduo quanto a sociedade.
- Dizer coisas como: "Ele me enfurece" ou "Você realmente me exaspera". Nesses casos, você está escolhendo a hipótese de deixar que o comportamento de alguém mais o faça infeliz.
- Usar expressões como: "matá-lo", "esmurrá-los" ou "destruir a oposição". Você pode pensar que são apenas expressões, mas estimulam a ira e a violência e as tornam aceitáveis, mesmo numa competição amigável.

- Acessos de raiva. Não apenas representam uma manifestação comum de ira, mas servem, frequentemente, para que aquele que tem o acesso consiga exatamente aquilo que quer.
- Sarcasmo, ridículo e o tratamento do silêncio. Essas formas de ira podem ser tão prejudiciais quanto a violência física.

Embora a lista dos possíveis comportamentos de ira pudesse continuar até o infinito, os exemplos precedentes constituem os mais comuns de como a ira se manifesta nesse ponto fraco.

O sistema de recompensas que você construiu para escolher a ira

O esforço de alongar seu pavio começará mais eficazmente com alguma compreensão das razões para encurtá-lo, em primeiro lugar. Eis aqui alguns dos motivos psicológicos para conservar esse pavio tão curto quanto está:

- Toda vez que você achar difícil controlar-se, sentir-se frustrado ou vencido, pode usar a ira para dirigir a responsabilidade por seus sentimentos para a pessoa ou o acontecimento envolvidos, em vez de assumir o encargo de seus próprios sentimentos.
- Pode usar sua ira para manipular aqueles que o temem. Isso é particularmente eficiente para pôr na linha os que são mais jovens, ou física ou psicologicamente inferiores.
- A ira chama a atenção e assim você pode se sentir importante e poderoso.
- A ira é uma desculpa cômoda. Você pode ficar maluco – temporariamente – e depois desculpar-se dizendo: "Não pude me conter." Dessa forma justificará seu comportamento com uma lógica fora de controle.
- Você pode conseguir o que quer, porque os outros preferirão acalmá-lo a ter que enfrentar uma demonstração de raiva.

- Se você receia a intimidade ou o amor, pode ficar zangado com alguma coisa, assim evitando o risco de partilhar-se afetivamente.
- Pode manipular os outros com sentimento de culpa, fazendo com que se perguntem: "O que foi que eu fiz de errado para que ele ficasse tão zangado?" Quando eles se sentem culpados, você é poderoso.
- Pode interromper a comunicação em que se sente ameaçado pelo fato de o outro ser mais capaz. Simplesmente usa a ira para evitar o risco de ficar mal.
- Você não precisa se esforçar quando está zangado. Em consequência, pode gastar seu tempo na fácil tarefa de ser feroz e evitar fazer qualquer coisa que pudesse ser necessária para melhorar a si mesmo. Assim pode usar a ira para se aliviar.
- Você pode cair na autocomiseração, depois de ter tido um acesso de raiva e sentir pena de si mesmo porque ninguém o compreende.
- Pode evitar pensar com clareza, simplesmente por ficar zangado. Todo mundo sabe que você não consegue pensar direito nessas ocasiões, então por que não desencavar a velha ira quando você quiser evitar quaisquer desses esforços para pensar certinho?
- Pode desculpar o fato de perder, ou um desempenho fraco, com um simples acesso de raiva. Pode ser até que consiga fazer os outros pararem de ganhar, porque eles temem muito sua ira.
- Pode desculpar a ira dizendo que precisa dela para se desincumbir de determinada tarefa, mas na verdade a ira é imobilizante e nunca melhora o desempenho.
- Dizendo que ficar zangado é humano, você tem uma justificativa pronta para si mesmo: "Sou humano, e é isso que os humanos fazem."

Algumas maneiras de substituir a ira

A ira pode ser eliminada. Isso irá exigir uma grande dose de raciocínio novo e só pode ser feito em um momento de cada vez. Ao ver-se diante de pessoas ou de acontecimentos que o provocam a escolher a ira, tenha consciência daquilo que está dizendo a si mesmo e então trabalhe em sentenças que criem novos sentimentos e um comportamento mais positivo. Aqui estão algumas estratégias específicas para atacar a ira:

- Em primeiro lugar e mais importante, entre em contato com seus pensamentos, no seu momento de ira, e lembre-se de que não precisa raciocinar dessa maneira só porque foi assim que fez no passado. É da maior importância ter consciência das coisas.
- Tente adiar a ira. Se você tem a reação típica da ira numa circunstância particular, adie-a por 15 segundos, depois extravase na sua maneira habitual. Na vez seguinte tente 30 segundos, e continue aumentando os intervalos. Uma vez que comece a ver que pode protelar a ira, terá aprendido a controlar-se. Protelar é controlar e, com muita prática, você acabará eliminando-a totalmente.
- Ao tentar usar a ira de forma construtiva, para ensinar algo a uma criança, tente fingir a ira. Levante a voz e aparente severidade, mas não experimente todo o sofrimento físico e psicológico que acompanha a ira.
- Não tente iludir-se, acreditando que gosta de alguma coisa que acha desagradável. Você pode não gostar de uma coisa e mesmo assim não tem que ficar zangado por isso.
- Lembre-se, no momento de raiva, que cada um tem o direito de ser aquilo que escolher, e que a sua exigência para que todos sejam diferentes simplesmente prolongará sua ira. Esforce-se para permitir aos outros a escolha, do mesmo modo que insiste em seu próprio direito de escolher.

- Peça a ajuda de alguém em quem você confie. Peça-lhe que lhe chame a atenção quando vir sua ira, verbalmente ou através de um sinal convencionado. Quando você perceber o sinal, pense no que está fazendo e tente a estratégia do adiamento.
- Mantenha um diário de sua ira e anote a hora exata, o lugar e o incidente no qual escolheu ficar zangado. Seja religiosamente cuidadoso no que se refere aos registros, esforce-se por anotar todo comportamento de ira. Logo descobrirá, se for persistente, que o próprio ato de ter que anotar o incidente o persuadirá a escolher a ira com menos frequência.
- Depois de ter tido um rompante de ira, fale em voz alta que você se descuidou e que uma de suas metas é pensar de modo diferente, a fim de não experimentar aquela ira. A comunicação verbal porá você em contato com aquilo que fez e demonstrará que você está de fato fazendo força sobre si mesmo.
- Tente estar perto de alguém a quem ama, no momento de sua ira. Um meio de neutralizar sua hostilidade é dar as mãos, apesar de sua inclinação a não fazer isso, e continuar de mãos dadas até que você tenha se expressado e dissipado sua ira.
- Converse com aqueles que são mais frequentemente alvos de sua ira, num momento em que não estiver zangado. Partilhem, uns com os outros, as atividades mais capazes de provocar a ira no outro e estabeleçam um meio de comunicar seus sentimentos sem a ira debilitante. Talvez uma nota escrita, ou um mensageiro, ou um passeio relaxante possam ser mutuamente combinados, de modo que vocês não continuem a ofender um ao outro com uma ira insensata. Depois de alguns passeios relaxantes, começarão a ver a loucura de se atacarem.

- Enfraqueça sua ira, nos primeiros segundos, explicando como se sente e como acredita que seu parceiro também se sente. Os primeiros 10 segundos são os mais cruciais. Uma vez que os tiver vencido, sua ira frequentemente estará dissipada.
- Tenha em mente que tudo em que acredita será desaprovado por 50 por cento das pessoas, em 50 por cento das vezes. Uma vez que você espere que os outros discordem, não escolherá ficar zangado. Em vez disso, dirá a si mesmo que o mundo está certo, já que as pessoas não estão concordando com tudo o que digo, penso, sinto e faço.
- Tenha em mente que, embora a manifestação da ira seja uma alternativa sadia a acumulá-la, o fato de absolutamente não tê-la é a escolha mais sadia de todas. Uma vez que você deixe de encarar a ira como natural ou apenas humana, terá uma razão lógica interior para trabalhar no sentido de eliminá-la.
- Liberte-se das expectativas que tem com relação aos outros. Quando as expectativas se vão, vai-se também a ira.
- Lembre-se de que as crianças serão sempre ativas e barulhentas e que ficar zangado com isso não fará bem algum. Embora você possa ajudar as crianças a fazerem escolhas positivas em outras áreas, nunca será capaz de lhes alterar a natureza fundamental.
- Ame a si mesmo. Se o fizer, nunca se sobrecarregará com a ira autodestruidora.
- Num engarrafamento de trânsito, cronometre-se. Veja quanto pode aguentar sem explodir. Trabalhe no aspecto de controle. Em vez de esbravejar com quem estiver por perto, faça-lhe uma pergunta delicada. Use o tempo de maneira útil, escrevendo uma carta, ou uma canção, ou imagine meios de sair do engarrafamento, reviva mentalmente a mais interessante experiência sexual de sua vida ou, melhor ainda, planeje melhorar nesse terreno.

- Em vez de ser um escravo emocional de toda circunstância frustrante, use a situação como um desafio a modificá-la e não terá tempo, em seu momento presente, para a ira.

A ira atrapalha. Não serve para nada. Como todos os pontos fracos, a ira é uma forma de usar coisas estranhas a você para explicar como você se sente. Esqueça os outros. Faça suas próprias escolhas – e não deixe que sejam tempestuosas.

12
Retrato de uma pessoa que eliminou todos os pontos fracos

Elas estão ocupadas demais sendo *para notarem o que seus vizinhos estão fazendo.*

Alguém desprovido de todo comportamento prejudicial pode parecer ficção, mas ser livre de comportamentos autodestruidores não é um conceito mitológico; é, antes, uma possibilidade real. Ser alguém que funciona inteiramente está ao seu alcance, e a completa saúde mental pode ser uma escolha. Este capítulo final é dedicado a uma descrição da maneira como funcionam as pessoas livres de todo raciocínio e comportamento de pontos fracos. Você vai ver o desenvolvimento de um indivíduo diferente da maioria das pessoas, que se distingue por uma estranha capacidade de ser criativamente vivo, em todos os momentos.

As pessoas livres de pontos fracos são diferentes dos indivíduos comuns. Embora pareçam ser como todo mundo, possuem qualidades distintas, nenhuma delas racial, socioeconômica ou sexual. Não se enquadram exatamente em nenhum papel, nenhuma especificação de cargo, padrões geográficos, níveis educacionais ou estatísticas financeiras. Há, quanto a elas, uma qualidade diferente, mas a diferença não é perceptível nos fatores externos tradicionais pelos quais geralmente se classificam as pessoas. Podem ser ricas ou pobres, homens ou mulheres, brancas ou pretas, podem viver em qualquer parte e fazer praticamente de tudo. Formam um grupo variado e, contudo, partilham de um único traço; são livres de pontos fracos. Como você pode saber quando encontra alguém assim? Observe essas pessoas! Ouça-as! Eis o que descobrirá:

Em primeiro lugar e mais evidentemente, você verá pessoas que gostam de quase tudo que se refere à vida – que se sentem bem fazendo seja lá o que for e que não gastam tempo se queixando, ou desejando que as coisas fossem diferentes. Têm entusiasmo pela vida e desejam tudo que possam tirar dela. Gostam de piqueniques, cinema, livros, esporte, concertos, cidades, fazendas, animais, montanhas e praticamente tudo mais. Gostam da vida. Quando você está perto de pessoas assim, nota a ausência de queixas, de gemidos, ou mesmo de suspiros passivos. Se chove, elas gostam disso. Se faz calor, elas o aproveitam, em vez de reclamar. Se se veem num engarrafamento, ou numa recepção, ou sozinhas, simplesmente lidam com o que aparece. Não se trata de fingir que gostam, mas de uma sensata aceitação daquilo que é, e de uma capacidade extraterrena de sentir prazer nessa realidade. Pergunte-lhes do que não gostam e elas têm dificuldades em dar uma resposta honesta. Não fogem da chuva, porque veem a chuva como algo belo, emocionante e que deve ser experimentada. Gostam disso. Se o chão está enlameado, isso não os enfurece: observam-no, se metem por ele e o aceitam como parte do que significa estar vivo. Gostam de gatos? Sim. De ursos? Sim. Embora perturbações como doenças, secas, mosquitos, inundações e coisas semelhantes não sejam recebidas calorosamente por pessoas assim, elas nunca gastam seus momentos presentes se queixando disso, nem desejando que tais coisas não fossem como são. Se as situações precisam ser eliminadas, elas trabalharão para eliminá-las – e gostarão do trabalho. Por mais que você tente, vai lutar bastante para descobrir alguma coisa que elas não gostem de fazer. Na verdade, são amantes da vida e aproveitam todos os seus aspectos, tirando dela tudo que lhes é possível tirar.

Pessoas sadias e realizadas são livres de sentimento de culpa e de toda a ansiedade subsequente, que acompanha o uso de quaisquer momentos presentes na imobilização vinculada a acontecimentos passados. Certamente podem admitir que cometem erros e jurar que evitarão repetir determinado comportamento de tal forma contraproducente, mas não vão gastar seu tempo desejando que não tivessem feito alguma coisa, nem ficando aborrecidas pelo fato de não gostarem de algo que fizeram num momento anterior de suas vidas. Completa liberdade do sentimento de culpa é uma das marcas registradas dos indivíduos sadios. Nenhuma lamentação quanto ao passado e nenhum esforço para fazer com que os outros escolham a culpa, com perguntas tolas como: "Por que você não fez isso de outra maneira?" ou "Você não se envergonha de si mesmo?". Parecem reconhecer que a vida já vivida está, exatamente, já vivida e que nenhuma porção de sentimento de infelicidade alterará o passado. São livres de culpa, eles próprios, sem esforço algum; porque é algo natural, nunca contribuem para que os outros escolham a culpa. Compreendem que se sentir infeliz no momento presente apenas reforça uma autoimagem pobre e que aprender com o passado é muito superior a lamentar-se sobre o passado. Você nunca os verá manipulando outras pessoas por dizer-lhes quanto foram más, nem você será capaz de manipulá-los usando as mesmas táticas. Não se aborrecerão com você, simplesmente vão ignorá-lo. Em vez de se zangarem com você, irão embora, ou mudarão de assunto. As estratégias que tão belamente funcionam com a maioria das pessoas falharão com esses sadios indivíduos. Em lugar de tornarem a si mesmos e aos outros infelizes com sentimento de culpa, vão adiante sem cerimônia alguma quando a culpa aparece.

As pessoas livres de pontos fracos são, igualmente, gente que não se preocupa. Circunstâncias que deixam muitas pessoas ansiosas apenas tocam de leve nesses indivíduos. Não são nem planejadores do futuro, nem provedores dele. Recusam-se a ter preocupação e mantêm-se livres da ansiedade que acompanha a preocupação. Não sabem como se preocupar, isso não faz parte de seu modo de ser. Não são, necessariamente, calmos em todos os momentos, mas não estão dispostos a gastar momentos presentes agoniando-se por causa de coisas futuras, sobre as quais não têm controle. São muito orientados pelo momento presente e contam com um dispositivo interior que parece lembrar-lhes que toda a preocupação deve ocorrer neste momento, e que essa é uma maneira tola de viver a vida que se tem.

Essas pessoas vivem o agora, e não o passado ou o futuro. Não são ameaçadas pelo desconhecido e procuram experiências que sejam novas e com as quais não estejam familiarizadas. Adoram a ambiguidade. Saboreiam o agora em todos os momentos, conscientes de que isso é tudo que têm. Não planejam quanto a acontecimentos futuros, deixando longos períodos de inatividade se escoarem enquanto esperam tais acontecimentos. Os momentos entre os acontecimentos merecem tanto serem vividos quanto os que são ocupados pelos acontecimentos em si, e tais pessoas têm uma estranha capacidade de tirar todo o prazer possível de suas vidas diárias. Não são proteladoras, e, embora nossa cultura desaprove seu comportamento, não sentem-se ameaçadas pela autocensura. Fazem a colheita de sua felicidade atual e, quando o futuro chega, colhem nele também. Tais indivíduos estão sempre desfrutando, apenas porque veem a loucura de esperar para desfrutar as coisas. É uma maneira natural de viver, muito parecida com a de uma criança, ou de um animal. Estão ocupados arrebatando a plenitude do momento presente, enquanto a maioria das pessoas passa a vida esperando as justificativas e nunca sendo capaz de aproveitá-las.

Essa gente sadia é impressionantemente independente. Vivem fora do ninho e, embora possam ter um forte amor e devoção por sua família, veem a independência como algo superior à dependência em todos os relacionamentos. Prezam sua liberdade quanto a expectativas. Seus relacionamentos são estabelecidos sobre o respeito mútuo pelo direito do indivíduo de tomar decisões para si próprio. Seu amor não envolve a imposição de valores ao ente amado. Dão alto valor à privacidade, o que pode deixar os outros com a sensação de frieza ou rejeição. Gostam de ficar sós, às vezes, e farão grandes esforços para garantir que sua intimidade seja protegida. Você não vai encontrar essas pessoas envolvidas em numerosos relacionamentos amorosos. Selecionam, no que se refere a seus amores, mas amam também com profundeza e sensibilidade. É difícil, para as pessoas dependentes ou mórbidas, amar essa gente, porque eles são inflexíveis no que concerne à sua liberdade. Se alguém precisa deles, rejeitam tal necessidade por ser prejudicial à outra pessoa, assim como a eles mesmos. Querem que aqueles que amam sejam independentes, façam suas próprias escolhas e vivam suas vidas para si mesmos. Embora gostem dos outros e desejem a companhia deles, desejam mais ainda que os outros vivam sem apoios ou dependências. Assim, no momento em que você começa a se apoiar nessas pessoas, verá que elas desaparecem, primeiro emocionalmente, depois também fisicamente. Recusam-se a ser dependentes ou a ter a dependência de alguém numa relação adulta. Com as crianças, são um modelo de pessoa interessada, mas encorajam quase desde o princípio a autoconfiança, oferecendo sempre uma quantidade enorme de amor.

Você encontrará entre esses indivíduos felizes e realizados uma ausência fora do comum de busca de aprovação. São capazes de funcionar sem a aprovação e o aplauso dos outros. Não buscam honras, como faz a maioria das pessoas. São extraordinariamente livres das opiniões dos outros e quase não se incomodam com o fato de outra pessoa gostar ou não do que tenham dito ou feito. Não procuram chocar os outros, ou ganhar-lhes a aprovação. São tão dirigidos por motivos interiores que não têm, literalmente, interesse pelos julgamentos alheios de seu comportamento. Não é que ignorem o aplauso e a aprovação; apenas parece que não necessitam deles. Podem ser quase ríspidos em sua honestidade, visto que não expressam suas mensagens em frases elaboradas com cuidado e destinadas a agradar. Se você quer saber o que pensam, é exatamente isso que vai ouvir. Da mesma forma, quando você disser alguma coisa sobre eles, não os verá destruídos ou imobilizados. Tomarão os dados fornecidos por você para filtrá-los através de seus próprios valores, e usarão isso para seu desenvolvimento. Não precisam ser amados por todo mundo, nem guardam um desejo exagerado de serem aprovados por todos, por tudo aquilo que fazem. Sabem que sempre vão incorrer em alguma desaprovação. O que têm de especial é que são capazes de funcionar da maneira que eles próprios ditam, e não conforme alguém de fora.

Se você observar esses tipos, notará uma falta de aculturação. Não são rebeldes, mas fazem, de fato, suas próprias escolhas, mesmo se tais escolhas entram em conflito com o que todo mundo faz. Podem ignorar regras mesquinhas, quando elas não têm sentido, e encolhem tranquilamente os ombros diante de pequenas convenções que são parte tão importante de tantas vidas. Não frequentam coquetéis, nem entabulam conversas inócuas, só porque é polido fazer isso. São eles mesmos, e embora encarem a sociedade como parte importante de suas vidas, recusam-se a ser regidos por ela ou a se tornarem seus escravos. Não atacam em tom de rebeldia, mas sabem, no íntimo, quando ignorar, e funcionam de maneira lúcida e sensata.

Sabem rir e provocar o riso. Acham graça em praticamente todas as situações e podem rir tanto nas mais absurdas como nas mais solenes ocasiões. Adoram ajudar os outros a rir e têm facilidade em criar humor. Não são pessoas sisudas, enfadonhas, que abrem caminho na vida com severidade impassível. Em vez disso, são pessoas realizadoras, frequentemente escarnecidas por se mostrarem frívolas na hora errada. Não calculam bem a hora das coisas, porque sabem que não existe, realmente, isso de coisa certa no lugar certo. Amam a incongruência e, contudo, não há hostilidade em seu humor. E nunca, mas nunca mesmo, usam o ridículo para provocar o riso. Não riem das pessoas, riem com elas. Riem da vida e veem tudo como algo engraçado, muito embora sejam decididos em suas próprias metas. Quando dão um passo atrás e olham para a vida, sabem que não estão indo a nenhum lugar especial, e são capazes de sentir prazer e de criar uma atmosfera na qual os outros podem escolher a alegria para si próprios. É divertido tê-los por perto.

São pessoas que se aceitam sem queixa. Sabem que são seres humanos e que isso envolve certos atributos inerentes. Sabem que têm determinada aparência e aceitam esse fato. Se são altos, está bem, mas é a mesma coisa se são baixos. Ser careca é ótimo, e ter uma porção de cabelos também é. Podem viver com suor! Não são falsos em relação à sua parte física. Aceitaram a si mesmos e, portanto, são pessoas mais naturais. Não se escondem atrás de artificialismos, nem se desculpam pelo que são. Não sabem como se ofender por alguma coisa que seja humana. Gostam de si mesmos e aceitam o que são. Da mesma forma, aceitam tudo da natureza pelo que é, em vez de desejar que fosse diferente. Nunca se queixam em função daquilo que não podem mudar, como ondas de calor, tempestades ou água fria. Aceitam-se e ao mundo como são. Não há fingimento, nem gemidos, simplesmente aceitação. Siga-os durante anos e você nunca ouvirá autodepreciação ou anseio. Verá quem faz em ação. Vai vê-los observando o mundo como ele é, qual uma criança, que aceita o mundo natural e o desfruta, por tudo aquilo que vale.

Apreciam o mundo natural. Adoram a vida livre na natureza, topando com tudo que é genuíno e original. Amam, especialmente, montanhas, crepúsculos, rios, flores, árvores, animais e praticamente tudo que faz parte da flora e da fauna. São naturalistas enquanto pessoas, sem cerimônias nem pretensões, e amam a naturalidade do universo. Não vivem ocupadas procurando bares, clubes noturnos, festas, convenções, aposentos cheios de fumaça e coisas semelhantes, embora, certamente, sejam capazes de apreciar ao máximo essas atividades. Estão em paz com a natureza, com o mundo de Deus – se preferir – embora possam funcionar no mundo feito pelos homens. São também capazes de apreciar o que, para os outros, se tornou sem graça. Nunca se cansam de um pôr do sol, nem de um passeio pelos bosques. Um pássaro voando é uma visão magnífica, sempre. Uma lagarta nunca se torna cansativa, nem uma gata parindo. Uma vez mais, e mais outra, apreciam com espontaneidade. Alguns acharão isso artificial, mas essas pessoas não ligam para o que os outros pensam. Estão ocupadas demais, abismadas com a vastidão das possibilidades de realização no presente.

São capazes de ver dentro do comportamento dos outros e o que a alguns pode parecer complexo e indecifrável, veem como claro e compreensível. Os problemas que imobilizam tantos outros são frequentemente encarados por essas pessoas como ligeiros inconvenientes. Essa ausência de envolvimento emocional com os problemas as torna capazes de superar barreiras que para os outros permanecem intransponíveis. Têm também a visão interior de si mesmos e reconhecem, imediatamente, aquilo que os outros estão tentando lhes fazer. Podem encolher os ombros e ignorar, enquanto outros se irritam e se imobilizam. Nunca ficam perplexas ou embaraçadas, e aquilo que pode parecer à maioria confuso ou insolúvel, é com frequência considerado por elas como uma condição simples, de fácil resolução. Não dão ênfase a problemas em seu mundo emocional; para essas pessoas, um problema é, na realidade, apenas um obstáculo a ser vencido, e não um reflexo do que são ou não são como pessoas. Seu valor próprio está localizado no seu interior e, assim, todos os interesses externos podem ser vistos objetivamente, em lugar de representarem, de alguma forma, uma ameaça ao que valorizam. Esse é um traço muito difícil de compreender, visto que a maioria das pessoas é facilmente ameaçada por acontecimentos externos, por ideias ou por gente. Pessoas sadias, independentes, não sentem-se ameaçadas, e essa própria característica pode torná-las ameaçadoras para os outros.

Nunca se empenham em lutas inúteis. Não embarcam no carro da popularidade, atrelando-se a uma variedade de causas como um meio de se fazerem importantes. Se a luta ajudar a promover a mudança, então lutam, mas nunca acharão necessário lutar sem utilidade. Não são mártires, mas fazedoras. São, também, pessoas que ajudam, e estão quase sempre empenhadas em trabalho que tornará a vida das outras pessoas mais agradável ou mais suportável. São guerreiras na frente de batalha da reforma social e, contudo, não levam suas lutas para a cama consigo a cada noite, preparando o terreno para as úlceras, as doenças do coração e outras desordens físicas. São incapazes de manter as coisas estereotipadas. Frequentemente, nem notam as diferenças físicas entre as pessoas, inclusive raciais, étnicas, de tamanho ou de sexo. Não são superficiais, julgando os outros pela aparência. Embora possam parecer hedonistas e egoístas, gastam muito tempo a serviço dos outros. Por quê? Porque gostam que assim seja.

Não são pessoas doentias. Não acreditam em se imobilizar por resfriados e dores de cabeça e confiam em sua capacidade de se livrarem desses males; nunca dizem aos outros como se sentem mal, como estão cansados, ou que doenças no momento lhes afetam. Tratam bem de seus corpos. Gostam de si mesmas e, em consequência, comem bem, fazem exercício regularmente (como um sistema de vida) e recusam-se a experimentar a maior parte das enfermidades que mantêm muita gente inutilizada durante vários períodos. Gostam de viver bem, e vivem.

Outra marca registrada desses indivíduos de funcionamento integral é a honestidade. Não são evasivos em suas respostas, nem fingem ou mentem sobre coisa alguma. Consideram a mentira como uma distorção de sua própria realidade e não tomarão parte num comportamento autoenganador. Embora sejam pessoas que prezam a privacidade, evitarão também ter que distorcer as coisas para proteger os outros. Sabem que têm o encargo de seu próprio mundo, da mesma forma que os outros têm o dos seus. Assim, irão se comportar de maneira que será frequentemente encarada como cruel, mas na realidade estarão simplesmente permitindo que os outros tomem as suas próprias decisões. Lidam de forma afetiva com o que é, e não com o que gostariam que fosse.

Essas pessoas nunca acusam. São interiores na orientação de sua personalidade e recusam-se a atribuir aos outros a responsabilidade pelo que elas são. Da mesma forma, não gastarão muito tempo falando sobre os outros e dando ênfase ao que uma outra pessoa fez ou deixou de fazer. Não falam sobre as pessoas, falam com elas. Não censuram os outros, ajudam-nos e a si próprias a situar a responsabilidade onde deve ser situada. Não são boateiras, ou espalhadoras de maledicência. Estão tão ocupadas, sendo úteis no que concerne a sua própria vida, que não têm tempo para as maquinações mesquinhas que ocupam a vida de muita gente. Os realizadores fazem, os críticos censuram e se queixam.

Esses indivíduos dão pouca importância a ordem, organização ou sistemas em suas vidas. Têm autodisciplina, mas não sentem necessidade de ver as coisas e as pessoas enquadradas pela sua maneira própria de entender como tudo deveria ser. Não têm nenhuma obrigação com os outros. Acreditam que todos têm direito a escolhas, e essas mesquinharias que levam o outro à loucura são simplesmente os resultados da decisão de um terceiro. Não encaram o mundo como tendo que ser de algum modo especial. Não têm obsessão alguma com limpeza ou arrumação. Vivem de maneira funcional e se nem todas as coisas estão sendo como prefeririam que fossem, acham que isso também está certo. Assim, para essas pessoas, a organização é apenas um meio útil, em vez de constituir um fim em si mesma. Graças a essa ausência de neurose organizacional, são criativas. Encaram cada interesse de sua maneira especial, seja ele fazer uma sopa, escrever um relatório ou cortar a grama. Aplicam a cada ato sua peculiar imaginação e o resultado é uma abordagem criativa de todas as coisas. Não têm que fazer tudo de uma determinada maneira. Não consultam manuais, nem perguntam aos especialistas; simplesmente atacam o problema como acham acertado. Isso é criatividade e, sem exceção, elas a possuem.

Essas pessoas têm níveis excepcionalmente altos de energia. Parecem precisar de menos sono e, contudo, acham excitante viver. Vivem e são sadias. Podem comandar tremendas ondas de energia para terminar uma tarefa, porque escolhem envolver-se nela como uma realizadora atividade presente. A energia delas não é sobrenatural: é simplesmente o resultado de amar a vida e todas as atividades que ela encerra. Não sabem como se entediar. Todos os acontecimentos da vida apresentam oportunidades para fazer, pensar, sentir e viver, e elas sabem como aplicar sua energia praticamente em todas as circunstâncias da vida. Se tivessem que ser encarceradas, usariam a mente de forma criativa, para evitar a paralisia da perda do interesse. O tédio não faz parte da vida delas, porque estão canalizando a mesma energia que os outros têm para rumos úteis a elas próprias.

São agressivamente curiosas. Nunca sabem o suficiente. Buscam saber mais e querem aprender em todos e em cada um dos momentos presentes de suas vidas. Não se preocupam com o fato de ter que fazer determinada coisa certo ou de tê-la feito errado. Se algo não funciona, ou não atinge a maior soma de bem, então é posto de lado, em vez de ficar sendo pensado e lamentado. Buscam a verdade, no que concerne a aprender, sempre estimuladas pela ideia de aprender mais, nunca acreditando que são um produto acabado. Se estão perto de um barbeiro, querem aprender como é que se barbeia. Nunca se sentem nem se comportam como superiores, exibindo seus distintivos de mérito para o aplauso dos outros. Aprendem com as crianças, com os corretores da bolsa e com os animais. Querem saber mais sobre o que significa ser um soldador, um cozinheiro, uma prostituta ou o vice-presidente de uma empresa. São aprendizes, não professores. Nunca sabem bastante e não sabem como se portar de maneira esnobe ou superior, visto que nunca se sentem assim. Cada pessoa, cada objeto, cada acontecimento representa uma oportunidade para aprender. São proativas em seus interesses, não esperando que a informação lhes venha, mas indo atrás dela. Não têm receio de conversar com uma garçonete, de perguntar a um dentista o que ele sente passando o dia inteiro com a mão na boca dos outros, ou de indagar a um poeta o que pretendeu dizer nesse ou naquele verso.

Não têm receio de falhar. De fato, frequentemente recebem isso bem. Não equacionam o fato de serem bem-sucedidos num empreendimento em termos de sucesso como ser humano. Uma vez que sua autovalia lhes vem de dentro, qualquer acontecimento exterior pode ser encarado objetivamente e apenas como eficaz ou ineficaz. Sabem que o fracasso é apenas a opinião pessoal que alguém expressa e que não deve ser temida, visto que não pode afetar a autovalia. Assim tentarão todas as coisas, participarão de tudo apenas porque é divertido e nunca terão medo de ter que se explicar. Da mesma forma, nunca optam pela ira de qualquer maneira imobilizante. Usando a mesma lógica (e nunca tendo que prepará-la cada vez, visto que isso já se tornou um sistema de vida), não dizem a si mesmas que as outras pessoas deveriam comportar-se diferentemente e que os acontecimentos não deveriam ser o que são. Aceitam os outros como eles são e esforçam-se para modificar os acontecimentos que lhes desagradam. Assim, a ira torna-se impossível, porque nada era esperado. São pessoas capazes de eliminar as emoções que de alguma forma sejam autodestrutivas e de estimular as que tornam as pessoas maiores.

Esses felizes indivíduos exibem uma admirável falta de defesa. Não participam de jogos, nem tentam impressionar os outros. Não se vestem para a aprovação alheia, nem se dão ao trabalho de se explicar. Têm simplicidade e naturalidade e não se deixarão seduzir pela necessidade de criar caso com coisas pequenas ou grandes. Não gostam de discutir, nem são debatedores exaltados; apenas expõem seus pontos de vista, ouvem os dos outros e reconhecem a futilidade de tentar convencer alguém de que deve ser como eles são. Dirão simplesmente: "Está certo; somos apenas diferentes. Não temos que concordar." Deixam a coisa ficar por aí, sem qualquer necessidade de ganharem a discussão, ou convencerem o oponente do errado de sua posição. Não têm receio de causar má impressão, mas não se esforçam nesse sentido.

Seus valores não são locais. Não se identificam com a família, a vizinhança, a comunidade, a cidade, o estado ou o país. Veem a si mesmos como pertencendo à raça humana, e um austríaco desempregado não é melhor nem pior do que um californiano sem emprego. Não são patrióticos quanto a uma fronteira em especial, mas ao contrário, veem-se como parte de toda a humanidade. Não ficam contentes por ter mais inimigos mortos, visto que o inimigo é tão humano quanto o aliado. Os limites traçados pelos homens para se definir um aliado não merecem o beneplácito deles. Transcendem as fronteiras tradicionais, o que frequentemente faz com que os rotulem de rebeldes, ou mesmo de traidores.

Não têm heróis nem ídolos. Veem todas as pessoas como seres humanos e não põem ninguém acima de si em importância. Não pedem justiça a todo momento. Quando alguém tem mais privilégios, veem isso como um benefício para essa pessoa, em vez de como uma razão para se sentirem infelizes. Quando se defrontam com um oponente, desejam que ele se saia bem, em lugar de querer que tenha mau desempenho, para que possam ganhar pela falta do outro. Querem ser vitoriosos e eficientes por seus próprios méritos, mais do que pelas deficiências dos outros. Não ficam insistindo para que todo mundo seja igualmente dotado, mas buscam dentro de si mesmos sua felicidade. Não criticam, nem têm prazer nas infelicidades alheias. Estão ocupados demais sendo, para notar o que seus vizinhos estão fazendo.

Da maior significação é o fato de que essas são pessoas que amam a si mesmas. São motivadas por um desejo de progredir e, sempre que podem, tratam bem de si próprias. Não têm lugar para autopiedade, para autorrejeição ou autodesprezo. Se você lhes perguntar: "Gosta de si mesma?", ouvirá em resposta um sonoro "É claro que sim!". Na verdade, são aves raras. Cada dia é uma delícia, que vivem integralmente, em todos os seus momentos presentes. Não são livres de problemas, mas livres da imobilidade emocional que resulta dos problemas. A medida de sua saúde mental não está em saber se escorregam, mas naquilo que fazem quando escorregam. Ficam lá estendidas, chorando porque caíram? Não, levantam-se, sacodem a poeira e continuam com a determinação de viver. As pessoas livres de pontos fracos não correm atrás da felicidade: vivem, e a felicidade resulta disso.

Esta citação, tirada de um texto do *Reader's Digest* sobre a felicidade, resume a abordagem para o bem viver sobre o qual estivemos falando:

> Nada no mundo torna a felicidade mais inatingível do que o esforço de tentar encontrá-la. O historiador Will Durant descreveu como procurou a felicidade no saber, e encontrou apenas desilusão. Então procurou a felicidade nas viagens, e encontrou o enfado; na riqueza, e encontrou discórdia e preocupação. Procurou a felicidade em seus escritos e apenas ficou fatigado. Um dia, viu uma mulher esperando num automóvel pequenino, tendo nos braços uma criança que dormia. Um homem desceu de um trem, foi até ela e a beijou com gentileza e depois beijou o bebê, muito suavemente, de modo a não acordá-lo. A família afastou-se, deixando Durant com uma estupenda compreensão da verdadeira natureza da felicidade. Ele se descontraiu e descobriu que "cada função normal da vida contém alguma dose de delícia".

Ao usar seus próprios momentos presentes para o máximo de realização, você se tornará uma dessas pessoas, em vez de ser um observador. É uma ideia tão agradável – ser livre de pontos fracos. Você pode fazer essa escolha agora mesmo – basta escolher fazê-la!

Este livro foi composto na tipologia Minion Pro Regular, em corpo 10,5/13, e impresso em papel off-set 56g/m² no Sistema Digital Instant Duplex da Divisão Gráfica da Distribuidora Record.